「核の忘却」の終わり

核兵器復権の時代

秋山信将・高橋杉雄 [編]
Akiyama Nobumasa　Takahashi Sugio

勁草書房

はじめに

　本書は，笹川平和財団によるプロジェクト「核不拡散・核兵器の役割再検証」の成果である。同プロジェクトは，2015年に立ち上がり，足掛け4年の間，核兵器保有国の核政策の現状について分析・議論を重ねてきた。
　その間，核をめぐる情勢は大きく変化した。
　一方ではオバマ大統領の広島訪問（2016年）や核兵器禁止条約（TPNW）の採択（2017年）など，核軍縮進展の期待が高まるような動きがあった。核兵器の非人道性を強調した核廃絶を訴える運動は，多くの市民社会組織や国際赤十字社，非同盟諸国などが関与し，また，核兵器廃絶国際キャンペーン（ICAN）のノーベル平和賞受賞によって一般の市民レベルでも広く知られるようになった。人道的，道徳的な観点から核廃絶を求める機運は，TPNW批准国の増加なども相まって，より目に見える形で高まっているように見える。
　しかし，その一方，核保有国を取り巻く安全保障環境の変化は，このような核廃絶を目指す機運とは全く反対の方向に向かっているように見える。米ロの戦略的関係は厳しさを増し，安定的な関係の維持が困難になっている。その中で両国の安全保障戦略における核抑止の重要性が高まっている（あるいは，核抑止論者から見れば，それは核抑止の重要性を再認識したに過ぎないということか）。米ロの対立の中で，欧州安全保障の中心である北大西洋条約機構（NATO）の拡大核抑止のあり方も更新が必要かもしれない。
　また，中国の核戦力の近代化も注視すべきであろう。中国は，その経済力と軍事力を背景に，地域，グローバルの両レベルにおいて政治的影響力を拡大し，米国との間で戦略的競争が激化している。その文脈において，急速に近代化しつつある中国の核戦力や接近阻止・領域拒否（A2/AD）を含む抑止の能力は，米国のグローバルな同盟戦略や米中関係を規定する上でいっそう考慮すべき要素となってきている。

大国の動向に限らず，地域安全保障の文脈においても核兵器が戦略環境を規定する要素であることを強く意識させるケースがみられる。たとえば，北朝鮮やイランのような核拡散事案は，その対処次第では地域に「核ドミノ」を招きかねないとの見方も有力である。現在のところ，これらの核拡散事案への対処は必ずしも成功しているとは言えない。また，南アジアでは，インドとパキスタンが，グローバルな米ロの2極構造には収斂しえない独立した論理のもとで核抑止関係を発展させてきている。

　このようなグローバル，地域レベルにおける国際安全保障環境の要素に加え，サイバー，宇宙，人工知能（AI），ロボット工学などといった分野における技術革新が，安全保障戦略により大きな影響を与えるようになってきていることにも注意を向けるべきであろう。これらの技術革新は，従来の安全保障のあり方を，攻撃，防御の両面において変革する可能性を持つ。となれば，そのような新しい安全保障環境の中で，核兵器の役割をその可能性と限界の両面，あるいは従来からの継続性と断絶の両面から再考する必要が出てくるであろう。

　この，核軍縮を推進する動きと核兵器の役割を再評価する二つの潮流のギャップはあまりに大きく，それぞれの潮流に身を置く者同士が真剣に向き合った対話もほとんど存在しないと言ってよいだろう。あたかもそれは異なる二つの世界が並行して存在しているかのようである。

　ところで，本書の表題にもなっている「核の忘却（nuclear forgetting）」とは何か。米ロ冷戦が米国の勝利で決着がつき，大国間の核戦争の可能性が大きく低下し，核兵器の役割が縮小して，やがては核兵器が廃絶されるのではないかとの期待が高まるなか，核兵器の安全保障における役割に関する思考が停止してしまった状態を意味する。

　本書の執筆陣が共通して持っている認識は，この「核の忘却」の時代が今，終わりを迎えたということである。別の言い方をすれば，安全保障環境がつねに変化している中で，（核抑止を重視する側も，また，核軍縮を進める側も）冷戦の論理構造を引きずったまま核の役割や核のあり方を考えるのではなく，新たな国際安全保障環境に適合する核の論理を（それが核抑止を強調するものであれ，あるいは核の役割を否定するものであれ）構築する必要があるという認識である。

はじめに

　執筆陣には核抑止の重要性を一貫して主張してきた者もおり，彼らからすれば「核の忘却」の時代の終わりによってその主張の正しさが裏付けられたということになろう。また，核軍縮に主たる関心を持ってきた者は，現在進行している核の役割の再認識の動きを，忸怩たる思いで見ている。

　「核の忘却」の時代の終わりを認めるということは，しかし，核軍縮の取り組みを否定するものでは決してない。

　むしろ，核軍縮を真剣に考える人たちにこそ「核の忘却」の意味を，そして「核の忘却」の時代の終わりの意味を理解してもらいたいと考えている。核軍縮推進論者には，核抑止が必要だと考えるその論理をよく理解し，いかにその論理を超越し，核に依存しない，より安定的な安全保障のあり方を提示できるのかが問われている。もちろん，核軍縮を進めるためには，政治的なモメンタムを作り出す市民・政治運動も重要であろう。また，道義性は市民に対して大きな訴求力を持つ。しかし，核保有国が，変容する（あるいは自ら変容させてきたとも言えるかもしれない）国際安全保障環境に適応する形で核抑止のあり方を再構築しようとするなか，そのような国際安全保障環境と核兵器の役割の正確な理解を抜きにして，規範や道義性，あるいは政治的なモメンタムだけで持続可能な「核なき世界」を実現する —— それは，各国政府内外の核抑止論者を抑え込むことを意味する —— ことは，困難であろう。

　しかし，同時に，「核の忘却」の時代の終わりは，核抑止への盲目的な依存を意味するものでもないし，また核抑止への依存に永続的に安住することを意味するものでもない。科学的特性に内在するリスクや意思決定プロセスにおける誤算や誤認，意図せざるエスカレーションなど，核兵器にはシステム工学的なリスクも存在する。さらに，今後人口動態の変化や経済発展などによって国際社会のダイナミズムが変化すれば，既存の核不拡散体制によって固定化されている核兵器保有をめぐる差別的地位に対する異議申し立ての声はより大きくなるであろう。そのような状況において核兵器の存在が国際システムの安定に貢献し続けられるかどうかは自明ではない。今後の国際社会における核のあり方もまた問われている。

　本書は，これらの問いに向き合う前提として，各国の核政策や地域安全保障の論理，新たな課題としての新たな技術（サイバー）のインパクトなどに関す

る分析と論考を提供するものである。

　最後に，本書出版に至るまで，多くの方にご尽力を頂いた。われわれ執筆陣だけでは，本書の完成にこぎつけることは永遠になかったであろう。プロジェクトをご支援いただいた笹川平和財団の田中伸男会長，茶野順子常務理事，そしてとりわけ，プロジェクトのコーディネーターとして辛抱強く，包容力をもってプロジェクトをまとめ上げてくださった主任研究員の村田綾さんには厚く御礼を申し上げたい。また，勁草書房の上原正信さんには，執筆が遅れがちなメンバーにも粘り強くまた前向きに叱咤激励を下さり，また的確なアドバイスを頂いた。記して感謝申し上げたい。そのほか，プロジェクトを進める過程で多くの方々に関わっていただいた。それらの皆さんの名前をいちいち上げることは控えるが，あらためて御礼申し上げたい。なお，本書の内容への責任はすべて執筆者に帰すものであり，これらの見解は，笹川平和財団，および執筆者の所属する組織の見解を代表するものではないことは言うまでもない。

　プロジェクトの開始から本書の出版に至るまで長い歳月が経過してしまったのは，ひとえに主査である秋山の責任である。しかし，プロジェクトの成果である本書は，その歳月をかけて論じてきただけの成果になったと信じている。もちろん，これは，各章の執筆を担当したプロジェクトのメンバーのおかげであることは言うまでもない。プロジェクトの過程で交わされた議論は，大変に刺激的であり，かつ知的な挑戦に満ちていた。読者の皆さんにも本書を通じてその一端を共有して頂ければ幸いである。

2019 年 5 月 10 日
秋山　信将

目　次

はじめに

序章　「核の復権」の現実 —————————————————— 1
　　　　　　　　　　　　　　　　　　　高橋 杉雄・秋山 信将
　　1　核をめぐる二つの知的方向性　1
　　2　核兵器の「復権」　3
　　3　本書の論点　6

第1章　米　国 ————————————————————— 17
　　　　——核抑止戦略の再構築
　　　　　　　　　　　　　　　　　　　　　　　　高橋 杉雄
　　はじめに　17
　　1　冷戦期の核戦略をめぐる戦略的前提　18
　　2　冷戦終結と核戦略をめぐる前提の変化　22
　　3　プラハ演説から「核の復権」へ　27
　　4　核兵器「復権」後の核戦略の課題　37
　　おわりに　43

第2章　ロ シ ア ———————————————————— 45
　　　　——ロシア版「エスカレーション抑止」戦略をめぐって
　　　　　　　　　　　　　　　　　　　　　　　　小泉 悠
　　はじめに　45
　　1　宣言政策と運用政策　47
　　2　「非対称戦略」としてのロシアの核ドクトリン　51
　　3　核戦力整備の実際　63

v

おわりに 71

第3章　中　国 ―――――――――――――――――――――― 73
　　　　　――「最小限抑止」から「確証報復」への転換
　　　　　　　　　　　　　　　　　　　　　　　　　　　神保　謙

はじめに――「非対称な均衡」の維持か脱却か 73
1　中国の核戦力――「最小限抑止」から「確証報復」へ 75
2　米中の核関係――暗黙の「戦略的安定性」の形成 86
おわりに 91

第4章　ＮＡＴＯ ―――――――――――――――――――――― 93
　　　　　――「核の忘却」の終焉？
　　　　　　　　　　　　　　　　　　　　　　　　　　　戸﨑　洋史

はじめに 93
1　在欧戦術核撤去問題――1991～2012年 95
2　対ロ抑止態勢の強化――2013～2016年 102
3　トランプ政権とNATO――2017～2018年 113
4　核態勢強化と脅威低減の課題 124
おわりに 135

第5章　インド・パキスタン ――――――――――――――― 137
　　　　　――「抑止のための兵器」の20年
　　　　　　　　　　　　　　　　　　　　　　　　　　　栗田　真広

はじめに 137
1　パキスタンの核戦略・核態勢 140
2　インドの核戦略・核態勢 147
3　「核戦争遂行」との距離 154
おわりに――抑止の安定性をめぐって 172

第6章　核管理とサイバーセキュリティ ――――――――― 179
　　　　　　　　　　　　　　　　　　　　　　　　　　　土屋　大洋

はじめに――サイバー戦場の霧 179
1　サイバースペースと情報技術 181

目　　次

　　2　ハイブリッド戦争と戦略的安定性　190
　　3　堅牢なシステムの追求　199

第7章　「秩序の兵器」としての核と分裂する世界　　203
秋山　信将

　はじめに――核と国際政治を考えるための枠組み　203
　　1　核兵器の存在を規定する要因　205
　　2　「秩序の兵器」としての核　214
　　3　核兵器をめぐる新たな国際環境　217
　　4　核と道徳性――核をめぐる世界の分断　224
　おわりに　232

終章　日　　本　　235
　　　　――世界で最も厳しい安全保障環境下での核抑止
高橋　杉雄

　はじめに　235
　　1　拡大抑止に関する日本の宣言政策　236
　　2　北朝鮮に対する抑止　240
　　3　中　　国　244
　おわりに　248

著者紹介　251

序章
「核の復権」の現実

高橋 杉雄・秋山 信将

1　核をめぐる二つの知的方向性

　1945年に初めて使用された核兵器は，米ソの深刻な対立が展開した冷戦期においては，全世界に核戦争による人類絶滅の恐怖を突き付けた。その一方で，核兵器の存在によって米ソ両超大国の行動を慎重にさせたことによって，冷戦を「熱戦」へとエスカレーションさせることなく，むしろ「長い平和」[1]とも呼ばれるような状況にとどめることにもなった。

　冷戦は終結し，核戦争による人類絶滅の恐怖は去った。しかし，北朝鮮の核開発や2019年の中距離核戦力全廃条約（INF条約）破棄からもわかるように，核兵器は現代の安全保障におけるもっとも重要な問題の一つであり続けている。

　そして，核兵器をめぐる問題は，全く異なる知的方向性を持つ二つの集団によって議論されている。一つが，核兵器の存在を所与のもの，あるいは，抑止力の中核となって大国間関係の悪化に歯止めをかけるような肯定的効果を持ちえるものとして捉え，いかにして核兵器による抑止を安定的に機能させるかを考える核抑止重視派であり，もう一つが，核兵器を「存在悪」として捉え，核軍縮や核廃絶を最優先すべきと考える核軍縮重視派である。日本国内のみなら

---

[1] John Lewis Gaddis, *The Long Peace: Inquiries into the History of the Cold War* (Oxford University Press, 1989), p. 232.（五味俊樹ほか訳『ロング・ピース——冷戦史の証言「核・緊張・平和」』芦書房，2002年，398頁）

ず，国際的にも，この両者の間で共通の基盤に基づいて議論を進めていこうとする機運は希薄である。もちろん，冷戦後の米ロでは現実に核軍縮が進められてきたが，それは軍備管理と呼ばれる，核抑止を安定化させた上での可能な範囲での核弾頭数の削減を追求してきたものである。これは核抑止の基本概念でもある戦略的安定性（詳細は後述）を崩さない範囲で核軍縮を慎重に進めていくものであり，思想的には前者の核抑止重視派に属するものであるといえる。

その中で，2000年代の半ばから終わりにかけて，核軍縮に向けた動きが盛り上がりを見せた。後に「ギャング・オブ・フォー」と呼ばれるようになる，キッシンジャー（Henry Kissinger），シュルツ（George Shultz），ナン（Sam Nunn），ペリー（William Perry）といった，米国政府で外交・安全保障の政策決定の中枢にかかわり続けた長老的人物が連名で，世界的核軍縮を促進するために米国が一方的に大幅な核軍縮を行うことを提言したのがその典型である[2]。この提言が大きな注目を浴びた理由は，冷戦期において核抑止力の強化に尽力した人々が，（究極的な目標であっても）核廃絶を目指すべきだと明言したことにある。これは，核抑止重視派と核軍縮重視派の架橋の可能性を示唆したものでもあった。こうした流れの中で，2009年から2016年まで米国の大統領を務めたオバマ（Barack Obama）は，2010年に行ったいわゆる「プラハ演説」で「核のない世界」を目指すことを米国の大統領として初めて述べ，引き続いて核兵器の「基本的な役割」を核兵器の抑止とした「核態勢見直し」の策定，またロシアとの間では配備弾頭数の上限を1550発に定めた新戦略兵器削減条約（START条約）の締結，核テロの防止問題について首脳レベルで話し合う核セキュリティ・サミットの開催など，核兵器にまつわる問題に積極的に取り組んだ。さらに，2016年5月に伊勢・志摩サミットのために訪日した際に広島を訪問したことは，オバマ大統領自身の核問題へのコミットメントの強さをはっきりと示した。

しかしながら，結果的には，これらの動きは，核抑止重視派と核軍縮重視派の間の思想的差異を超えて共通の議論の基盤を作ることにはならなかった。そ

---

[2] George P. Shultz, William J. Perry, Henry A. Kissinger and Sam Nunn, "A World Free of Nuclear Weapons," *Wall Street Journal*, January 4, 2007 (https://www.wsj.com/articles/SB116787515251566636).

の最大の要因となったのは，国際政治情勢の大きな変動であった。

2 核兵器の「復権」

　冷戦が終結してから2010年代初めまで，核兵器をめぐる安全保障問題は，基本的に不拡散や大量破壊兵器テロの文脈で語られてきた。「ギャング・オブ・フォー」を含め，この時期における核軍縮に向けた動きの背景には，2001年の9・11テロ事件後，核兵器がテロに使用されることへの恐怖が高まったことを受けて，核兵器を保有している国々での核兵器の管理を徹底させるために，核兵器の総数を減らすべきだとの考え方があったのである。

　しかしながら，この時期において，拡散が懸念される国の核開発の進行を阻止する取り組みははかばかしい成果を挙げなかった。オバマ政権期において，北朝鮮は核実験やミサイル発射を繰り返した。イランとは核開発制限に関する合意を結んだが，それがイランの核兵器開発を最終的に断念させうるものかどうかについては当時からすでに懐疑的な見方も強かった。それだけではなく，2010年代初め以降，大国間関係の緊張が高まった。世界の2大核大国である米国とロシアとの関係は，2014年のロシアのクリミア侵攻以来著しく悪化した。さらに，ロシアが紛争生起時の核兵器早期使用を準備しているとの分析や，INF条約違反問題は，ロシアに対する核抑止のあり方を再考しなければならないという認識を米国の専門家たちに与えることとなった。また，米中関係も，東シナ海や南シナ海における問題を大きな契機として緊張が深まった。中国は，通常戦力を中心に接近阻止・領域拒否（A2/AD）能力と，非脆弱性の高い核第2撃能力の整備を急速に進めてきており，やはり核兵器を含む抑止力のあり方を深く分析しなければならないという認識が高まることとなった。

　こうした展開の背景にある基本的な現実は，核兵器といえども国家の政策遂行の道具であるから，国際政治の中から核兵器のみを取り出して議論することには何の意味もないということである。

　そもそも安全保障は，国家同士の相互作用の積み重ねである。ある国が十分に安全と感じる状況は，別の国にとっては安全が不足していると感じる状況か

もしれない。Aという国のあるアクションは、Bという国がそれ以前に行ったアクションの結果として選択されたものかもしれないし、あるいはこのAという国のアクションがあらためてBという国、あるいは別のCという国のリアクションを引き起こすかもしれない。このように、国家の関係においては、相互作用が鎖のように連なって展開しているものであることを十分認識した上で、安全保障は論じていかなければならない。

　「核のない世界」を目指そうとする議論のほとんどは、こうした安全保障の相互作用性を無視したものであった。たとえば、「核のない世界」を目指す方策の一つとして、米国における核兵器の役割を低減させていくという議論がある。たしかに米国において核兵器の役割を低減できるかもしれないが、それは米国が高度に洗練されたハイテク通常戦力やミサイル防衛能力を保有しているからである。軍事力の行使が必要となった場合、核兵器に代わってこれらの能力を使用することができるならば、核兵器の役割を低減させることは可能である。

　しかしながら、これはいまのところ米国においてのみ実現可能な代替であることは銘記しなければならない。安全保障の相互作用性を考えれば、逆に、米国と対立する国は、米国のハイテク通常戦力への対抗を図らなければならない。中国はこうした状況において「ハイテク条件下の局地戦争」として、同じくハイテク通常戦力による対抗を図り、そのために膨大な努力を費やしてきたが、ロシアは戦術核兵器の役割を拡大することで対抗を図っている。また、インドの軍人が、湾岸戦争後に、「米国と対抗するためには核兵器が必要、というのが湾岸戦争の教訓である」と語ったとされるように、米国がハイテク通常戦力の役割を増大させることによって核兵器の役割を低下させることは、実際には他国に核拡散を促す動機を与えるのである。このように、安全保障における相互作用性を無視した議論は、「核のない世界」の実現をかえって遠ざけてしまうことになろう。2017年の核兵器禁止条約（TPNW）も、核拡散の進展と大国間関係の悪化という国際政治環境が悪化する中で成立したために、実際には核軍縮の進展に貢献することはなく、単に核軍縮重視派と核抑止重視派の亀裂を深めるものとなってしまった。

　ただし、冷戦とともに発達してきた核抑止論もまた、少なくとも西側におい

ては冷戦の終結とともに歩みを止めてしまっていたことも指摘しなければならない。核軍縮・核廃絶論がその支持者を増加させていくなか，核戦略については「核の忘却（nuclear forgetting）」と呼ばれる時代が到来し，それにともない冷戦後，あるいは21世紀の安全保障環境における核兵器の役割についての思索も停滞してしまっていたのである。

　これは米軍内部においてさえ当てはまっていた。ブッシュ（George W. Bush）政権末期に，米本土内で核弾頭を搭載したまま戦略爆撃機が飛行したり，ミニットマンⅢ ICBMのノーズコーンが誤って台湾に輸出されるという不祥事が続出したため，シュレジンジャー（James Schlesinger）元国防長官を議長として，米軍における核管理のあり方を見直すための委員会が設置された。その報告書は，米軍内で核任務と核抑止に関する関心が欠落していることが不祥事を生み出す温床になっていると警鐘を鳴らし，米軍全体として核抑止の重要性をあらためて認識しなおすべきだと指摘したのである[3]。

　しかしながら，核拡散の進展と大国間関係の悪化という国際政治における現実に直面して，「核の忘却」の時代は終焉し，核戦略論に関する知的基盤の再構築が開始されつつある。2018年版核態勢の見直し（NPR）では，プラハ演説の方向性に沿って策定された2010年版NPRの国際情勢認識の甘さが激しく批判され，低出力核兵器の開発・配備の方針が示された。専門家の間でも核抑止をめぐる議論が再び活発に行われるようになってきている。いわば，「核の復権」の時代が到来したのである。

　核抑止論の基礎を構築したシェリング（Thomas Schelling）がノーベル経済学賞を受賞しているという事実が雄弁に物語っているように，冷戦期の核抑止論は，「核戦争が実際に生起したら人類が滅んでしまう」という切迫した問題意識のもとに，まさにベスト・アンド・ブライテストと呼ぶべき人々が集まって発展させてきた学問分野である。事実，非脆弱な第2撃能力，エスカレーション・ラダー，戦略的安定性，安定・不安定の逆説といった，現在でも有効な

---

[3] Secretary of Defense Task Force on DoD Nuclear Weapons Management, "Report of the Secretary of Defense Task Force on DoD Nuclear Weapons Management Phase II: Review of the DoD Nuclear Mission," December 2008 (https://dod.defense.gov/Portals/1/Documents/pubs/PhaseII ReportFinal.pdf), accessed on November 9, 2018.

核抑止論の基本概念は，そうした人々が作り出し，発展させてきたものである。

ただしそれらの基本概念は冷戦期の戦略的文脈に基づくものであり，そのまま現在の安全保障環境に適用するには無理がある。米ソの対立が世界中に影を落としていた冷戦期と異なり，地域や相手によって，それぞれ異なるアプローチが必要となってきており，冷戦期の欧州正面におけるワルシャワ条約機構軍の侵攻を阻止することを問題意識として発達した核抑止論をそのまま適用できるとは限らないのである。

たとえば，「核の復権」の中で現在議論が進められている問題の中に，限定核戦争をめぐるものがある。ただし，現在の限定核戦争をめぐる議論は，冷戦期のそれとは根本的に様相を異にしている。冷戦期の限定核戦争論は，人類絶滅に至るような全面核戦争にエスカレートさせない形態での核兵器の使用をめぐるものであった。しかしながら，冷戦が終結し，グローバルな米ソのイデオロギー対立が終焉したことで，地域的な安全保障問題とグローバルな超大国同士の対立を結ぶエスカレーション・ラダーは切断され，限定核戦争が生起したとしても，それが人類絶滅をもたらすような全面核戦争にエスカレートする可能性はきわめて低くなった。それが逆に，限定核戦争の可能性を高めているとの問題意識から，現在の議論は行われているのである[4]。

3　本書の論点

日本人はあまり認識していないことだが，朝鮮半島，東シナ海，南シナ海といった地域的対立要因を抱えている現在のアジア太平洋地域は，世界で最も緊張している地域でもある。そして，「核の復権」が進む国際政治環境の中で，日本自身が中心的なプレイヤーになりつつある。核兵器の拡散（北朝鮮），米ロに次ぐ「セカンド・ティア（中堅核保有国）」の核兵器国の核戦力の近代化（中国），拡大抑止の信頼性確保（日米同盟），限定核戦争の可能性（朝鮮半島有事）といった，現在の核抑止論の主要な論点は，すべて日本の安全保障と強

---

[4] Jeffrey Larsen and Kerry Karchner, eds., *On Limited Nuclear War in the 21st Century* (Stanford University Press, 2014).

く関連しているのである。とくに,「核の忘却」の時代に欧米の核抑止論の思索が停止してしまっていたこともあり,核兵器をめぐる問題に関して,日本の知的コミュニティはもはや受け身ではいられない。核兵器をめぐる安全保障問題が日本自身の問題となってきている以上,日本人自身が問いを立て,答えを探し求めていかなければならなくなっているし,世界の核抑止の専門家たちも,日本における核抑止の考え方について強い関心を向けているのである。

本書は,笹川平和財団において,核抑止専門家(高橋,神保),核軍縮専門家(秋山,戸﨑),地域専門家(小泉,栗田),サイバー安全保障の専門家(土屋)によって進めてきた研究会の成果をまとめたものであるが,ここでは,「核の復権」が進む現在における核抑止をめぐる問題を,欧米の議論を紹介することによってではなく,日本の専門家の考え方として示している。まずここで,研究会を進めていく中で,日本の専門家として取り組むべき「問い」として浮かび上がってきた四つの共通の論点を提示しておきたい。

第1の論点は,核兵器の役割についての基本的な考え方をどう捉えるかである。抑止における核兵器の役割というだけでなく,構造レベルにおいても認識レベルにおいても,「秩序の兵器」としての核兵器が国際秩序が形成される上で重要な役割を果たしていることの確認である[5]。

冷戦期を通じ,そして現在に至るまで,安全保障面における国際秩序の構造を規定するのは,米ロ間の核軍備管理レジーム[6]に裏打ちされた,いわゆる「制度化された相互確証破壊(MAD)」を通じた相互核抑止による戦略的安定性である[7]。この米ソの軍備管理を通じた「制度化されたMAD」の状態は,冷戦が終焉し,実態として米ロの軍事バランスが明確に米国側に優位に傾いた現在においても,いわば「外形標準」的,もしくは一種の「様式」として米ロ関係を規定するものとして存在し続けている。あるいはそのような関係が存在しているという相互了解が成立している状態にあると言ってもよい。

冷戦期の米ソは,相互確証破壊の状態のもとで戦略的安定性が存在したと両

---

[5] 本書第7章を参照。
[6] 各種軍備管理条約や,協調的脅威削減プログラムなど軍備管理条約を維持する上で有効な各種取り決めを含む。
[7] 戸崎洋史「米露間軍備管理問題――『新しい戦略関係』への移行と課題」松井弘明編『9.11事件以後のロシア外交の新展開』(日本国際問題研究所,2003年)。

者が認識していたとされる。それはある意味では，戦略レベルにおいて一定程度以上の戦力を持てば，そこから上積みされた戦力は双方が複数回相手を破壊することを可能にする，ある意味では余剰の戦力であり，両国の戦略関係を規定する上での戦略的効果が逓減してしまうオーバーキルの状態にあったことから，そのような了解が成立可能であると推論されたものであった。しかし，戦略的安定の状態にあるという認識が合理的な論理の積み重ねから導き出された結果かどうかは疑問が残る。たとえば，エスカレーション防止の論理は両国で異なっていたことが冷戦後に公開された両国の公文書からわかっているが，このことから冷戦期に両者が相手の意図や論理について正確に把握していたわけではないことがわかる。

また，この「制度化されたMAD」の副次的な含意は，核拡散を防止することは双方にとって利益であるという認識に基づく核不拡散分野における米ロ（米ソ）間の協調関係である。核拡散は，国際秩序におけるパワーの分布を変え秩序の不安定化につながりかねない。新たな核兵器国の増加を阻止し，国際秩序の「多極化」を抑制することは国際秩序の安定とともに，米ロにとって自国の優位を維持することが容易な国際システムの維持に貢献する。たとえば，中国が経済的・軍事的に急速に台頭してきたとしても，核戦力においては，現在のところ米ロに比肩しうるものではない。比喩的に言えば，人類を絶滅させる可能性がある核戦争は，米ロの間でしか発生しえないのである。このことが，現在においても，国際秩序における米ロ関係を特別なものとしていることは明らかであろう。ここからわかるように，核兵器とは，国際秩序そのものの有り様に対して根本的な影響力を持ちうるものなのである。これほどの影響力を持つ軍事システムは核兵器のほかに存在しない。

冷戦期においては，このような相互抑止を基盤にした「戦略的安定性」の概念のもとに存在してきた米ロ（米ソ）の戦略的関係と２極構造を中心とした国際秩序が成立していた。ただこの時期には，秩序の安定性の一方で，紛争状態に入った場合に破滅を回避するためのエスカレーション・コントロールに関する問題や「安定・不安定性のパラドクス」など，戦略レベルにおける安定性を強調するがために生起する小規模な紛争の回避やサブシステム・レベルでの不安定要因は，国際秩序に影響を及ぼすものではないと認識されていた。現在進

序章 「核の復権」の現実

行している「核の復権」は，そうした認識に再考を迫るものであるともいえる。

詳細は後述するが，抑止における核兵器の役割については，核兵器は存在していれば抑止力となるという考え方と，使用することを前提とし，準備をしておかなければ抑止力にはならないという考え方とがある。このうち，「秩序の兵器」としての核兵器の性格は前者の考え方と親和性が高い。とくに「核の忘却」の時期において，大国間関係を外形標準的に規定し，その上で国際秩序全体を維持するというのが核兵器の主要な意義であったと考えられるが，そこでは核兵器の使用の可能性は真剣に考えられることはなく，まさにその存在こそが重要であった。しかし，国際安全保障環境の悪化によって，核兵器使用の可能性から目をそらすことはできなくなってきている。同時に，それは地域や国によって異なる傾向がみられることも見てとることができるのである。

第2の論点は，第1の論点とも関連した，抑止の基本的な考え方をめぐるものである。上述のように，核抑止についていえば，核兵器の存在自体による抑止効果を重視する考え方と，核兵器の存在そのもののみならず，それを実際に使用することを前提としなければ抑止力は担保されないとする考え方が存在している。この二つの考え方と関連して，核抑止論の中には，報復に基づく抑止と，損害限定に基づく抑止という考え方がある[8]。報復とは，文字通り，攻撃が行われた後で報復的な攻撃を行う態勢を構築することで抑止を機能させようとするもので，核抑止論においては基本的には相手側の第1撃に対して非脆弱性を持つ第2撃能力が重視される。非脆弱性とは，先制攻撃を受けたとしても撃破されず，十分な反撃能力を維持できることを意味する。つまり報復に基づく抑止とは，挑戦側が現状を打破するための攻撃を行ったとしても，抑止側は，挑戦側の攻撃から生き残った戦力を用いて反撃を行い，挑戦側が追求する目標とは見合わないコストを強いることで，抑止を機能させる考え方である。一般的に懲罰抑止と呼ばれる考え方がこの報復に基づく抑止を表している。たとえば，冷戦期における「相互確証破壊」がこの典型である。このように，報復に基づく抑止は，事後的な反撃の威嚇によって第1撃が行われることそれ自体を阻止しようとするものである。

---

8 米国におけるこの両者の議論の展開については，Charles L. Glaser, *Analyzing Strategic Nuclear Policy* (Princeton University Press, 1991) が詳しく論じている。

ただし，報復に基づく抑止では，抑止が失敗し，第1撃が行われてしまった場合に，自らがこうむる損害を局限したり防止したりすることができない。なぜならば，報復は定義上，相手からの攻撃の「後」に行われる反撃だからである。そこで，相手の攻撃を物理的に阻止することによって抑止力を高めることを追求する損害限定という考え方が生まれてくる。これは，挑戦側の攻撃能力を撃破するための対兵力（counter-force）攻撃能力や，弾道ミサイル防衛システムのような防衛能力，さらに核シェルターの設置のような民間防衛から成り立つことになる。

　この損害限定に基づく抑止は，拒否的抑止と呼ばれる概念の中核であり，万一抑止が破れたとしても，自らが受ける損害を局限し，また挑戦側の目標達成を物理的に拒否することが期待できる。ただし，損害限定に基づく抑止の考え方は，核戦争が万一発生した際の被害を局限することを目指すことから，「ニュークリア・ウォーファイティング（核戦勝戦略）」，すなわち核戦争を実際に戦う考え方とされ，強い批判も受けてきた。しかし同時に，核戦争が万一発生したとしても，それに十分対処できる態勢を構築しておくことによって，核戦争の発生そのものを防止しようとする逆説的なアプローチをとる考え方であるともいえる。

　これら二つの考え方のうち，報復に基づく抑止が，非脆弱な第2撃能力の整備によって達成可能なのに対し，損害限定に基づく抑止は，挑戦側の攻撃能力を無力化する第1撃能力や，第1撃で打ち漏らした戦力に対する防衛能力を整備していなければならず，多大なコストを必要とする。冷戦期についていえば，米国と並ぶ超大国であったソ連に対して，損害限定に基づく抑止態勢を確立することはそもそもコスト的に不可能であった[9]。しかしながら，限定核戦争の可能性が再検討されるような，核兵器の「復権」の時代においては，当然検討しなければいけない概念でもあるのである。

　第3の論点は，戦略的安定性である。日本に限らず，しばしば誤解されることだが，戦略的安定性とは，安定的な戦略環境全体を指す言葉ではない。これは核抑止論において特定の意味を持って用いられる用語であり，現在において

---

[9] この点については石川卓が分析を行っている。石川卓「冷戦後の抑止態勢と弾道ミサイル防衛」森本敏編『ミサイル防衛——新しい安全保障の構図』（日本国際問題研究所，2002年）。

は具体的には「軍備競争における安定性」と「危機における安定性」からなるとされることが多い。このうち、「軍備競争における安定性」は、平素における関係性を表す概念であり、相互の兵力構成や軍事技術の動向が、軍拡競争を促さないような状況にあることを指す。

もう一つの「危機における安定性」とは、安全保障上の問題が顕在化し、危機的な状況にまでエスカレートし、関係国が相互に戦争の準備を始めつつある段階において作用する概念である。具体的には、相互の兵力構成や軍事技術の動向が、先制攻撃を行った側にいかなる優位ももたらさない状況にあり、むしろ先制攻撃を行ったとしてもその先制攻撃から生き残った残存兵力による反撃によって、先制攻撃を行った側も大きな損害をこうむることが明らかな状況を指す。こうした状況であれば、双方ともに先制攻撃を行うインセンティブを持たないことになるため、危機においてもその状況管理が比較的容易になると考えられる。こうした状況が、「危機における安定性」が存在している状況とされる。他方、先制攻撃を行った側が多大な優位を享受できるような状況であった場合には、お互いに「先に攻撃を仕掛けなければ負ける」と強く感じることとなる。その場合には双方に先制攻撃を行うインセンティブが強く働くので、必然的に危機管理が困難になると考えられるのである。

このうち、とくに重視されるのが、非脆弱な核報復能力であった。これはとくに「危機における安定性」の文脈で強調される。双方が非脆弱な核報復能力を有していれば、双方ともに先制攻撃を行うインセンティブを持たない。先制攻撃を行ったとしても核報復を受ければ結局攻撃した側が壊滅するからである。そのため、相互が非脆弱な核報復能力を有していれば、状況がエスカレートした場合でも、双方ともに核先制攻撃を行うインセンティブを持つことはなく、危機管理を有効に行うことができると考えられる。また、「軍備競争における安定性」の観点からみても、非脆弱性を持つ核報復能力が配備されていれば、それ以上の軍拡競争の誘因が低減されることとなる。この状況は、「相互の脆弱性」と呼ばれる状況であり、戦略的安定性を構成する重要概念である。

この戦略的安定性の概念は、冷戦期においては、米ソのグローバルな関係でのみ議論されてきた。しかしながら、現在では、インド・パキスタンが対峙している南アジアや、中国や北朝鮮が中距離弾道ミサイルを配備している東アジ

アといった地域レベルでも戦略的安定性を議論していく必要が生じてきている。また，米中の戦略的安定性であれば，地域における戦略的安定性と合わせて，重層的に概念化していく必要が生まれていることも明らかであろう。

　第4の論点は，「安定・不安定の逆説」である。「安定・不安定の逆説」とは，戦略核のレベルで相互の脆弱性に基づく戦略的安定性が成立した場合に発生しうる状況である。戦略核レベルで相互抑止の状況が成立すれば，双方ともそのレベルまでの紛争のエスカレーションを恐れて，ある段階で行動を自制させ，状況のコントロールを図ることが予測できる。しかしながら，その状況を逆用して，低いレベルで紛争が発生しても，相手側の対応は抑制的なものになると一方が考え，低いレベルでの現状打破的な行動をとってきた場合，地域的な安全保障環境が不安定化してしまう。「安定・不安定の逆説」が示すのは，このように，戦略核レベルの戦略的安定性が，地域レベルの安全保障環境を不安定化させてしまう逆説的な状況である。本書の議論で明らかになったことの一つは，欧州，東アジア，南アジアといった，核兵器が安全保障上重要な影響を及ぼしている地域のほとんどで，「安定・不安定の逆説」が分析概念として有効であるということであった。

　本書では，章ごとに濃淡はあるが，これら四つの論点を共通の手掛かりとして，核抑止をめぐる問題の現在について考察を進めている。

　まず第1章「米国」では，まず米国の核戦略の冷戦期からの展開を，核兵器の存在そのものによる抑止力を重視する考え方と，実際に使用を準備することを重視する考え方の併存に着目して概述されている。その上で，①グローバルな冷戦と地域情勢とのリンクの切断，②通常戦力における劣勢の消滅，③核拡散の進展，④冷戦後の新たな「戦略的安定性」の形成，の四つによって，21世紀の現在，冷戦期とは根本的に異なる前提のもとで核戦略を構築しなければならなくなっていることが指摘される。さらに，現在では，とくに「安定・不安定の逆説」が尖鋭化すれば，限定核攻撃オプションによる損害限定を現実的な選択肢として考慮する必要が高まる可能性があり，冷戦後に構築されてきた，地域ごと，相手ごとに異なる抑止態勢を構築する必要があるとする「テイラード（tailored）抑止」概念の中に，核使用戦略を組み込んでいく必要性が生まれる可能性があると論じられている。

序章 「核の復権」の現実

　第2章「ロシア」では、もう一つの核大国であるロシアにおける核戦略の展開が論じられている。冷戦期においてソ連の核戦略は厚いベールに包まれていたが、現在ではロシア国内で行われている戦略議論へのアクセスも当時とは比較にならないほどに容易になっており、本章では、英語文献における対ロ分析のみならず、ロシア国内での議論に焦点を当てて分析を進めている。ここで明らかにされていることは、ロシアにおいても、否、むしろ米国よりもロシアにおいてより明確に、核兵器の使用を実際に準備しておかなければ抑止力は維持できないという考え方が育まれていることである。さらに、INF条約廃棄問題にも関連する、ロシアの戦力構成についても詳細な分析が行われている。

　第3章「中国」では、中国国内の文献を分析するのではなく、核戦力の構成から演繹的に中国の核戦略の方向性を論理的に解釈するアプローチがとられている。もともと中国は、核武装して以来、「最小限抑止」とされる小規模の戦略核戦力と、戦争が発生したとしても最初に核兵器を使用しないという「先行不使用」をその核戦略の特徴としてきた。しかしながら、移動式でかつ10個の弾頭を搭載可能と見積もられる複数個別目標再突入弾頭（MIRV）化した大陸間弾道ミサイル（ICBM）であるDF-41の開発や、核装備可能な戦域弾道ミサイルであるDF-26の配備発表など、近年の中国の核戦力の近代化は、それらの伝統的な枠組みでは捉えきれなくなってきている。このような状況では、中国国内の文献に基づくアプローチには限界があるといわざるをえない。ここでは、地域専門家ではなく、安全保障の専門家として、中国の核戦略が今後どのような方向性を持って展開していくかについての考察を行い、また、それが米中の戦略的安定性に及ぼす影響へと議論を進めている。

　第4章「NATO」では、冷戦の最前線にあり、戦術核・戦域核・戦略核からなるエスカレーション・ラダーを精緻に構築し、そしていまでもB61航空機搭載型核爆弾が前方配備されている北大西洋条約機構（NATO）の現状が分析されている。NATOの中でも、とくに東欧諸国は、2014年のロシアのクリミア併合以来、ロシアに対する警戒感を深めており、核抑止への期待も高まっている。そこで本章では、核抑止を強化していくためのNATOの具体的な取り組みを概観し、やはりここでも核兵器使用を真剣に検討する方向性がみられることを明らかにしている。また、INF条約の破棄に伴う今後の影響を分析

している。

　第5章「インド・パキスタン」は，地域における核対峙の重要なケースである，インドとパキスタンにおける相互の核戦略についての分析である。インド・パキスタンは，冷戦期以来，米ソの相互核抑止やエスカレーション・ラダーとは無関係に核抑止関係が形成されてきている。近年，ここでも核兵器の実際の使用への傾斜がみられるとの分析が出てきていたが，本章は，引き続きインド・パキスタンは，核兵器の存在そのものの抑止力を重視しており，実態レベルでは核使用戦略は採用されていないこと，そしてその背景として，核兵器を使用すればコントロールはできないとの見通しが共有されているとの分析を示している。それは，エスカレーション・ラダーの段階ごとの峻別は困難であるということでもあり，そのことによって，インド・パキスタンの間では，「安定・不安定の逆説」が生起していないとも考察している。核戦略の専門家の間では，実際に核兵器が使用されていなくても，核兵器の存在が関係国の意思決定に重要な影響を及ぼす状況を「核の影（nuclear shadow）」が投影されていると表現するが，インド・パキスタンの間ではまさにそれが強く投影されているということができよう。

　第6章「核管理とサイバーセキュリティ」では，サイバー安全保障をめぐる問題と核抑止との関係を考察している。サイバー空間や宇宙空間における安全保障上の問題が重要になってきたことは，抑止力のあり方についても大きな問題を投げかけている。たとえば，サイバー攻撃によって原子力発電所で大事故が発生すれば，核攻撃に匹敵する被害が発生しうる。また，そもそも核抑止力を運用するためには，高度の信頼性を有する指揮統制システムが不可欠であるが，サイバー空間や宇宙空間における脅威は，そうした指揮統制システムの信頼性を損ないかねないのである。こうしたことから，今後は核抑止をめぐる問題についても，核兵器のみならず，宇宙やサイバーといった問題も考慮して議論をしていかなくなってきているといえる。

　第7章「『秩序の兵器』としての核と分裂する世界」では，核兵器の国際政治における位置づけが，グローバルな秩序の形成における役割と地域特有の安全保障の論理の間において齟齬が生じている様子や，安全保障と人道規範の対立が深刻化している様子を論じている。その上で，核抑止重視派と核軍縮重視

派の架橋のために議論を深めていく必要性について議論がなされている。

終章「日本」では，核兵器を持たない日本のこれまでの拡大抑止に関する考え方を概述し，その上で北朝鮮と中国に対する抑止の具体的なあり方を論じている。先述のように抑止の具体的な方法論として，報復に基づく抑止と損害限定に基づく抑止という考え方がある。日本における一般的な抑止の考え方は前者によるものであるが，北朝鮮との関係で現在重要なことは，報復ではなく，損害限定に基づく抑止であることをこの章では強調している。また，中国との関係については，第3章でも論じた，中国の核戦力の近代化に伴う問題の考察を進めている。

2010年前後，オバマ大統領のプラハ演説を契機に核軍縮に向けた議論が高まったなか，核抑止の専門家たちは，そもそもの安全保障環境が改善されていない中で，性急な核軍縮を進めるべきではなく，むしろ核抑止力の整備・強化を重視すべきだと主張した。2010年代半ば以降の展開は，不幸にも彼らの見方こそが的確だったことを証明した。本書は，そうした流れの中で，現在，あるいは将来の安全保障環境の中で核抑止論が直面している課題はどのようなもので，どのような姿をもった核抑止力が構築されるべきかを議論している。

ただ同時に，核兵器をめぐる問題は，核抑止と核軍縮の両面から考えを進めていくべきことも忘れてはならない。こうした国際安全保障環境の中で，現実的な核軍縮を進めていく方策を模索していくこともまた，唯一の戦争被爆国である日本にとって大きな責務であろう。しかし，核兵器はそれぞれの国の安全保障をめぐる国際政治上の相互作用の一つの手段でしかないから，政治的なコンテキストを無視して核兵器の非人道性のみを強調することによっては，核軍縮に向けた現実的な道筋を示すことは不可能である。そのためには，核抑止力の現実に対する冷徹な理解が不可欠である。本書は現在の核抑止力の課題に焦点を絞ったものであるが，これをきちんと理解することは，核軍縮論を再構築することにも寄与するものなのである。

本書の執筆陣のうち何人かは，核抑止の専門家として，プラハ演説直後に核軍縮に向けた議論が高まった中で核抑止力の重要性を世界中で強調し，いくつかの論点については世界に先駆ける形で議論を行ってきた。幸か不幸か，現在

の安全保障環境においては，彼らが指摘してきたような形で核抑止力を再構築していくことが必要となっている。こうした状況の中で，今度は逆に，核軍縮の専門家たちが，核抑止力の現実を踏まえて論理を構築し，理念や情緒のみによってではなく，戦略的合理性に基づく，新たな核軍縮論の思考枠組みを世界に対して発信していかなければならない。本書が日本において核抑止論の理解を深めるのに寄与し，また新たな核軍縮論の苗床となることを期待したい。

第1章
米　国
―― 核抑止戦略の再構築

高橋　杉雄

はじめに

　核兵器は，史上初めて米国によって使用された。その米国は現在でも世界最大最強の核戦力を保有し，米国のみならず同盟国の安全保障の最終的なよりどころとなる核抑止力を担保している。複雑さを増す現在の安全保障環境において，よりどころとしての役割を果たし続けるためには，地域ごとに異なる安全保障情勢に核抑止を適応させていかなければならない。これこそが，ほかの核兵器を保有する国々とは異なる，米国の核戦略が直面するとくに困難な課題である。そこで，2002年の核態勢の見直し（NPR）から「テイラード抑止」という概念が示されてきた。これは，一つの抑止態勢ですべての挑戦を抑止できると考えるのではなく，抑止する相手や地域の安全保障環境に適応された形で抑止態勢を整備していくとの考えであり，現在の米国の抑止戦略の基本でもある。
　しかしながら「核の忘却」の時代の影響と，冷戦終結後しばらくの間の通常戦力における圧倒的な優位の享受とが相まって，米国においても，新たな時代の核抑止のあり方について，十分な議論が積み重ねられてきているわけではない。その点についての考察を深めていくため，本章では，核戦略論をめぐる戦略的前提が冷戦終結によってどのように変化したかを分析し，米国の核戦略の現在と今後の課題について検討する。

1　冷戦期の核戦略をめぐる戦略的前提

（1）核抑止論をめぐる二つの考え方

　史上初の核兵器使用である広島，長崎への原爆投下の翌年，1946年にブロディ（Bernard Brodie）らが『絶対兵器』を著した。『絶対兵器』は「これまでは，軍事力の目的は戦争に勝つことであった。これからは，軍事力は戦争を避けることが目的となる。それ以外の有効な目標を持ちえない」[1]とする有名な一節からもわかるように，初めて核抑止の考え方を示した論考である。それ以来，核抑止についてはさまざまな議論が行われてきた。

　そうした議論は，以下の二つに要約できる。一方が，ブロディ，シェリング（Thomas Schelling）らに代表される，核兵器の存在自体による抑止効果を重視する議論である。とくにシェリングが重視したのは，抑止が破れた際に行われる報復攻撃の信憑性（クレディビリティ）の確保であった。これは，文字通り，攻撃が行われた後で報復的な攻撃を行う態勢を構築することで抑止を機能させようとするもので，基本的には相手側の第1撃に対して非脆弱性を持つ第2撃能力によって構成される。すなわち，挑戦側が現状を打破するための攻撃を行ったとしても，抑止側は，挑戦側の攻撃から生き残った戦力を用いて反撃を行い，挑戦側に目標達成によって得られる利益とは見合わないコストを強いることで抑止を機能させる考え方である。このような，報復攻撃に基づく抑止の考え方を一般的に懲罰抑止と呼ぶ。

　たとえ対都市攻撃を目標とした精度の低い核戦力であっても，それが一定の非脆弱性を有していれば，核兵器は存在すること自体によって抑止力としての役割を果たすと考えられ，使用を前提とする必要はない。とくに，万一核攻撃が行われることになれば，その損害の大きさを考えれば抑止側が核兵器によって報復を行うことはほぼ確実であろうと考えられることから，信憑性も高くな

---

[1] Bernard Brodie, "Implications for Military Policy," in Frederick S. Dunn, Bernard Brodie, Arnold Wolfers, Percy E. Corbett, and William T. R. Fox, *Absolute Weapon: Atomic Power and World Order* (Harcourt Brace and Company, 1946), p. 76.

第 1 章　米　　国

ると考えられる。いわゆる「最小限抑止」という考え方はこうした考え方の一つのバリエーションである。核兵器が存在している以上，物理的に非脆弱でありさえすれば，それが使用される可能性はつねに存在するため，その可能性を挑戦側に認識させればそれで抑止力は機能するとみなされる。

　こうした考え方をベースにして形成されたのが，「大量報復戦略」である。これは，ソ連の膨張的な行動に対して核兵器を使用する可能性を認識させることによってソ連の膨張を抑止しようとする宣言政策であり，また「相互確証破壊（MAD）」，すなわち，戦略核レベルで非脆弱かつ大規模な第2撃能力（確証破壊能力）を相互が保有することにより，米ソの武力紛争を抑止しようとする考え方である。ここでは，戦術レベルから戦略レベルに至るまでの核戦争を戦い抜くことは必ずしも想定されない。戦略レベルで大規模な核攻撃を行う能力があり，米国はそれを使用する意図があることをソ連側に認識させさえすれば，より低いレベルで紛争が起こったとしても，戦略核の応酬にエスカレートする可能性があることから，ソ連からのいかなるレベルの攻撃も抑止できるという考え方である。

　もう一方の核抑止についての考え方は，核兵器の存在そのもののみならず，それを実際に使用することを前提としなければ抑止力は担保されないと考える議論である。代表的な論者としては，核戦力を用いて第2撃を行う際の実行上の各種の問題について指摘したウォールステッター（Albert Wohlstetter）や，エスカレーション・ラダーを精緻化したカーン（Herman Kahn）を挙げることができる[2]。抑止が失敗し，第1撃が行われてしまった場合に，報復力にのみ頼った抑止態勢では，抑止側は自らがこうむる損害を防止できない。なぜならば，報復は定義上，相手からの攻撃の「後」に行われる反撃だからである。そこで，相手の攻撃を物理的に阻止することによって抑止力を高めることを追求する損害限定という考え方が生まれた。これは，仮に抑止が破れて戦争が始まったとしても，最小限の損害によって勝利しうる態勢を構築しておくことが，抑止力を機能させる上で不可欠であるという考え方である。そして，戦術核や

---

[2] Albert Wohlstetter, "The Delicate Balance of Terror," RAND Corporation, November 6, 1958 (https://www.rand.org/pubs/papers/P1472.html.); Herman Kahn, *On Escalation: Metophors and Series* (Praeger, 1965).

戦域核のように，戦場で核を使用する態勢を構築するだけでなく，相手の戦略核を撃破するための対兵力（counter-force）攻撃能力や，弾道ミサイル防衛システムのような防衛能力，さらに核シェルターの設置のような民間防衛の整備が提唱されることとなる。

この流れの中で，必然的に限定核戦争論が登場する。限定核戦争論は，米ソが共倒れになる戦略核の全面応酬に至らない範囲で，核兵器の使用を含む限定戦争が発生する可能性があること，また，そうした紛争においては，米国の戦略核戦力が確実に発動されるとソ連が認識するとは限らないため，戦略核抑止力の信憑性を高めるだけでは不十分であり，限定戦争を含むあらゆるレベルでの武力紛争に備える必要があるとする考え方である。こうした考え方の延長として，「柔軟反応戦略」が形成される。これは，戦場レベルから戦略レベルまで，あらゆるレベルで抑止力を強化し，必要があれば戦術核・戦域核・戦略核といったそれぞれのレベルで核オプションを発動し，核戦争を戦い抜く態勢を構築することでエスカレーションをコントロールすることを目標とする。

（2）冷戦期の核戦略と戦略的前提

冷戦期においては，実際にはこれら双方の考え方に基づく核戦略が並行的に進められてきた。前者は，宣言政策のレベルで，MADに基づく相互抑止態勢による戦略的安定を追求する基盤となった。「柔軟反応戦略」を追求しながらも，核兵器を「絶対兵器」であり「使えない兵器」と捉えた上で，ソ連を引き込んだ形での安定的な抑止態勢を追求し，1972年の弾道弾迎撃ミサイル（ABM）制限条約を典型として，MADに基づく相互抑止態勢が形成されていくのである。

こうした，MADを中心とする第2撃能力を中心とした核抑止の考え方は宣言政策のレベルにおいてこそ主流であったが，運用政策においては後者の考え方を見てとることができる。核兵器が実際に配備されている以上，それを使用することは軍事戦略のレベルでは自明であり，「柔軟反応戦略」，すなわち核使用戦略が前提となった作戦計画や，MAD体制においては不要なはずの第1撃能力を持ちうる兵器の開発計画が進められることとなるのである。このように，大量報復戦略に淵源を持つ宣言政策における戦略核レベルのMAD体制と，

第1章　米　国

柔軟反応戦略で示されたエスカレーション・ラダーの整備という二重性を持った形で，冷戦期の米国の核抑止態勢は整備されることとなる[3]。

このように，二つの異質な思想を内包しながらも，米国の核戦略論は，こうした冷戦期の抑止態勢を支える理論枠組みとして発達した。ただし，そこにはいくつかの戦略的前提が存在していたことは銘記しておく必要がある。

第1は，欧州大陸における地上戦を主たる対象としていたことである。そのため，核抑止論に組み込まれて分析されたのは陸上で使用される核兵器であった。第2に，欧州を主戦場と想定したことから，必然的に仮想敵であったワルシャワ条約機構軍に対する通常戦力における劣勢が与件とされ，その劣勢を相殺するために戦術レベルで核兵器を早期に使用することが必要と考えられた。第3に，冷戦すなわちグローバルな米ソの戦略的対峙が前提となっていたため，米ソが直接対決することがあればそれは戦略核の応酬までエスカレートし，人類の存亡そのものを脅かしかねないことが想定された。第4に，相手のソ連はもう一方の超大国であったため，米国といえどもあらゆる局面でそれを上回る一方的な抑止態勢の構築は困難であった。とくに，損害限定能力に基づく抑止態勢を現実に構築することは，財政的な観点からすれば事実上不可能だったのである。そのため，対立関係が継続することを前提としながらも，そのエスカレーションをテクニカルな側面からコントロールする「戦略的安定性」が重要な論点とされた。

こうしたことから，大規模な正規軍であるNATO軍とワルシャワ条約機構軍が陸上国境を挟んで対峙するなか，陸上での通常戦力の交戦に始まるエスカレーション・ラダーの信頼性を高めることが米国の戦略論に課せられた命題だったのである。そのため，核抑止力においても欧州のエスカレーション・ラダーから外れる海洋戦術核の位置づけといった問題は十分に考察されることはなかったのである。

3　この点については石川卓が分析を行っている。石川卓「冷戦後の抑止態勢と弾道ミサイル防衛」森本敏編『ミサイル防衛——新しい安全保障の構図』（日本国際問題研究所，2002年）。

2　冷戦終結と核戦略をめぐる前提の変化

（1）グローバルな冷戦と地域情勢とのリンクの切断

　冷戦の終結により，人類滅亡に至る危険性が高いと考えられていた米ソの全面核戦争の可能性は極小化し，核戦略の戦略的前提は一変した。

　まず指摘できるのが，グローバルなエスカレーション・ラダーと地域情勢とが切断されたことである。冷戦期の主な対立の場は欧州であったが，欧州に限らずあらゆる地域紛争が，米ソ冷戦の文脈に位置づけられる可能性があった。いかなる地域紛争でも，ひとたび米ソ冷戦の文脈に関連づけられてしまうと，米ソが介入する可能性が生じることとなる。そして冷戦においては，それは人類を絶滅させうる全面核戦争へのエスカレーションの可能性を内包することであった。

　しかしながら，冷戦が終結したことによって，全面核戦争へのエスカレーション・ラダーは切断された。1991年の湾岸戦争や1993～94年の第一次朝鮮半島核危機においても，それがグローバルな全面核戦争へとエスカレーションする可能性は皆無だったのである。

　繰り返すが，冷戦期においては，地域紛争が発生した場合，米ソの直接的な武力紛争や核戦争にエスカレートする可能性があった。冷戦期の核戦略の戦略的前提は，欧州でのソ連の侵攻を抑止することであり，そのために戦略核に至るまでのエスカレーション・ラダーが整備された。他の地域で紛争が発生した場合でも，それが戦略核のレベルにまでエスカレーションしていくとすれば，最終的には，地域レベル「以上」へのエスカレーションは，欧州の紛争を抑止するために整備されたエスカレーション・ラダーを当てはめることができることとなる。そのため，MAD的な考えに立つのであれ，核使用戦略的な立場に立つのであれ，戦略核レベルでの抑止戦略が確立されていれば，欧州以外の地域においても最終的に核抑止を機能させることができると考えることもできた。

　しかしながら，冷戦の終結は，戦略核レベルまでのエスカレーションの可能性を極小化した。もちろん，ロシアは引き続き大規模な核戦力を保持していた

が，ソ連崩壊に伴う混乱により軍事力は大きく弱体化し，またソ連と異なりもはやグローバルに米国と覇権を争うことは考えられなくなったため，ロシア周辺でロシアと直接対決するような事態さえ起こらなければ，戦略核レベルまでのエスカレーションは発生しないと考えることができた。このことは，逆に，戦略核レベルでの抑止戦略が確立していればそれぞれの地域でも核抑止を機能させることができた状況を消滅させることでもあり，米国の核戦略の思考枠組みの大きな転換を要求することとなった。すなわち，冷戦期においては，ソ連「だけ」を抑止することを考えていればよかったが，核抑止戦略が適用されうる対象が多様化し，米国は，地域ごとに抑止力のあり方を適応させなければならなくなったのである。そこで形成されてくるのが，2002年の「核態勢見直し（NPR）」で提示され，2010年版と2018年版のNPRでも継承される，「テイラード抑止」の概念である（詳細は後述）。

（2）通常戦力における劣勢の消滅

冷戦期の欧州においては，ワルシャワ条約機構軍に対するNATO軍の通常戦力の劣勢は与件であり，そうであるがゆえに核兵器の早期使用による対処が必然とされた。しかしながら，冷戦後の地域紛争においては，1991年の湾岸戦争でこれ以上なく明確に示されたように，米国がハイテク兵器を中心としてむしろ優位に立っている状況が現出した。

前述のとおり，冷戦期の米国の核戦略には，MADと柔軟反応戦略という，本来異質な認識基盤によって立つ二つの抑止戦略が両立的に追求されていた。それは，どちらか一方だけの考え方に基づいてソ連に対応することが困難であったことが大きな理由である。米国と同じく大量に核兵器を保有するソ連相手に，「大量報復戦略」的に早い段階で戦略核の使用に踏み切る形での抑止の実効性を担保することは困難であった。そうなればソ連も戦略核を使用し，短期間に紛争がエスカレートすることが予測されるからである。その一方で，大規模な核戦力および通常戦力を有するソ連相手に，柔軟反応戦略に基づく抑止態勢を確立することは物理的に困難であった。

冷戦の終結は，こうした冷戦期の戦略的前提を大きく変えることとなった。ロシアは引き続き核大国であり続け，米ロの戦略核軍備管理は戦略兵器削減条

約(START)体制として継続することとなったが，冷戦期のような政治的対立関係は大幅に緩和された。その一方で，核拡散のリスクが深刻化し，核開発を進めながら地域覇権を追求していく国家に対する抑止態勢の強化の必要性が強く認識されるようになった。湾岸戦争で証明されたハイテク兵器の威力と相まって，こうした国々に対する抑止態勢は，冷戦期のソ連に対するそれとは大きく性格を異にすることになる。

まず，そうした国々は，核兵器を有していてもその数はきわめて少ない上，通常戦力においては米国のほうが圧倒的優位にある。そのため，核兵器を中心とした抑止態勢を構築する必要がそもそもない。さらに，国力から見て米国とは大きな差があることから，冷戦期のソ連相手に対しては事実上不可能であった，エスカレーション・ラダーすべてにおける優位の追求も不可能ではなかった。こうしたことから，1990年代から2000年代にかけて，ミサイル防衛システムの開発の推進と情報技術による軍事における革命（RMA），あるいはトランスフォーメーションと呼ばれた軍事力のハイテク化・情報化の追求が進められていくこととなる。

そして同時に，冷戦期，運用政策レベルで脈々と存在していた核使用戦略はその必要性を失うこととなった。核兵器を使用しなくても地域紛争に十分に対処できるようになったからである。地域紛争における核抑止の困難性を早くから指摘し，シェリング的な考え方を強く批判して損害限定に基づく抑止を重視するペイン（Keith B. Payne）らも，核兵器を手にした地域覇権国を相手にする場合には，核抑止に依存するのではなくてミサイル防衛を強化していくべきだと主張するなど[4]，核拡散の脅威に対しては，核使用戦略に依るのではなく，ミサイル防衛やハイテク戦力によって対抗する立場をとるようになった。2002年のNPRにおいて，核戦力のみならず，非核の打撃戦力やミサイル防衛，核産業インフラからなる「新たな3本柱」を提示したことの背景には，このような前提の変化があるといえる。それは同時に，核抑止論を正面から議論する機会を低下させることとなり，「核の忘却（nuclear forgetting）」と呼ばれる時代が到来することの一因ともなった。

---

[4] Keith B. Payne, *The Great American Gamble: Deterrence Theory and Practice from the Cold War to the Twenty-First Century* (National Institute for Public Policy Press, 2011).

第1章 米　　国

(3) 核拡散の進展

1991年の湾岸戦争後，イラクが核開発を進めていたことが明らかになった。また，その数年後，1993〜94年に生起した朝鮮半島危機は，まさに北朝鮮の核開発疑惑を契機にして発生したものであった。このように，核拡散が進行し，核兵器に関する安全保障問題をもはや米ロ2国間だけでは管理できない状況が出現してきた。すなわち，人類滅亡の危機をもたらしかねない戦略核までのエスカレーションの可能性が極小化される一方で，地域紛争に核兵器が使用される可能性が懸念されざるをえない状況が出現したのである。

ペインは，その状況を「第2の核時代（second nuclear age）」の到来と論じた[5]。新たに核兵器を取得するであろう，地域覇権を追求する国々が米国と対立し，戦争になった場合，それらの国にとってはその戦争は体制の存亡をかける戦争になるのに対し，米国にとっては単なる地域紛争に過ぎない。よって，両者の間に「利益の格差」が生じるため，地域覇権国側が核兵器を使った場合は核兵器で報復すると米国が警告したとしても，その警告が無視される可能性が高まることとなる。なぜなら，存亡の危機にさらされる地域覇権国側にとっては，核兵器を使用してでも現状を打破しようとするインセンティブが強く働く一方，存亡の危機にさらされるわけではない米国にとってはそのインセンティブはそれほど強くならないからである。その結果，核抑止に依存した米国の抑止態勢は失敗していく可能性が高くなる。こうした事態を防ぐため，ペインらは，ミサイル防衛や通常戦力による損害限定能力を重視していく必要性を説いた。これは，NPR 2002で示された，核及び非核の打撃力，ミサイル防衛能力，核兵器産業インフラからなる「新たな3本柱」の議論に結びついていくこととなるし，前節で述べた，地域ごとに「テイラード抑止」の態勢を整備していく発想もこの延長線上にある。米国は，ソ連とのエスカレーション・ラダーの構築とはまた異なる文脈で，地域ごとに核抑止のあり方を考えなければならなくなったのである。

5　Keith B. Payne, *Deterrence in the Second Nuclear Age* (The University Press of Kentucky, 1996).

（4）冷戦後の新たな「戦略的安定性」

　最後に指摘できるのは，ロシアとの間に，「冷戦的対立なき戦略的安定性」が成立したことである。冷戦が終結したとはいえ，ロシアは引き続き核大国ではあったため，「N2（Nuclear 2）」体制とも呼びうるような戦略核戦力における2大国の圧倒的優位は継続することとなった。しかしながら，それはもはや冷戦期のような政治的対立を背景とするものではなかったために，非脆弱な第2撃能力に基づく戦略的安定性についてのテクニカルな側面が重視されることとなった。

　そこでは，いかなる兵器システムが非脆弱な第2撃を担保するかが焦点となった。たとえば先制攻撃を受ければ多数の弾頭を失ってしまうため，危機が発生した場合には早期に発射する心理的プレッシャーが働くと考えられたSS-18のような固定式重ICBM（大陸間弾道ミサイル）（重ICBMとは10発以上の核弾頭を搭載するICBM）は，最終的には発効しなかったが，START II 条約で廃止することで合意された。また，米国がミサイル防衛システム（BMD）の研究・開発を進めようとする際も，とくに米本土防衛用のBMDがロシアの第2撃能力を脅かしうるとして，1990年代末には国家ミサイル防衛（NMD）論争が展開された。

　こうしたなか，相互の脆弱性に基づく戦略的安定性を重視しながら慎重に核軍縮が進められ，START I 条約，START II 条約，モスクワ条約を経て新START条約で配備弾頭1550発へと米ロの核戦力は縮小されていくこととなる。引き続き，全面核戦争を行えば米ロは共倒れになるであろうという意味でMAD体制は継続しているものの，いまや核戦争による人類滅亡への切迫感は冷戦期と比べて著しく低下した。その中で，第2撃能力を担保するためのテクニカルな側面に偏重した相互の脆弱性に基づく戦略的安定性の維持を中核とする核軍備管理体制が形成されたのである。

第 1 章　米　　国

3　プラハ演説から「核の復権」へ

(1) オバマ政権における NPR 2010・新 START 体制の構築

　冷戦終結後，核抑止に関する関心は著しく低下し，とくに 9・11 テロやイラク戦争の影響から，国際テロリズムや中東の安全保障が国際安全保障における主要な関心事項となっていた。これがまさに「核の忘却」と呼ばれる状況であるが，ブッシュ（George W. Bush）政権の後半から，核兵器に関する問題も，次第に関心を集めるようになってきていた。

　その契機となったのが，米国の戦略核戦力に関するいくつかの問題が顕在化したことであった。とくに深刻とされたのが，米国の核弾頭の老朽化であった。米国の核弾頭の設計寿命はそもそも 20 年程度であったが，最新の核弾頭であるトライデント D5 潜水艦発射弾道ミサイル（SLBM）の搭載弾頭である W88 は 1988 年から 90 年の間に生産されたものであり，第 2 期ブッシュ政権が発足した 2004 年の段階で 15 年近く経ってしまっていたのである。その他，ミニットマン Ⅲ ICBM に搭載されている W78 弾頭および W87 弾頭（ピースキーパー ICBM の退役に伴い換装されたもの）は，それぞれ 1978 年，1987 年に生産開始されたものであり，航空機搭載型の B61 弾頭についても，配備されていたものの中で最も古いものは，やはり 2004 年の段階で 30 年近く前に生産されたものであった[6]。こうした老朽弾頭に対し，米国は寿命延長プログラム（Life Extension Program）によって部品の交換を行ってきたが，ブッシュ政権においては，既存弾頭の設計を根本的にあらためて改修を行う「信頼性のある代替核弾頭（Reliable Replacement Warhead）」計画が進められた。しかしながら，当時は，核戦力の近代化に対する政治的支持は希薄であり，2008 年会計年度以降，議会は予算支出を停止した。

6　Government Accountability Office, Statement of Gene Aloise, Director Natural Resources and Environment, Testimony before the Subcommittee on Energy and Water Development, Committee on Appropriations, House of Representatives, "Nuclear Weapons: Views on Proposals to Transform the Nuclear Weapon Complex," April 26, 2006, p. 11（https://www.gao.gov/new.items/d06606t.pdf）.

老朽化が懸念されたのは弾頭だけではない。運搬手段であるミニットマンⅢ ICBM, トライデント D5 SLBM とそれを搭載するオハイオ級戦略ミサイル原子力潜水艦（SSBN）, 核搭載能力を持つ戦略爆撃機である B-52 および B-2 も, そのすべてが冷戦期に配備されたシステムであり（ミニットマンⅢと B-52 はとくに古く, ミニットマンⅢの配備開始と現用の B-52H 型の最終機の生産は 1962 年）, それらの代替更新の準備を進めていかなければならないことは明らかであった。

　くわえて, ミニットマンⅢの先端部の部品であるノーズコーンが誤って台湾に輸出されたり, 核弾頭を搭載した戦略爆撃機が安全規定に違反して米本土上空を飛行するなどの不祥事が続発した。これに対して国防省は深刻な危機感を抱き, シュレジンジャー（James Schlesinger）元国防長官を座長とする委員会を発足させて, 米軍の核管理体制についての検討を行った[7]。その結果は衝撃的ともいえるもので, 上記のハードウェア上の問題だけでなく, 核戦力の運用に関わる部隊に対する上層部の関心や現場レベルでの士気の低下, 管理体制やメンテナンス体制の弛緩など, 人的・組織的なレベルでも米国の戦略核戦力は大きな問題を抱えていることが判明したのである。ただこれは,「核の忘却」の状況を反映したものでしかないともいえる。安全保障政策上の関心が低下したことに伴って, 核戦力の実際の運用にかかわる人々の士気が低下してしまうのはある意味必然といわざるをえないからである。

　国際的には, 1991 年に締結された第一次戦略兵器削減条約（START Ⅰ）が, 2009 年 12 月に期限切れを迎える問題もあった。START Ⅰ以後, 2002 年に戦略攻撃能力削減に関する条約（SORT）が締結され, 両国の実戦配備戦略核弾頭を 1700～2200 発に制限するとされたが, この条約には核軍備管理条約に不可欠である査察・検証規定が存在せず, START Ⅰに基づく査察・検証を行うこととされていた。すなわち, START Ⅰの失効は, 米ロの核戦力に関する査察・検証の消滅を意味することとなるため, 実効的な査察・検証規定を持つ後

---

[7] Secretary of Defense Task Force on DoD Nuclear Weapons Management, "Report of the Secretary of Defense Task Force on DoD Nuclear Weapons Management Phase II: Review of the DoD Nuclear Mission," December 2008（https://dod.defense.gov/Portals/1/Documents/pubs/PhaseII ReportFinal.pdf）accessed on November 9, 2018.

第 1 章　米　国

継条約の締結が不可欠であると考えられていたのである。

　そして，序章でも触れた，キッシンジャー（Henry Kissinger），シュルツ（George Shultz），ナン（Sam Nunn），ペリー（William Perry）が連名で，世界的核軍縮を促進するために米国が一方的に大幅な核軍縮を行うことを提言したのはちょうどこの時期であった[8]。これを契機に，「ディープカット」と呼ばれる，大幅な核軍縮を主張する声が世界的に高まることとなった[9]。つまり，第2期ブッシュ政権の後，オバマ政権が発足するタイミングで，米国は，核戦力の近代化と核軍縮の両者を進めるという課題に直面していたのである。

　そのオバマ（Barack Obama）政権の核政策の初期の性格を表すものが，2009年4月5日に行ったプラハ演説と，2010年4月6日に発表した2010年版NPRである。プラハ演説においては，「核兵器がない世界」を目指すと述べ，また同時に核兵器の脅威が残存する限り米国は核兵器を放棄せず，また拡大抑止も維持するとした。その点でこれは，安全保障環境を無視して一方的な核軍縮を進めることを表明したものではないが，世界最大の核戦力を配備している米国の大統領が「核のない世界を目指す」と述べたことは大きなインパクトを持つこととなった。

　そして，プラハ演説の直後に公表された2010年版NPRは，オバマ政権としての核戦略の考え方を示す文書となった。その全体の論理構成を要約して言えば，核テロリズム，核拡散，中ロとの戦略的安定性の三つを重要な戦略的課題と認識し，とくに中ロと対決するのではなく協力することによって，核テロリズムや核拡散に立ち向かっていくとの方向性を示している。これは，2014年のロシアのクリミア併合や南シナ海・東シナ海問題によってそれぞれ米ロ関係と米中関係が緊張していく前の世界観に基づいており，トランプ（Donald Trump）政権において策定される2018年版NPRとは明確な対照をなしている。

　同時に，2010年版NPRでは，核抑止力強化のための重要な決定がなされた。ミニットマンⅢの単弾頭化，トライデントD5 SLBMおよびそれを搭載するオ

---

[8] George P. Shultz, William J. Perry, Henry A. Kissinger and Sam Nunn, "A World Free of Nuclear Weapons," *Wall Street Journal*, January 4, 2007（https://www.wsj.com/articles/SB116787515251566636）.

[9] 代表的なものとして，「グローバル・ゼロ」運動がある。Global Zero, "The Global Zero Action Plan," February 2010, （http://static.globalzero.org/files/docs/GZAP_6.0.pdf）を参照。

ハイオ級弾道ミサイル原潜の後継艦の開発，戦術核搭載型F-35の開発，ミニットマンⅢ後継ICBMの研究開始，新型航空機搭載巡航ミサイルの開発が決定された。この後，国際安全保障環境の悪化もあり，これらの検討は着実に進められ，次期ICBMとして地上配備戦略核抑止（Ground Based Strategic Deterrent: GBSD），コロンビア級次期弾道ミサイル原潜，航空機搭載巡航ミサイルとして長距離スタンドオフ兵器（Long Range Stand-Off: LRSO）を開発していくことがその後確定している。

　さらにNPRに引き続いて，4月8日には新START条約が締結された。新START条約では，配備弾頭の上限を1550に削減し，また運搬手段についても700〜800を上限と定め，かつ査察・検証についても明確に規定した。

　このようにして成立したNPR 2010・新START体制によって，米ロの戦略核戦力の方向性が規定されることとなった。米国の場合には，脆弱なサイロに配備されていたミニットマンⅢの単弾頭化に伴い，核戦力の中心をトライデントD5に移行させる方向性が観察された。2010年版NPRを策定した段階で米国は450基のミニットマンⅢを配備していたが，これは最大で3発の弾頭を搭載可能であるから，すべてのミサイルに搭載能力いっぱいの弾頭が配備されていたとすれば，全体で1350発の弾頭が配備されていたこととなる。その後米国はミニットマンⅢの配備数を400まで削減しているから，これらを単弾頭化すると，新STARTで定められた弾道数の上限1550発のうち，ICBMに配備されるのは400発にとどまることとなる。さらに条約の規定上，戦略爆撃機は1機当たり1発とカウントすることになっており，米国の戦略爆撃機が100機に満たないことを考えると，全体の3分の2にあたる約1000発の弾頭がトライデントD5に配備されることになるのである。一般論としてSLBMは命中精度が低いとされるが，トライデントD5は，発射された後，宇宙空間で恒星を観測して自己の位置を精密に把握し，高度な軌道制御を行って高精度な攻撃を行うことが可能である。ミニットマンⅢの搭載弾頭も同様の攻撃を行うことができるが，迅速な攻撃が可能である反面，サイロに配備されており脆弱性の問題を内包しているため，トライデントD5の配備弾頭比率を高めることとしたものと考えられる。一方でロシアの戦略核戦力においては，逆のトレンドが観察された。ロシアは米国のトライデントD5のような対兵力攻撃能力をも備

えた信頼性の高いSLBMを配備できていないため、米国とは対照的にICBMの多弾頭化を追求していったのである。

なお、2010年版NPRでは潜水艦発射型の核弾頭搭載トマホーク（TLAM-N）の退役も決定されている。1994年にH・W・ブッシュ（George H. W. Bush）政権は、海洋戦術核をすべて撤去することとしたが、潜水艦搭載型のTLAM-Nについては、安全保障環境が将来悪化した場合には再配備するとして保管され続けてきた。このTLAM-Nについて重大な問題提起を行ったのが、先にも触れたシュレジンジャー委員会の報告書であった。同報告書は、海軍はトライデントD5については良好な管理を行っているが、TLAM-Nについては再搭載のための訓練も行われておらず、保管状態も劣悪であると指摘し[10]、その後の議論を経て、最終的に退役させることとなったのである。そしてTLAM-N退役後の地域レベルでの低出力の核抑止力は航空機搭載巡航ミサイル及び核搭載可能な戦術航空機および爆撃機の前方展開によって代替されるとされた。しかしながら、中国が急激に接近阻止・領域拒否（A2/AD）能力を整備していることを考えれば、航空機搭載型の核戦力が機能しない可能性は無視できず、戦域レベルの核抑止力を損なう可能性が指摘された[11]。そして事実数年後には、米ロ関係と米中関係の悪化に伴い、A2/AD環境における戦域レベルの核抑止力のあり方が、重要な論点として再浮上することとなるのである。

(2) NPR 2018——「核の復権」のマニフェスト

核軍縮に関するオバマ政権の楽観的な見通しは、米ロ、米中関係の緊張によって現実性を失った。結果として、プラハ演説で示された核軍縮への方向性は、新START条約における米ロの配備核弾頭数の削減と核セキュリティ・サミットの開催にとどまり、2013年6月19日のベルリン演説で述べたようなさらなる核軍縮は実現しなかったのである[12]。大国間関係が悪化するなか、米国自

---

10 Secretary of Defense Task Force on DoD Nuclear Weapons Management, "Report of the Secretary of Defense Task Force on DoD Nuclear Weapons Management Phase II: Review of the DoD Nuclear Mission," p. 25, 32, 44-45.
11 高橋杉雄「核兵器をめぐる諸問題と日本の安全保障——NPR・新START体制『核兵器のない世界』、拡大抑止」『海外事情』第58巻第7-8号（2010年7月）、46-47頁。
12 Remarks by President Obama at the Brandenburg Gate, June 19, 2013, 〈https://obamawhite

身の核抑止力を再構築する必要が高まり，オバマ政権においても前述したように，ICBM，SSBN の更新を柱とする核戦力の近代化を具体的に開始することとなったのである。

オバマ政権を継いだトランプ政権は，2018 年 2 月に新たな NPR を策定した。これは，2017 年 12 月に公表された「国家安全保障戦略（NSS）」において安全保障戦略全体を，2018 年 2 月公表された「国家防衛戦略（NDS）」において国防戦略全体を明らかにしたのを受けて，核戦略に関する戦略文書として公表されたものである。

2018 年版 NPR の大きな特徴は，2010 年版 NPR の戦略的前提に対する批判的な総括を出発点としていることである。とくに，2010 年版 NPR は，米国が核軍縮を進めていけば，ほかの核兵器を保有する国々も追随するであろうという願望に基づいていたと指摘し，そうした認識に基づいて核戦略を構築するのは，現実の安全保障の観点から危険であるとした。安全保障環境が悪化する中で米国の核抑止力の役割と兵力構成とを再構築していくとの問題意識を出発点に，2018 年版 NPR は策定されていったのである。

本章との関連でいえば，2018 年版 NPR の大きな論点は二つある。第 1 は，核兵器の役割である。2010 年版 NPR においては，核兵器の「基本的な役割」を相手国の核兵器の使用を抑止することとした上で，今後核兵器の役割をより低減させていく努力を払っていく方針を示し，その一部としてアジア太平洋地域における拡大核抑止の一部を担っていた TLAM-N を退役させた。それに対し，2018 年版 NPR では，「核攻撃を抑止することが核兵器の唯一の目的（sole purpose）ではない」（20 頁）と明記した上で，核兵器の役割として「核・非核攻撃の抑止」があるとし，核兵器の役割を核攻撃の抑止以外にも再拡張したのである。

第 2 の論点は，低出力核オプションに関するものである。ある意味，これが 2018 年版 NPR において最も論争的な点であるといえる。これは，西側とロシアとの武力紛争が生起してしまった場合，ロシアが低出力核を先行使用することで，西側がそれ以上対抗するのを断念させる「ディエスカレーション（逆エ

house.archives.gov/photos-and-video/video/2013/06/19/president-obama-speaks-people-berlin).

第 1 章　米　　国

スカレーション）戦略」を試みることに対する強い警戒から，米国も同様の低出力核オプションを整備していく必要があるとしたものである。具体的には，既存のトライデント D5 SLBM を改良して低出力バージョンの SLBM を配備することを打ち出した。トライデント D5 に搭載されている水素爆弾は，第1段階として起爆用に核分裂反応を発生させ，その高温・高圧をトリガーとして第2段階の核融合反応を発生させるが，これは弾頭を改造し，第2段階の核融合反応を起こさず，第1段階の原子爆弾の爆発に限定することで低出力化するものとみられる。さらに，INF 条約違反をロシアが継続する場合，2010 年版 NPR の決定に伴い解体してしまった TLAM-N に代わる潜水艦発射型の核搭載巡航ミサイルを新規開発するとしたのである。

　こうした低出力核オプションに対しては，「核使用の敷居を下げる」という批判がある。しかしながら，これは元来ロシアの「ディエスカレーション戦略」に対抗する意図を持っているものであり，核兵器を「実際に使うことを考えなければ抑止できない」という考え方に基づくものであると考えるべきである。ロシアの「ディエスカレーション戦略」とは，核兵器の早期における先行使用による逆エスカレーションを意図しているものであるから，ロシアもまた，核兵器を「実際に使うことを考えなければ抑止できない」という考え方に立っているといえ，双方とも共通の抑止観に立つようになったということもできる。

　たとえば，西側諸国とロシアとの間で武力紛争が生起してしまったような状況において，米国の既存の低出力核オプションである航空機搭載型 B61 核弾頭や爆撃機搭載型巡航ミサイルを，自らの A2/AD 能力によって無力化することが可能であるとロシアが認識した場合，低出力核弾頭を用いたディエスカレーション戦略を試みる可能性が懸念されることになる。その場合，現状では米国は，ロシアの低出力核弾頭に対して大出力の戦略核弾頭によって報復せざるをえなくなるが，それはロシアの戦略核戦力の使用を呼び込み，結果としてお互いの戦略核の応酬，すなわち冷戦的な「相互確証破壊」へとエスカレートしてしまうこととなる。そのため，ロシアから見れば，低出力核弾頭による攻撃を行ったとしても，米国は「相互確証破壊」へのエスカレートを恐れて核報復を行わないであろう，との戦略的計算が成り立つ余地が生まれる。これは典型的な「安定・不安定の逆説」の顕在化である。

しかしながら，改造型トライデントD5や新型核搭載潜水艦発射巡航ミサイル（SLCM）のような，ロシアのA2/AD能力を突破しうる低出力核オプションを米国が保持しているとすれば，ロシアの低出力核弾頭の使用に対して米国も同程度の低出力核弾頭による報復を行うとロシアに認識させることができる。そうなれば，低出力核弾頭を先行使用したとしても，ディエスカレーションには結びつかないとロシアも予測することとなり，ロシアは低出力核弾頭の先行使用そのものを断念せざるをえなくなろう。このように，低出力SLBMや新型核搭載SLCMによって，米国の核戦略上のオプションが広がり，核兵器が実際に使用される可能性を局限することができるのである。地域レベルで戦略的安定性を考えるとすれば，これらの低出力核戦力は，地域紛争においても使用しうる非脆弱な第2撃能力としての役割を果たすため（戦術航空機に搭載されるB61核爆弾は非脆弱性が不足する），地域レベルで核抑止を安定させる上で不可欠な役割を果たすということができよう。

　このように，2018年版NPRは，安全保障環境の悪化を踏まえ，核兵器を「実際に使うことを考えなければ抑止できない」という考え方に基づき，低出力核オプションの導入による，核兵器を用いた損害限定への道を開こうとしているものと言えよう。これは，名実ともに「核の忘却」の時代を終焉させ，核兵器を復権させていく方向性を明確に示したものであるといえる。また，地域レベルとグローバルなレベルの戦略的安定性の相互作用についても一定の考慮を行っているものと評価できよう。こうした方向性は，現在の国際安全保障環境において有効な核抑止力を構築していくための必要条件なのである。

（3）北朝鮮核問題

　このように米国の核戦略が展開していく中で，大国間関係の緊張に加えて，重要な触媒としての役割を果たしたのが，北朝鮮の核・ミサイル開発であった。北朝鮮の核・ミサイル開発が国際安全保障上の重要な問題として認識されるようになったのは1993～94年に展開した第一次朝鮮半島核危機であった。その後，1994年の米朝枠組み合意，2005年9月の非核化合意を中心とする6者会合のプロセスのような，非核化に向けた外交的努力がこれまで試みられたが，北朝鮮は核開発の停止や非核化を国際的に約束したにもかかわらず，核・ミサ

第 1 章 米　　国

イル開発を継続していた[13]。

　そして，北朝鮮は 2006 年に第 1 回，2008 年に第 2 回の核実験を行い，問題は深刻化した。さらに，2016 年の 1 月に 4 回目の核実験を行って以来，弾道ミサイル発射と核実験とが頻繁に行われるようになり，さらに核搭載 ICBM の開発が進んでいることに強い懸念を抱いた米国のトランプ政権が軍事的圧力を高めたことによって，2017 年の北東アジアの安全保障環境は著しく緊迫した。ところが，2018 年初めから，北朝鮮が対話の姿勢を示し始め，4 月に南北首脳会談を行うことで合意し，またそれに続いて 6 月に歴史上初の米朝首脳会談が行われた。さらに 2019 年 2 月に 2 回目の米朝首脳会談が行われた。この 2 回目の首脳会談では合意に至らず，非核化に向けた具体的な進展は本章執筆時点（2019 年 5 月）では見られていないものの，それまでの緊張は相対的に緩和されている。

　20 年以上に及ぶこの一連の展開の中で，米国が決定的に強い圧力をかけた（あるいはかけてきたと北朝鮮が認識した）ことが少なくとも 3 回ある。最初が，寧辺への空爆寸前までいったとされる 1993〜94 年の第一次朝鮮半島核危機であり，2 回目が 9・11 テロ事件の後で米国がアフガニスタンへの武力攻撃を行い，「次は北朝鮮が攻撃されるのではないか」との認識が生まれたとされる 2002 年前後，3 回目がトランプ政権による軍事的圧力である。このいずれもが，それぞれ枠組み合意，小泉訪朝につながる北朝鮮の対日接近，現在の米朝協議という形で，北朝鮮側が外交のテーブルにつくことを促したことは注目に値する。また同時に，いずれにおいても実際の武力行使には至らなかったということも重要である。

　朝鮮半島において米国が軍事的圧力を高めたとしても，それが実際の武力攻撃にはつながらない理由は，第一次朝鮮半島核危機の時代から変わっていない。それは，限定的であれ米国が武力攻撃を行った場合，休戦ライン近くに北朝鮮が配備しているとされる膨大な重砲群がソウルを砲撃し，ソウルが「火の海」となると考えられているからである。もちろん，北朝鮮がそのような行動をとれば，米韓連合軍は本格的に北進を行い，統一を実現する可能性は高いが，そ

---

[13] 6 者会合の展開については船橋洋一『ザ・ペニンシュラ・クエスチョン——朝鮮半島第二次核危機』（朝日新聞社，2006 年）が詳しい。

の過程でソウルが灰燼に帰することは韓国にとって受容できるコストではない。たとえ核施設に対する選択的,限定的な攻撃であっても,米韓同盟にとって,それを実際に実行するのはきわめて困難なことなのである。

　これは,非対称な形ではあるが,北朝鮮と米韓同盟との間に「相互の脆弱性」が成立している状況でもある。限定的なものであったとしても,米国が北朝鮮を攻撃した場合,北朝鮮は重砲によってソウルを砲撃し,韓国は「耐えがたい打撃」を受けてしまう可能性がある。一方,北朝鮮側が先制攻撃をかけた場合には,戦力的に優位にある米韓同盟の反撃によって,北朝鮮はおそらく国家そのものを失うことになるのである。これはある意味において戦略的安定性が成立していることを意味しているが,同時にこのような形で相互抑止が成立していることが,北朝鮮の核・ミサイル問題を膠着させていることの大きな理由となっている。

　北朝鮮のミサイルの長射程化は,この「相互の脆弱性」の状況を拡大しつつある。まず,日本を射程に収めるノドンミサイルに核弾頭を搭載できるようになったとみられることによって,朝鮮半島有事が起こった際に「火の海」となるのはソウルだけではなくなった。いまや東京を含む日本の都市も「火の海」になる可能性がある。さらに,米国まで到達可能なミサイルの開発・配備に成功すれば,米国の都市を「火の海」にすることもできるようになるのである。このような形で「核のエスカレーション・ラダー」が形成されることによって,朝鮮半島周辺の地政戦略的な環境は大きく変動しつつある(詳細については終章参照)。

　こうした中で,米国の核戦略に関しては二つの大きな影響が生じてきている。第1は,報復よりも損害限定を重視する必要性が高まったことである。報復攻撃は,定義上相手の攻撃の「後」で行われるため,相手が行う攻撃からこうむる損害を阻止することはできない。たとえば韓国にとっては,ソウルが「火の海」になった後で北朝鮮の現体制を打破したとしても,それで「火の海」になってしまったソウルで失われた人命や財産を取り戻すことはできないのである。そのため,抑止が破れたとしても,相手側の攻撃によってこうむる損害を局限する損害限定が重要になってくる。これは単にミサイル防衛のような防衛的措置によって追求されるだけではなく,精密打撃能力の強化によって北朝鮮側の

第1章 米　　国

重砲や弾道ミサイルを迅速に撃破する方策も含まれる（詳細は終章を参照）。

　もう一つは，同盟政策への影響である。北朝鮮が核・ミサイル開発を進めるなか，米国は同盟国である日韓に対する拡大抑止の信頼性強化のための努力を強化した。日米拡大抑止協議（Extended Deterrence Dialogue: EDD），米韓拡大抑止政策委員会（Extended Deterrence Policy Committee: EDPC）（2015年に抑止戦略委員会（Deterrence Strategy Committee: DSC）に改編）を2010年以降公式に開催し，拡大抑止に関する政策協議を行っている。冷戦期において，米国の同盟政策における核抑止に関する問題は，NATO が中心であった。しかし，北朝鮮の核・ミサイル開発によって，アジア太平洋地域の同盟においても，核抑止が重要な課題として認識され，同盟の中で制度的な枠組みが形成されたのである。

4　核兵器「復権」後の核戦略の課題

(1) 重層的な戦略的安定性の成立

　これまで論じてきたように，核兵器の「復権」が進むなか，核抑止に関する議論が再び活発化している。核抑止論はそれ自体きわめて精緻に構築された論理体系であるが，冷戦期の戦略的背景の中で形成されたものであることもまた事実である。そのため，戦略的前提が異なる現在の安全保障環境において，伝統的な核抑止論に基づく議論をそのまま当てはめることには無理がある。たとえば，本章でも繰り返し言及している戦略的安定性という核抑止論の基本概念がある。これは，兵力構成や軍事科学の動向といったテクニカルな要素を中心として，軍拡競争が起こりにくいような状況を作り出したり，危機管理を安定的に行えるようにしようとするものであり，元来は米ソの全面核戦争を回避するための概念として構築されたものであった（戦略的安定性の詳細については序章参照）。しかし，国際的な安全保障環境の変化によって，現在では米ロだけでなく米中の関係でも言及されるようになっている。

　米中の戦略的安定性について，米国が公式文書で初めて言及したのは NPR 2010 においてである。ただし，NPR 2010 においては，米ロにおける戦略的安

定性の考え方と，米中におけるそれとの間の詳細な意味内容には相違がある。ロシアとの関係においては，明らかに相互の脆弱性を受け入れた記述となっているが，中国との関係では，戦略的安定性の基礎を信頼醸成や透明性に置いており，相互の脆弱性との関係が明らかにされていないのである。これは，信頼醸成や透明性の向上により軍拡競争への誘因を低下させる，軍備競争における安定性を重視して戦略的安定性を追求しようとしていると評価できる。

　その一方で，核拡散が懸念されるイランや北朝鮮との関係において，戦略的安定性を追求することを含意する記述はいっさい見られない。すなわち，イランや北朝鮮との関係においては，戦略的安定性の概念は適用されないということである。そこでは，いかなる意味でも相互の脆弱性の存在を認める意思はなく，むしろハイテク通常戦力やミサイル防衛戦力を組み合わせた損害限定能力の整備が追求されている。

　こうした意味で，現在の米国の核戦略において，戦略的安定性は，相手ごとに適応（「テイラード」）された形で適用されているといえる。しかしながら，ここでの戦略的安定性は，あくまで米国とロシア，米国と中国，あるいは米国と拡散懸念国との関係において，単層的にのみ概念化されていることは指摘しておくべきであろう。ところが，戦略的安定性は，安全保障上対立関係が成立しうる国家間関係であればどの組み合わせでも成立しうる。すなわち，西欧や東アジアといった地域レベルにおいて，米国の同盟国と，ロシアや中国，あるいは拡散懸念国との関係でも戦略的安定性は観念されうるのである。その場合，西欧や東アジアといった地域レベルの戦略的安定性と，米ロや米中の戦略的安定性とが重層的に成立することになる。

　このような，戦略的安定性の重層的な成立の可能性は，冷戦期の核抑止論においては見落とされてきた論点である。冷戦期において，地域として最も重要だったのは西欧であったが，そこで想定されていたのはワルシャワ条約機構軍の地上進攻であった。そこでは，エスカレーション・ラダーの各段階で優位を保ち，エスカレーションをコントロールするという柔軟反応戦略的な発想はありえても，エスカレーションの初期段階においてすでに地上戦が展開してしまうため，地域レベルの「危機における安定性」や「軍備競争に係る安定性」を議論することは意味をなさなかった。

第1章　米　国

　しかし，現在の東アジア地域においては，地域レベルの戦略的安定性が重要な意味を持つようになっている。東アジア地域は海洋環境にあり，冷戦期の西欧で想定されたような大規模な地上戦は朝鮮半島内部でしか発生しえない。その上，中国は精度の高い弾道ミサイル・巡航ミサイルを多数配備しており，北朝鮮も核装備弾道ミサイルを配備しているとみられている。INF条約の制約があったため，2019年現在，米国は地上発射型で射程距離500〜5500キロメートルの弾道ミサイル・巡航ミサイルを保有していないが，海上発射型の巡航ミサイルや航空機搭載型の対地攻撃兵装は配備しているため，アジアにおいては地域レベルで戦略的安定性のあり方を議論していく必要があるのである。実際，グローバルなレベルで戦略的安定性が成立していたとしても，地域レベルでは戦略的安定性が不足しており，地域レベルでの危機管理に失敗した場合，グローバルなレベルでの戦略的安定性は，抑止の安定性の観点から言えば全く何の意味も持たないことになるのである。

　また，西欧においても，今後，ステルス性を持つF-35にB61核爆弾が装備されるようになると，「危機における安定性」との関係が問題になりうる。なぜならば，ステルス機を飛行中に迎撃するのは困難であるから，ロシアからみればF-35の離陸前に地上で先制的に撃破するための攻撃を行うインセンティブが高まることになるからである。

　さらに，後述する「安定・不安定の逆説」との関係を考えると，米ロ，米中の間でのグローバルな戦略的安定性だけでなく，グローバルなレベルと地域レベルの相互における戦略的安定性の相互作用を分析していく必要が高まっている。これは冷戦期には認識されていなかった，現在の核戦略論において議論していくことが必要な重大な論点なのである。とくに，INF条約が破棄された「ポストINF条約」の時代において，核弾頭搭載型であれ通常弾頭型であれ，米ロが中距離ミサイルを配備するようになった場合，地域レベルの戦略的安定性がきわめて重要な意味を持つようになることはあらためて指摘するまでもないだろう。

(2) テイラード抑止と「安定・不安定の逆説」

　冷戦後の安全保障環境においては，グローバルなエスカレーション・ラダー

と地域情勢とのリンクが切断され，2大核大国である米ロ間の戦略的安定性のみによっては危機管理を安定的に進めることができなくなっている。そこで重要になるのが，ブッシュ政権のNPR 2002で初めて提唱され，オバマ政権のNPR 2010，トランプ政権のNPR 2018でも継承された「テイラード抑止」概念である。「テイラード抑止」とは，地域ごと，相手ごとに異なる抑止態勢をとる必要があるとの考え方で，「ソ連を抑止できればほかの脅威は抑止できる」と考えられた冷戦期の核抑止論を置き換えるべきものとして登場した。NPR 2010では，東アジア，中東，欧州でそれぞれ異なる抑止態勢をとる必要があると論じられ，具体的には，東アジアにおける前方展開戦力とミサイル防衛の展開に加えての拡大核抑止コミットメント，欧州における戦術核弾頭の前方配備の維持，中東におけるミサイル防衛を中心とした防衛態勢の展開といった形で，核兵器のみならず，通常戦力やミサイル防衛戦力を含めて，地域ごとの特性にあわせて米軍の能力上のポートフォリオを調整して抑止力を機能させることが打ち出された。NPR 2018でも，ロシア，中国，北朝鮮，イランに対してそれぞれ異なる抑止戦略をとる必要があるとして，それぞれに対する抑止のあり方が説明されている。

　このように，米国は，現在の安全保障環境においても，戦略的安定性概念も相手によってその適用の有無や適用のあり方を調整し，また地域情勢に適応した「テイラード抑止」のための態勢を地域ごとに整えていくことで状況に対応しようとしてきている。しかしながら，戦略的安定性をグローバルなレベルでのみ考えていた場合，「安定・不安定の逆説」が発生する可能性があることは留意しておく必要がある。

　「安定・不安定の逆説」とは，戦略核のレベルで相互の脆弱性に基づく戦略的安定性が成立した場合に発生しうる状況である（「安定・不安定の逆説」の詳細については序章参照）。とくに地域レベルでの戦略的安定性が不足していた場合，この「安定・不安定の逆説」は非常に先鋭的な形で顕在化してしまうことが懸念される。とくに戦略的安定性の中でも，地域レベルでの「危機における安定性」が欠如していた場合，地域の関係国の間で「第1撃のインセンティブ」が高まる可能性，すなわち紛争生起の可能性が高まるからである。よって，地域ごとの「テイラード抑止」は，地域レベルでの戦略的安定を高めてい

第1章　米　国

くような形で進めていくことが必要となるのである。

（3）核兵器の役割の再検討——核兵器を含む「テイラード抑止」の必要性

　なお，テイラード抑止概念に沿った形でこれまで進められている取り組みには，一つ重大なミッシングピースがある。それは，核抑止の考え方そのものや，核兵器の役割そのものについてまで，地域ごとに「テイラード」された概念が提示されているわけではないことである。むしろその論点については，引き続き「ワン・サイズ・フィッツ・オール」，すなわち，ロシアに対する核抑止において有効であれば，ほかの相手に対しても有効であるとの発想が残存しているように思われる。

　前述のように，ペインらは，大量破壊兵器の拡散が進み，「第2の核時代」が到来しつつあることを指摘した。ただ，この「第2の核時代」に関する議論は，核抑止は維持しつつ，核抑止が効かない状況が増大しているので，そこに対してミサイル防衛やハイテク通常戦力で対処していこうとするものであった。これは，報復よりも損害限定を重視する方向性であったが，損害限定はあくまでミサイル防衛やハイテク通常戦力で追求するものであったから，核抑止に限って言えば，本章冒頭で述べた二つの考え方の中では，シェリング的な「核兵器は存在していれば抑止できる」という発想に近い。抑止できない場合が生まれつつあることは認識していても，それに対してウォールステッターらのように，核兵器を「実際に使うことを考えなければ抑止できない」という考え方によって立つものではないからである。

　この，「第2の核時代」の議論から約20年を経て，核拡散が進展していくなか，この，抑止における核兵器の役割そのものについてあらためて議論を深めていく必要が高まってきている。その中で，限定核戦争をめぐる議論も再び開始されつつある[14]。すなわち，「核兵器は実際に使用することを考えなければ

---

[14] Jeffrey Larsen and Kerry Karchner, eds., *On Limited Nuclear War in the 21st Century*, (Stanford University Press, 2014); Elbridge Colby, "Promoting Strategic Stability in the midst of Sino-U.S. Competition," Briefing Series, National Bureau of Asian Research, September 2015 (https://s3.amazonaws.com/files.cnas.org/documents/US-China_brief_Colby_Sept2015.pdf?mtime=20160906082555); Vince A. Manzo and John K. Warden, "After Nuclear Use, What?" *Survival*, Vol. 60, No. 3 (June-July 2018), pp. 133-160.

抑止力として有効ではない」との考え方を再評価し，冷戦期の対兵力攻撃戦略のように，核兵器を含めた形で損害限定を追求していく必要があるとの認識が広がりつつあるのである。

　そうした状況を具体的に考慮しなければならないのは，次の二つの状況であろう。第1は，冷戦期と現在との戦略的前提の変化の一つとして，米国の通常戦力優位が動揺するような状況が発生した場合である。現在のところ，全般的にそのような状況が発生するとは考えにくいが，限定的な状況では発生しうることに留意が必要である。その状況として想定されうるのが，一つは東欧方面でのロシアとの地上戦力のバランスの変化であり，もう一つが，中国が大規模に開発・配備を進めているA2/AD能力とアジア太平洋方面の前方展開戦力とのバランスの変化である。この両者のいずれかにおいて，米国の通常戦力優位が動揺し，逆に劣勢に追い込まれるようなことがあるとすれば，冷戦期同様の核使用戦略を再検討しなければならない可能性が生まれることとなる。そして言うまでもなく，その時にこそ地域レベルでの戦略的安定性が重大な意味を持つことになる。

　第2は，核脅威に対抗する上で，核兵器による対処が必要となる場合である。その典型的なケースとして想定しなければならないのが，北朝鮮の核・ミサイルであろう。詳細は終章で論じるが，北朝鮮が核のエスカレーション・ラダーを完成させた場合，自らの対米抑止力を過信して，日本に対して核の恫喝や核攻撃を行う可能性は排除することはできない。その場合，これまでの核抑止の中核である，報復攻撃の信憑性を確保するだけでは十分に日本の安全を保つことはできない。報復とは，定義上，相手の第1撃が行われてから発動されるものであるため，第1撃そのものを阻止できないからである。それを阻止するためには，ミサイル防衛による対処か，あるいは発射前に攻撃を行って撃破するかしなければならない。すなわち，報復よりも損害限定が必要なのである。もしそのようなオプションを実際に行うことを真剣に考えなければならないような状況が生まれた場合，核兵器も当然オプションの一部を構成する必要があろう。そうなった場合には，限定核攻撃オプションによる損害限定を考慮しなければならなくなる。このような形で，核使用戦略をも組み込んだ形で「テイラード抑止」を構築していかなければならない時代が，近い将来訪れる可能性が

第 1 章 米　　国

あるのである。これはいわば「第 3 の核時代」と呼ぶべき状況であろう。

おわりに

　冷戦期は，地域紛争が米ソの核戦争にエスカレートする危険があると強く認識されていた。そのため核抑止論は，核戦争による人類滅亡の脅威を防止することへの強い問題意識を持ちながら発達し，戦略的安定性をはじめとするいくつかの重要な概念を構築した。冷戦が終わって，地域情勢とグローバルなエスカレーション・ラダーとが切断されると，地域ごとの安全保障情勢に適応した「テイラード抑止」が必要になり，その中で米国は，核抑止力を維持しつつもそれを後景に退かせ，ミサイル防衛やハイテク通常戦力を中心として地域紛争に対処していく態勢を構築してきた。戦略的安定性にしても，ロシア，中国，イラン，北朝鮮に対して，異なる形で当てはめていくなど，さまざまな形で地域情勢に「テイラード」された取り組みを進めてきている。

　しかしながら，核兵器の役割そのものは，「存在していれば抑止できる」という発想がやはり中心であり，冷戦期の一部に展開した核使用戦略的な発想は顧みられることがなかった。ペインが，「第 2 の核時代」についての問題提起を行ってから 20 年余りが経ち，その間も核拡散が進行していったなか，核兵器の役割そのものに対しても根本的な見直しが必要となりつつある。それが核使用戦略の復活という形に至るのか，そこまでは至らないのか，あるいは全く異なる道が見いだされるのか，現時点では定かではない。しかしながら，現在，東欧や東アジアにおいて展開している安全保障上の問題は，このままだと場合によっては，核兵器の使用が現実的に考慮されるようになる「第 3 の核時代」を出現させるリスクがあるということは，十分認識しておく必要があるであろう。

第2章

ロシア
──ロシア版「エスカレーション抑止」戦略をめぐって

小泉 悠

はじめに

　本章では，冷戦後の戦略環境に直面したロシアが，安全保障政策の中で核兵器をどのように位置づけているのかを考察する。

　後述するように，ロシアは軍事政策の指針である「軍事ドクトリン」において，核兵器の使用基準をある程度明らかにしている。これはロシアが大量破壊兵器による攻撃を受けた場合，または通常戦力による攻撃であっても国家が存立の危機に瀕するような事態に至った場合には，核使用の権利を有するというものであり，したがって核兵器はこのような事態の発生を抑止するために存在するということになる。本書序章の枠組みに即して言えば，宣言政策のレベルでは，ロシアの核兵器は「秩序の兵器」と位置づけられよう。つまり，既存の秩序を維持することを目的とした抑止のための兵器ということである。

　しかし，近年のロシアをめぐって発生している事態を鑑みるに，このような宣言政策の面のみからは説明しきれない局面も多い。たとえば2015年3月，ロシアのクリミア半島併合から1周年の節目に起きた三つの出来事は，その代表例と言える。

　まず，3月18日のクリミア併合1周年を控えた同15日，「クリミア。祖国への道」と題されたテレビ番組がロシア全土で放映された[1]。クリミア半島は歴史的にロシアに帰属すべきであり，またウクライナ政変当時の状況において

ロシア軍によるクリミア半島の制圧が妥当であったとしてクリミア併合を正当化する内容であったが、番組中にインタビュー出演したロシアのプーチン（Владимир Владимирович Путин）大統領が「ネガティブな状況が発生した場合に備えて核兵器を準備態勢につける可能性があった」と発言したことは国際的に大きな波紋を広げた。

翌16日、プーチン大統領はロシア軍の戦闘即応態勢をチェックするための抜き打ち演習の実施を命令し、ロシア全土で8万人を動員した大規模演習が開始された。この演習は北極圏及び千島列島が北大西洋条約機構（NATO）や米国の攻撃を受けるという想定のもとで実施されたが、ロシア軍は100人もの外国武官団を総司令部である国家国防指揮センター（NTsUO）に招き、「限定的な核兵器の先制使用」が訓練内容に含まれることを明らかにした。実際、この演習においては潜水艦発射弾道ミサイル（SLBM）の模擬発射訓練が実施されたほか、バルト海の飛び地カリーニングラードへのイスカンデル戦術ミサイル・システムの配備や、クリミア半島へのTu-22M戦域爆撃機の展開など、核運搬手段の前方展開がクローズアップされた。

演習最終日の21日には、ロシアの駐デンマーク大使の新聞投稿2が話題となった。この投稿はデンマークがNATOの共同ミサイル防衛（MD）計画に自国の艦艇を参加させることを決定したことを受けたもので、これが実現すればデンマーク艦艇がロシアの核兵器の標的になると警告していた。

クリミア併合1周年に際して行われた、これら核のデモンストレーションが、ロシアの宣言政策に合致していないことは明らかである。これに限らず、ロシアは以前から運用政策のレベルにおいて積極的な核使用を検討しているとの見方があり、実際の演習においてもこうした積極的な核使用を想定した訓練が実施されていると指摘されてきた（後述）。

このような動きをふまえるならば、ロシアが核兵器に期待する役割は「秩序の兵器」としてのそれにとどまらないのではないか、という疑問も生じてこよう。すなわち、核抑止力を担保するために実際の核使用を前提とした戦略にロ

---

1 *Крым. Путь на родину* (https://russia.tv/brand/show/brand_id/59195).
2 "Russia threatens to aim nuclear missiles at Denmark ships if it joins NATO shield," *Reuters*, March, 22, 2015.

シアが傾斜しつつあるのではないか，という考え方である。

　だが，このような傾斜が実際に発生していると仮定して，それはいかなる背景のもとにいつごろから起こってきたものであろうか。また，このような傾斜はどこまで進むのであろうか。そして最後に，このことが冷戦後の戦略環境における核抑止の意義にどのような影響を与えるのであろうか。これらの一連の問いが本章における主要なテーマである。

　そこで本章は以下のような構成をとる。まず，「軍事ドクトリン」を始めとするロシアの安全保障政策文書の変遷を辿り，ロシアの宣言政策を確認する。続いて，ロシア政府高官の発言や演習等を手掛かりとして，実際の運用政策がどのようなものであるかを考察する。その上で，冷戦後のロシアが置かれた戦略的環境及びこれに対する安全保障政策全体における核運用政策の位置づけを「非対称戦略」の観点から考察する。以上を踏まえた上で，出現しつつあるロシアの新たな核戦略が現代の核抑止に及ぼす意義とその今後を展望することにしたい。

1　宣言政策と運用政策

(1) 宣言政策——先制不使用から先制使用へ

　ロシアの核使用基準に関する宣言政策は，主として「軍事ドクトリン」によって規定されている。1993年に「基本規定」と呼ばれる要約版のみが公表された最初のバージョンでは，ロシアが核兵器を使用するのは次の二つの場合とされていた。

- 核兵器保有国と，同盟協定により結びついている国がロシア，もしくはその領土，軍及びその他の部隊または同盟国に対し武力攻撃を行う場合
- 当該国家が核兵器保有国と共に，ロシア，もしくはその領土，軍及びその他の部隊または同盟国に対し侵攻又は武力攻撃の実施もしくはそれへの支援において共同行動をとる場合

つまり核兵器保有国の同盟国，または核兵器保有国とその同盟国の連合がロシアまたはその同盟国に対して武力攻撃を仕掛けてきた場合には，ロシアは核兵器を使用するということである。しかもここでは相手国の攻撃が核攻撃であるか否かには言及されておらず，ソ連が1982年に行った核先行不使用宣言は否定されたことになる。

これに続く2000年版「軍事ドクトリン」では，核兵器の使用基準が以下のように規定された。

- ロシア連邦またはその同盟国に対して大量破壊兵器が使用された場合または通常戦力による大規模攻撃でロシア連邦の安全保障が危機的状態に陥った場合について，ロシア連邦は核兵器を使用する権利を留保する。
- ロシア連邦は，核不拡散条約に加盟する非核保有国に対しては核兵器を使用しない。ただし，非核保有国が単独または核保有国と連携してロシア連邦，その領土，軍，その他部隊，ロシアの同盟諸国またはロシアが安全保障上の義務を有する国家に対して攻撃を行った場合は例外とする。

1993年版と比較すると，2000年版では，通常戦力による侵攻であってもロシアにとって危機的なものであれば核兵器を使用することがより明確化された。また，2000年版では，ロシアの同盟国だけでなく「安全保障上の義務を有する国」への攻撃も核兵器使用の対象とされており，拡大抑止の対象が広がっている。さらに「軍事ドクトリン」の上位文書として同じ2000年に策定された「国家安全保障概念」では，軍事力行使の基準が次のように規定された。

- 他のあらゆる手段が失敗に終わり，軍事的侵略を撃退する必要が生じた場合は，核兵器を含むあらゆる保有手段を用いる。
- 国内における軍事力の行使は，市民の生命及び国家の領土的一体性に対する脅威ならびに強制的な憲法体制の変更に関する脅威が生じた場合のみ，ロシア連邦憲法と連邦法に厳密に則った上で認められる。

これについてランド研究所のクインリヴァン（James Quinlivan）とオリカー

第2章 ロシア

(Olga Oliker) は，間接的にロシアが国内での核使用を打ち出したものと評価しているが[3]，「軍事ドクトリン」の上位文書が核使用基準について言及したのはこれが最初で最後であり，はっきりした評価は難しい。

一方，2010年版「軍事ドクトリン」では，核使用基準は次のようになった。

- ロシア連邦およびその同盟国に対して核兵器またはその他の大量破壊兵器を使用した攻撃が行われた場合
- ロシアに対する通常攻撃により，国家の存立が脅かされる場合

以上は，基本的には2000年版とさほど大きく変わるものではない。ただし，いくつかの相違は見られる。第1に，核兵器を使用する場合が2000年版では「ロシア連邦の安全保障が危機的状態に陥った場合」とされていたのに対し，2010年版ではこれが「国家の存立が脅かされる場合」となっており，見方によっては核使用基準は厳しくなったと言える。第2に，2010年版では「核兵器の使用は大統領が決定する」との付帯条項が新たに設けられており，この点についても核使用基準はむしろ引き上げられたとする見方がある。しかし，第3に，2010年版では核不拡散条約加盟国に関する記述は削除されており，この意味では核兵器の使用対象はより幅広くなったと解釈できる。

さらにロシアは2014年12月に「軍事ドクトリン」を改訂しており，これが現行バージョンとなっているが，ここでの核使用基準は2010年版から変化しなかった。総じて言えば，ロシアはソ連崩壊後早々に核兵器の先行使用を宣言政策として採用し，基本的にこの路線を継承して現在に至っていると言えよう。

(2) 運用政策——積極使用ドクトリンへ？

しかし，「はじめに」で見たとおり，ロシアが実際に採用している核使用基準，すなわち運用政策はより積極的な性格を帯びたものであるとの見方がある。その傍証としてよく言及されるのが，2009年11月のパトルシェフ (Николай Платонович Патрушев) 安全保障会議書記の発言である[4]。ロシア紙『イズヴ

---

3 James Quinlivan and Olga Oliker, *Nuclear Deterrence in Europe: Russian Approach to a New Environment and Implications for the United States* (RAND Corporation, 2011), p. 17.

ェスチヤ』とのインタビューで新たな「軍事ドクトリン」（後に 2010 年版「軍事ドクトリン」となるもの）の見通しについて語ったパトルシェフ書記は，大要，以下のように述べている。

- 2000 年版「軍事ドクトリン」は過渡期の文書であり，21 世紀の戦略的環境に適合させる必要がある。
- 軍事紛争の重点は大規模軍事紛争から局地紛争や武装紛争5 へとシフトしている。
- NATO や米国の脅威は依然として継続しており，これに加えて大量破壊兵器の拡散や国際テロリズムといった非伝統的脅威が高まってきている。
- 核抑止の核心は，仮想敵によるロシア連邦及びその同盟国への侵略に対して核抑止を及ぼすことのできる核大国としての地位をロシア連邦が保全することである。
- 核使用基準を変更し，地域紛争や局地紛争であっても通常兵器による攻撃を撃退するために核兵器を使用することを盛り込む。
- 国家安全保障にとって危機的な状況下では，侵略者に対する予防的な核攻撃も排除されない。

2010 年版「軍事ドクトリン」はこのパトルシェフ発言から約 3 カ月後の 2010 年 2 月に公表されたが，実際にはパトルシェフ書記長のいう小規模紛争での核使用や予防核攻撃といった内容が盛り込まれなかったことは，本節（1）で見たとおりである。

しかし，「軍事ドクトリン」の取りまとめに関して国防省側の代表を務めたナゴヴィツィン（Анатолий Алексеевич Наговицын）副参謀総長は，2010 年版「軍事ドクトリン」には公開部分とは別に非公開部分が存在しており，非公開部分には「戦略的抑止手段としての核兵器の使用」を含めた具体的な軍事力の運用に関する規定が記載されていると述べている6。また，メドヴェージェ

---

4 "Меняется Россия, меняется и ее военная доктрина," *Известия*. 2009. 10. 14.
5 ロシアの軍事ドクトリンでは，軍事紛争を大規模なほうから「大規模戦争」，「地域戦争」，「局地戦争」，「武装紛争」に 4 分類している。

フ（Дмитрий Анатольевич Медведев）大統領（当時）は「軍事ドクトリン」と同時に「核抑止分野における2020年までの基本国家政策」と呼ばれる非公開文書を承認しており、こちらにはパトルシェフ書記が述べたような核使用基準が記載されている可能性は否定できない。

軍事演習の動向からも、ロシアが積極的な核使用を考慮していると思しき兆候は看取できる。たとえばノリス（Robert S. Norris）とクリステンセン（Hans M. Kristensen）がまとめているように、ロシアは過去数年間、ポーランドやバルト3国といった近隣NATO諸国や、北欧のスウェーデンを対象とした核攻撃演習を繰り返し実施してきた[7]。この中には、宣言政策でいうロシアの存立を脅かすような大規模攻撃の撃退だけでなく、パトルシェフ安全保障会議書記の発言が想定するような小規模紛争での核使用や予防核攻撃も含まれていたと見られる。ロシア東部での演習について言えば、2014年に実施された東部軍管区大演習「ヴォストーク2014」では演習開始2日目にイスカンデル戦術ミサイル・システムの実弾発射訓練が行われており[8]、これも軍事紛争の初期段階における核使用を想定している可能性がある。「はじめに」で取り上げた2015年3月の一連の事態も、ロシアが突如として核による威嚇を始めたというよりは、こうした経緯の延長上に捉える必要があろう。

2 「非対称戦略」としてのロシアの核ドクトリン

(1)「エスカレーション抑止」論の登場

ロシアが積極的な核使用を運用政策に盛り込んでいるのではないかという見方は、国際的にも注目を集めるようになってきた。冷戦後に通常戦力でNATO

---

6 "Наговицын рассказал о секретной части военной доктрины РФ," *Интерфакс-АВН*. 2009. 8. 14.

7 Hans M. Kristensen and Robert S. Norris, "Russian nuclear forces, 2017," *Bulletin of the Atomic Scientists*, March 1, 2017, pp. 115-126.

8 イスカンデルは同一のプラットフォームから戦術弾道ミサイルと地上発射型巡航ミサイル（いずれも射程500キロメートル以下）を発射可能なシステムであるが、この際は両方の実弾発射訓練が実施されたと見られる。

に対して劣勢に陥ったロシアが，これを補完する手段として核兵器を位置づけていることはよく知られているが，その延長上に積極核使用戦略が登場してきたという見方である。

　冷戦期のソ連は膨大な通常戦力を擁し，これをワルシャワ条約機構の同盟国軍とともに中東欧に前方配備していた。ところが1989年の東欧革命によってワルシャワ条約機構は解体されてしまい，旧東側諸国の大部分と旧ソ連のバルト3国はNATO加盟国となってしまった。また，ロシア軍はソ連軍の主要部分を受け継ぎ，1990年代末の時点で120万人もの兵力を有してはいたが，深刻な経済停滞によって装備の維持・更新や訓練のための費用が不足し，二度のチェチェン紛争では苦戦を強いられることになった。ことにC4ISR（指揮・統制・通信・コンピューター・相互運用性・監視・偵察）能力や精密攻撃能力など，冷戦後に西側諸国で進んだ軍事力のハイテク化に関して，ロシアは大きく遅れをとることになった。

　このように，1990年代のロシアは通常戦力における優越を短期間で喪失したのであり，1993年の「軍事ドクトリン」が核兵器の先制不使用を放棄したのは，通常戦力の劣勢下で抑止力を確保する狙いがあったと考えられる。もっとも，1993年版「軍事ドクトリン」は，限定核使用は最終的に大量核使用へと発展し，破局的な結果につながるとして，限定核戦争の可能性は依然として否定している点には注目する必要があろう。つまり，核戦力によって通常戦力を補うといっても，そこで想定されていたのは一種の大量報復戦略であったと考えられる。

　しかし，その後，ロシアの安全保障政策コミュニティ内部では次第にこうした理論面での精緻化が進んだ。たとえばロシアの主要な核戦略家として知られるピカーエフ（Aleksandr Pikaev）は，通常戦力の劣勢を核戦力で補うとすれば，戦略核戦力による報復を招かないために戦術核兵器が中心になるはずであり，国防政策においてその役割が増大するであろうことを1994年に指摘していたが[9]，1990年代後半にはこれが「地域的核抑止（региональное сдерживание）」論へと発展する。すなわち，西側との戦争に至っては戦略核戦力によ

---

9 Aleksandr Pikaev, "Arsenal of the 21st Century," *Novoe Vremya*, No. 39 (September 1994), pp. 12-14 via *JPRS Report*, 94-041.

って大規模な核の応酬は抑止しつつ，戦域・戦術核兵器を使用して通常戦力の劣勢を補うというのがその要諦であり，冷戦期にソ連の通常戦力に対抗するためにNATOが柔軟反応戦略を採用したのとちょうど逆の構図であった[10]。

また，1990年代後半にバトゥーリン（Юрий Михайлович Батурин）国防会議書記を中心として構想された軍改革案の中では，紛争が地域戦争のレベルを超えて大規模戦争に発展しそうな場合，その「エスカレーション抑止（ディエスカレーション）」を図るために限定的な核攻撃を行うという概念が盛り込まれたことが知られている[11]。「エスカレーション抑止」とは，核使用によってそれ以上の軍事的行動を敵に断念させることを念頭に置いたものであり，軍事的な効果を狙った核使用を念頭に置く「地域的核抑止」論とはこの点で性質を異にする。ソーコフ（Nikolai N. Sokov）の表現を用いるならば，「エスカレーション抑止」の特徴は敵の損害の最大化を狙うのではなく，軍事行動の継続によるデメリットが停止によるメリットを上回ると判断する程度の「加減された損害（tailored damage）」を与えるよう意図する点にある[12]。

バトゥーリン構想は正式の軍事政策として採用されなかったために詳細は明らかでないが，同時期にロシアの国防政策コミュニティ内で行われた議論からは，その片鱗を垣間見ることは可能である。たとえば1999年には，ロシア軍参謀本部の軍事理論誌『軍事思想』にレフシン（В. И. Левшин），ネジェーリン（А. В. Неделин），ソスノフスキー（М. Е. Сосновский）の3軍人が「軍事行動のエスカレーション抑止のための核兵器使用について」と題した論文を投稿している[13]。3名によれば，経済苦境下にあるロシアの通常戦力は弱体化しており，核・通常攻撃を抑止するためには核兵器が不可欠である。また，核兵器に代わるような精密攻撃兵器が2010年までに配備されることも経済状況を考えればやはり想定しがたい。そこで1993年版「軍事ドクトリン」で宣言さ

---

10 Алексей Фененко, "Возвращение 'гибкого реагирования'," *Независимая Газета*. 2009. 10. 20.

11 小泉直美「ロシアの核兵器政策――その宣言と実際」『国際安全保障』第42巻第2号（2014年9月），50-68頁。

12 Nikolai N. Sokov, "Why Russia calls a limited nuclear strike 'de-escalation'," *Bulletin of the Atomic Scientists*, March 13, 2014.

13 В. И. Левшин, А. В. Неделин, М. Е. Сосновский, "О применении ядерного оружия для деэскалации военных действий," *ВОЕННАЯ МЫСЛЬ*. No. 3 (5-6)/1999, pp. 34-37.

れている核・通常攻撃に対する核抑止が破られた場合には，核兵器を用いて敵の軍事行動のエスカレーションを抑止する必要がある。その具体的形態について，当該論文は次の6形態が想定できるとしている。

- デモンストレーション
  無人地域（海域），ほとんど無人の施設または使用されていない施設に対する1回限りの核攻撃
- 威嚇的デモンストレーション
  軍事行動地域を局限化するための輸送結節点，技術施設，その他施設に対する1回限りの核攻撃及び（または）敵侵攻軍の指揮を妨害する（またはその有効性を低減する）ための敵部隊集団の特定の構成要素に対する大きな損害を伴わない1回限りの核攻撃
- 威嚇
  単一の作戦正面における戦力状況を変更するため及び（または）防衛縦深に対する敵の突進を阻止するための当該正面における敵主要部隊集団に対する集団的な攻撃
- 報復的威嚇
  一つまたは隣接する複数の作戦正面において防衛作戦が望ましくない状況にある戦域の敵部隊集団に対する集中的な攻撃。この際，解決される課題は，自国部隊集団の敗北の脅威を回避すること，作戦正面（または複数の作戦正面）における兵力状況を決定的に変更すること，敵による作戦戦略連合部隊の防衛線突破を破砕すること，その他である。
- 威嚇的報復
  戦域における敵侵攻軍の主要部隊を敗北させ，軍事的状況を決定的に自国優位に変更するための当該主要部隊に対する大規模攻撃
- 報復
  戦争が行われている全域における敵への大規模な攻撃（または複数の大規模な攻撃）。必要な場合は侵略国の特定の軍事・経済施設に対する攻撃も行う。戦略核戦力による攻撃が行われた場合は保有するすべての戦力及び手段を投入する。

このように，レフシンらの「エスカレーション抑止」論は，警告的核使用から大規模核報復に至る6形態の核使用を想定することによって優勢な敵の軍事行動をある段階で停止させることに重点が置かれている。しかも，この6形態は順を追ってエスカレートしていくわけでなく，敵の侵略の規模に応じて大統領を長とする最高指導部が決定するとしているほか，戦域・戦術核兵器だけでなく戦略核兵器を使用する場合もあるとしている。つまり，ロシア版柔軟反応戦略である「地域的核抑止」戦略とは異なり，「エスカレーション抑止」のためには最初から戦略核兵器が（ただし限定的に）使用される可能性もあるということになる。

ロシアの国防政策コミュニティがこうしたオプションを考慮せざるをえなくなった背景としては，1999年4月に開始されたNATOのユーゴスラヴィア空爆の影響が指摘できよう。1991年の湾岸戦争を上回る密度で精密攻撃兵器の集中使用が行われたこの作戦は，地上軍を投入することなくユーゴスラヴィアの継戦意思を挫き，戦略目標を達成した「非接触戦争」であるとしてロシアの国防政策コミュニティに深いショックを与えた。2000年度版「軍事ドクトリン」において，現代の軍事紛争の特徴として非直接的・非接触的手段の広範な活用が指摘され，「航空宇宙攻撃の撃退」が軍事政策上の重要課題に数えられたことはその余波の一つである。だが，ロシアが実際に大規模な防空システムの再建に着手できたのは2000年代末以降のことであり[14]，信頼に足る抑止力として当時のロシアが依拠できたものがこれまでに述べたような核兵器によるエスカレーション抑止であったと考えられる。

また，ユーゴスラヴィア空爆はNATOが国連安全保障理事会の決議を得ることなく実施した初めての域外軍事介入であった。安全保障理事会における常任理事国としての立場を対外政策上の重要なレバレッジとしてきたロシアにとって，国連をバイパスした一方的な軍事力行使は受け入れられるものではなかった。ことに当時のロシアは北カフカス情勢の不安定化を受けてチェチェンへ

---

14 たとえばソ連崩壊によって従来の弾道ミサイル早期警戒レーダーの多くは新興独立諸国の国有資産となってしまい，ロシアは独立した早期警戒網を維持できなくなってしまった。ロシアは2000年代から安価かつ迅速に建設することの可能なヴォロネジ弾道ミサイル早期警戒レーダーによって早期警戒網の再建に着手したが，ロシア全土をカバーできるようになったのは実に2016年のことである。

の二度目の軍事介入に踏み切ろうとしており，チェチェン問題を理由としてNATOがロシアに限定的な軍事攻撃を行うのではないかとの議論さえロシア軍内部では行われたとされる15。

　2003年のイラク戦争は，ロシアの国防政策コミュニティ内におけるこうした脅威認識をさらに深めたと考えられる。同年，ロシア国防省が公表した『ロシア軍発展の緊急課題』16と題する文書では，イラク戦争を含む冷戦後の軍事紛争の特徴として，次の5点を挙げている。

1. 紛争形態が多様化している。
2. 非対称化（紛争に関与するアクターの性質や技術力の差異の拡大）している。
3. 紛争地域は一つの戦域内に限定されるが，その範囲内では烈度が高まり，一方の側の政府が完全に破壊されるまで戦闘が行われる傾向がある。
4. 戦争の初期段階においてイニシアティブを握ることの重要性が高まっている。
5. 戦争の初期段階において精密誘導兵器を用いた空爆が大きな役割を担うが，最終的には地上部隊の投入が必要となる。

　以上からは，技術的に優越した西側による集中的な精密攻撃を受けることへの脅威認識が窺われよう。同文書に限らず，ロシアの安全保障政策文書ではこうした精密誘導兵器による「非接触」型脅威が強く意識されており，「軍事ドクトリン」でもこの種の兵器の開発・配備・使用が軍事的危険性に数えられている。また，2006年には，米国の核・通常戦力とMDシステムを組み合わせればロシアの核抑止力を無効化して「MAD（相互確証破壊）の終わり」が訪れるという主張が現れ17，これに対してドヴォルキン（Владимир Дворкин）

15　Nikolai N. Sokov. "Why Russia calls a limited nuclear strike 'de-escalation'," *Bulletin of the Atomic Scientists*. March 13, 2014 (http://thebulletin.org/why-russia-calls-limited-nuclear-strike-de-escalation); Alexei Arbatov, *The Transformation of Russian Military Doctrine: Lessons Learned from Kosovo and Chechnya* (George C. Marshall European Center for Security Studies, 2000).

16　*Актуальные задачи развития вооруженных сил Российской Федерации.* (Министерство обороны, 2003).

らロシアの核専門家が「精密誘導兵器でロシアの核戦力を大幅に弱体化させることは不能である」と反論するなど[18]，精密誘導兵器を背景とした西側の技術優越がロシアの戦略核抑止との関連でも問題視されるようになった[19]。

『ロシア軍発展の緊急課題』に話を戻すと，同文書ではこうした脅威認識を背景として戦略核抑止力の維持がロシア軍改革の最優先項目に挙げられるとともに，戦略核戦力の役割として「侵略のエスカレーション抑止」がロシア政府の公式文書として初めて盛り込まれた[20]。ここでの「エスカレーション抑止」の定義は「通常戦力及び（または）核戦力を用いたさまざまな烈度の攻撃を行うことの威嚇または実際の攻撃により，敵に軍事行動を停止させること」とされている。

すでに述べたように，この後に策定された2010年版及び2014年版「軍事ドクトリン」にはこうした内容は盛り込まれていない。

（2）勢力圏と核抑止

以上のように，1990年代から2000年代にかけてのロシアは，西側に対する通常戦力の劣勢を深く懸念し，「地域的核抑止」ないし「エスカレーション抑止」のための核使用が取りざたされるようになった。しかし，ここで注意しなければならないのは，このような抑止論が基本的に防勢を想定したものであった点であろう。

たとえばレフシンらの連名論文などは冷戦期同様の大規模国家間戦争が発生した場合を想定し，核兵器によって敵の大規模軍事行動を停止ないし撃退することを想定したものである。いうなれば，2000年代のエスカレーション抑止論はあくまでも冷戦型の大規模国家間戦争においてロシアの通常戦力を核戦力

17　Keir Lieber and Daryl G. Press, "The End of MAD: The Nuclear Dimension of U.S. Primacy," *International Security*. Vol. 30, No. 4 (Spring, 2006), pp. 7-44.

18　Владимир Дворкин, "Сдерживание и стратегическая безопасность," Арбатов, Алексей; Владимир Дворкин, ред., *Ядерная перезагрузка*. Московский центр Карнеги, 2011, pp. 23-45.

19　プーチン大統領も2012年の国防政策論文において，精密誘導兵器は核兵器よりも使用の敷居は低いが核兵器に匹敵する効果を生み出せると指摘し，今後は精密誘導兵器の集中使用が戦争の趨勢を決するとの見通しを示していた。Владимир Путин, "Быть сильными. Гарантии национальной безопасности для России," *Российская газета*. 2012. 2. 20.

20　*Актуальные задачи развития вооруженных сил Российской Федерации*. p. 70.

で補うという思想であった。一方，2000年版「軍事ドクトリン」や『ロシア軍発展の緊急課題』では，国家間の大規模軍事紛争は蓋然性が大きく低下したとしつつも，ユーゴスラヴィアやイラクのように限られた期間・戦域において集中的な攻撃をロシアが受ける可能性があるとされ，その点を念頭に作成されたと考えられる。

　これに対してパトルシェフ安全保障会議書記の発言に見られる核使用の考え方は，これらとはやや趣を異にするように思われる。NATOに対する抑止が依然として考慮されていることは当然であろうが[21]，小規模紛争での核使用となると，仮想敵はNATOではなくグルジアのようなNATO非加盟国が主に想定されていると考えられる。こうしたロシア周辺の中小国との戦争で核使用が考慮されているとすれば，NATOに対する通常戦力の劣勢を核兵器で補うという以上の，より攻勢的な核ドクトリンがロシアの内部で浮上しつつある可能性も想定されよう。

　これについてクローニグ（Matthew Kroenig）は，次のような理解を行っている[22]。2008年のグルジア戦争や2014年のウクライナ危機に見られるように，ロシアは自国の勢力圏[23]と見なす旧ソ連諸国にNATOが拡大してくることを認めず，軍事介入をも辞さない姿勢をとるようになってきた[24]。しかし，こう

---

[21] レフシンらが述べるような警告的核攻撃を含む核兵器による「エスカレーション抑止」論は近年のロシア人専門家の議論でも頻繁に見られるものである。一例として以下を参照。Сергей Брезкун, "Потенциал сдерживания," *Военно-промышленный курьер*. No. 14 (81), 2005. 4. 20; Виктор Ковалев, Сергей Малков. *Ядерное оружие и безопасность России в XXI веке*. Центр научной политической мысли и идеологии, 2014（http://rusrand.ru/analytics/jadernoe-oruzhie-i-bezopasnost-rossii-v-xxi-veke).

[22] Matthew Kroenig, "Facing Reality: Getting NATO Ready for a New Cold War," *Survival*, Vol. 57, No. 1 (February-March 2015), pp. 49-70.

[23] トレーニンは，勢力圏の概念を影響力の順に支配権（zone of control），影響圏（zone of influence），利益圏（zone of interest）の三つに整理している。トレーニンによれば，現在のロシアはソ連が有していたような支配権をもはや持たないものの，域外勢力の勢力圏には入らないことを強要しうるという意味での影響権や，NATOの軍事プレゼンスを制限しうるという意味での利益権を依然として有している（ドミトリー・トレーニン，東哲夫・湯浅剛・小泉悠訳『ロシア新戦略』作品社，2012年）。ロシアの反発はこうした影響圏や利益圏を侵犯されているという意識を背景としたものと考えられる（小泉悠『軍事大国ロシア──新たな世界戦略と行動原理』作品社，2016年）。

[24] グルジア戦争の翌月の2008年9月，メドヴェージェフ大統領はテレビで「外交5原則」を発表し，ロシアには近隣に「特別な利益を持つ地域」があるとして，勢力圏の保持を今後とも対外政策

第2章 ロシア

した介入を成功させるためには，NATOによる逆介入，すなわち，ロシアの軍事行動を阻止するための西側の軍事力行使を阻止しなければならない。そこでロシアが用いたのが，一方においては平時とも有事ともつかない状況下で特殊部隊や民兵を活用する「ハイブリッド戦争」であり[25]，他方においては積極的な核使用を示唆するという方法であった，という見方である。

このようにしてみれば，パトルシェフ安全保障会議書記の発言で示された小規模紛争での核使用や予防核攻撃とは，ロシアが自国の勢力圏内に行う軍事介入に対して域外勢力が逆介入することを抑止するという考え方に基づくものと理解できよう。すなわち，パトルシェフ発言を「エスカレーション抑止」に相当するものと見なした場合，そこでは紛争参加勢力の限定化にとくに重点が置かれていると言えよう[26]。

1999年の第二次チェチェン戦争がNATOの空爆を招く可能性がロシア軍内で懸念されていたことはすでに述べたが，2008年のグルジア戦争や2014年のウクライナ介入においても，米国は黒海にイージス艦を展開させてロシアの行動を牽制していた。「はじめに」で取り上げたプーチン大統領の「核兵器を準備態勢につける可能性があった」という発言についても，その前段ではクリミア半島占拠時に黒海に米海軍の艦艇が展開したことや，これに対抗するために長距離地対艦ミサイルをクリミア半島に配備したことに触れており，念頭にあったのは黒海からの長距離精密攻撃を抑止することであったと見られる。ロシ

の基本方針とすることをあらためて示した。

[25] 元ウクライナ安全保障会議書記であったホルブーリンは，「ハイブリッド戦争」の本質は西側で言われているような軍事的手段と非軍事的手段の混交にあるのではなく，NATOに対する劣勢下で勢力圏への介入を可能とする手段（ホルブーリンはこれを「地政学的リベンジ」と呼んでいる）の体系なのであると指摘している（Владимир Горбулин, "Гибридная война" как ключевой инструмент российской геостратегии реванша," *ZN. ua.* 2015.1.23)。また，この種の「ハイブリッド戦争」の手法については，ウクライナ危機に先立つ2013年にゲラシモフ参謀総長による論文が公表されている（Валерий Герасимов, "Ценность науки в предвидении," *Военно-промышленный курьер.* No.8（476），2013.2.27)。こうしたハイブリッド戦争の考え方については以下の拙稿を参照されたい。小泉悠「ウクライナ危機に見るロシアの介入戦略──ハイブリッド戦略とは何か」『国際問題』第658号（2017年1月・2月），38-49頁。

[26] もちろん，従来の「エスカレーション抑止」論にもこのような側面は存在していたと考えられる。たとえばソーコフによると，2000年版「軍事ドクトリン」はこうした意味での「エスカレーション抑止」を初めて盛りこんだものであった。Sokov, "Why Russia calls a limited nuclear strike 'de-escalation'."

アは2008年のグルジア戦争後に黒海艦隊の大規模な近代化計画を開始し，黒海におけるA2/AD（接近阻止・領域拒否）能力の構築に努めてきたが，その背景にもこうした脅威認識があったと考えられよう。

　これとよく似た構図はバルト海周辺においても見ることができる。バルト海周辺諸国はNATO加盟国ないしそのパートナー諸国であり，旧ソ連諸国に比べるとロシアが影響力を及ぼしうる度合いは低い。しかし，ロシアは，自国に隣接する東欧，北欧，バルト3国が一定の特権が認められるべき地域であると位置づけており，安全保障面では当該地域への大規模なNATO部隊配備を抑制することがこれに当たる。2000年代に米国のブッシュ（George W. Bush）政権が決定した東欧MD計画が技術的にはロシアの核抑止力に影響を及ぼしえないにもかかわらずロシアの強い反発を招いたのも，一つにはそれがロシアの勢力圏を脅かすものと捉えられたためと考えられよう。

　これに対してプーチン大統領は2007年のミュンヘン国際安全保障会議でMD計画やNATO拡大を激しく非難する演説を行い，その直後には冷戦後に停止されていた戦略爆撃機の空中パトロールを復活させたほか，欧州通常戦力（CFE）条約の履行を停止した。2008年12月にはメドヴェージェフ大統領が議会向け教書演説において，東欧にMDシステムが配備されれば隣接するロシア領カリーニングラードにイスカンデル戦術ミサイル・システムや電子妨害システムを配備して対抗する方針を示唆したほか[27]，翌2009年の西部軍管区大演習「ザーパド2009」ではポーランドへの先制核攻撃を想定した訓練が実施されたと見られている。

　また，ウクライナ危機後には，多数のロシア系住民を抱えるバルト3国においてウクライナのような「ハイブリッド戦争」型の介入をロシアが行うことへの危機感が高まったが，現実問題として，NATO加盟国であるバルト3国にロシアが介入する蓋然性はきわめて低い。一方，より現実的なシナリオとして指摘されるのは，ロシアの勢力圏内にあってNATOに加盟していないベラルーシやカザフスタンで政変が発生した場合にロシアが「ハイブリッド戦争」型

27　2009年に成立したオバマ政権が東欧MD計画をいったん白紙撤回したことでカリーニングラードへのイスカンデル常駐は見送られたが，後の「ザーパド2013」等，欧州での大規模演習ではロシアはカリーニングラードにイスカンデルを展開させる訓練を度々実施している。

介入を行う可能性である[28]。ロシアの核戦略は，こうした事態が現実のものとなった場合の介入能力を保障する抑止力と位置づけられていると考えられよう。

(3)「エスカレーション抑止」論への批判

ロシアの積極核使用（とくに「エスカレーション抑止」）が本当に公式の軍事政策として採用されているのかどうかについては，疑問視する声も存在する。

たとえばオリカーは 2016 年の論文において，これまで言及してきた幾人かの論者の主張に触れながら，ロシアは「エスカレーション抑止」を運用政策として採用しているわけではないと主張する[29]。オリカーによれば，もしロシアがそのような積極的な核運用政策を採用したのであれば，「軍事ドクトリン」でその旨を明確に宣言する必要があるはずであり，現実にそうなっていないのはパトルシェフ安全保障会議書記長を含む積極核使用支持派が国防政策コミュニティ内の議論で敗れた結果である。1990 年代から現在に至るまで，「エスカレーション抑止」戦略の採用を求める主張が絶えないのも，公式に運用政策として採用されていないことの傍証となる，としている。その上でオリカーは，ロシアが積極的な核使用を示唆するのは運用政策そのものの戦略的な変更ではなく，意図的にロシアの核使用基準に関する不確実性をアピールし，妥協を引き出す戦術的なブラフであると主張する[30]。同様に，ロシアの「ハイブリッド戦争」とロシアの核戦略についての研究を行ったポーランド国際関係研究所（PISM）のデュカレク（Jacek Durkalec）も，近年のロシアの積極核使用方針はウクライナ情勢との関係で過大評価されており，実態は核の威嚇による古典的な神経戦に過ぎないと評価している[31]。また，ロシアが「エスカレーション抑

---

[28] Keir Giles, "Russia's Toolkit," in Keir Giles, Philip Hanson, Roderic Lyne, James Nixey, James Sherr and Andrew Wood, *The Russian Challenge* (Chatham House Report, June 2015), pp. 40-49.

[29] Olga Oliker, *Russia's Nuclear Doctrine: What We Know, What We Don't, and What That Means* (CSIS, 2016) (http://csis.org/files/publication/160504_Oliker_RussiasNuclearDoctrine_Web.pdf).

[30] 米国のトランプ政権が 2018 年に公表した核態勢見直し（NPR）は，ロシアの積極核使用による「エスカレーション抑止」を念頭として小威力型潜水艦発射弾道ミサイル（LY SLBM）や潜水艦発射巡航ミサイル（SLCM）の配備を検討する方針が打ち出されたが，これについてもオリカーは批判的である。Olga Oliker, "Moscow's Nuclear Enigma: What Is Russia's Arsenal Really For?" *Foreign Affairs*, October 15, 2018 (https://www.foreignaffairs.com/articles/russian-federation/2018-10-15/moscows-nuclear-enigma?cid=nlc-fa_twofa-20181025).

止」のために核使用を行った場合，NATO側の報復核使用を受けないとロシア側が考えるであろう根拠が薄い，とも指摘している。

　オリカーやデュカレクの指摘は，ロシアが積極的な核使用に傾きつつあるという多くのロシア軍事専門家の見方に一石を投じるものとして非常に興味深い。その一方，オリカー自身も認めているように，ロシアが本当に運用政策を変更していないのかどうかは判然とせず，ロシア側もあえてこの点を明確にしていないように見える。

　また，ロシアの積極核使用の可能性が専門家コミュニティの中でこれだけ広く論じられている時点で，それは擬似的に宣言政策の役割を果たしているのではないかとも考えられる（現にわれわれはいま，ロシアにそのような核使用の思想があることを知っている）。さらに運用政策も決して固定的なものではなく，戦時ないしそれに近い状況ではかなりの柔軟性があると考えなければならない。クリミア半島占拠作戦で見られた「ハイブリッド戦争」型の軍事作戦についても，果たしてそれ以前から入念に計画され，戦略・戦術，作戦術等が完全に準備されていたかどうかは疑わしい。概念としては存在していたものが，2013年末以降のキエフでの騒乱によって急速に浮上し，急遽，運用法の訓練・研究を行った上で実施に移されたという可能性は十分にある。

　核戦略についても同様であろう。たとえ平時の運用政策には組み込まれていなくても，そのような有力概念が存在している以上，臨時に運用政策に格上げしうるオプションの一つとして無視してはならないはずである。たとえば無人地帯への警告的な核攻撃といったオペレーションは，運用政策に規定しておかなくてもいつでも臨時に行いうるものだろう。しかも，次節で見るように，ロシアはこうした運用を実際に行いうる能力を有しているし，その能力は急速に近代化されているのである。

　もちろん，積極核使用の可能性を過大評価することはロシアを利するだけである，という懐疑論者の指摘は考慮しなければならない。ただ，概念と能力が存在している以上，それが運用政策になるまでは，あとほんの一歩であることも忘れてはならないだろう。

31　Jacek Durkalec, *Nuclear-Backed "Little Green Men," Nuclear Messaging in the Ukraine Crisis* (The Polish Institute of International Affairs, June 2015), pp. 15-19.

第 2 章　ロシア

運用政策の変更であるにせよ，ブラフであるにせよ，その背景がロシアの通常戦力面における劣勢であることには変化はない。近年，ロシアは急速に通常戦力の近代化を進めているが，ハイテク作戦能力等の面では依然としてNATOと比肩しうる水準ではない。以上の点に鑑みれば，ロシアの対外行動は今後とも積極的な核使用の示唆を伴う可能性が高いと考えられる。

3　核戦力整備の実際

(1) 戦略核戦力

続いて，実際の核戦力整備という観点からロシアの核戦略について考えてみたい。

戦略核抑止力についていえば，ロシアは「軍事ドクトリン」を始めとする安全保障政策文書や装備近代化計画である「2020年までの国家装備プログラム（GPV-2020）」において，その整備を最優先項目と位置づけてきた。GPV-2020は2018年から「2027年までの国家装備プログラム（GPV-2027）」に発展解消されたが，GPV-2027においても戦略核戦力の整備は引き続き最優先項目にとどまった[32]。

新START（戦略兵器削減条約）の交換データによれば，2018年2月時点でロシアは配備状態の運搬手段（ICBM〔大陸間弾道ミサイル〕，SLBM，戦略爆撃機合計）528機/基，配備状態の核弾頭1444発，配備・非配備状態の運搬手段779機/基を保有している[33]。START 1（第一次戦略兵器削減条約）とは異なり，新STARTではその詳しい内訳の公表が義務付けられていないために詳細は明らかでないが，前述したノリス及びクリステンセンやポドヴィ

---

[32] 同計画の詳細は公表されていないが，2017年10月に装備担当のボリソフ国防次官（当時。現・軍需産業担当副首相）が述べたところでは，核抑止力の整備が第一優先項目とされた。そのほかの優先項目は精密誘導兵器，偵察・情報システム，ロボット兵器とされている。"Роботы во главе с «Воеводой»: К 2025-2026 годам в российской армии появятся виды оружия, которые изменят стратегию и тактику боевых действий," *Военно-промышленный курьер*. 2017.10.31. (https://vpk-news.ru/articles/39639).

[33] *New START Treaty Aggregate Numbers of Strategic Offensive Arms*, U.S. Department of State, February 22, 2018 (https://www.state.gov/t/avc/newstart/278775.htm).

63

表 2-1　ロシアの戦略核兵器保有数

運搬手段（搭載弾頭）	資料 A1	資料 B2
ICBM	316 基（1076 発）	286 基（958 発）
SSBN/SLBM	11 隻／176 基（768 発）	12 隻／176 基（752 発）
戦略爆撃機	68 機（616 発）	66 機（200 発以下）

注：1　Kristensen and Norris, "Russian nuclear forces, 2017."
　　2　Pavel Podvig, *Russian Strategic Forces*. (http://russianforces.org/).

グ（Pavel Podvig）の推定によると、その内訳は表 2-1 のとおりと考えられる。

　推定に若干のズレはあるものの、ロシアの戦略核抑止力は地上配備型のICBM を基幹としていることは明らかである。現在、ロシア軍において ICBM を運用しているのは独立兵科の戦略ロケット部隊（RVSN）であり、12 個ミサイル師団を擁する。従来はソ連時代の ICBM が大量退役することを見越してこれを 11 個ミサイル師団体制へと縮小するとされていたが、最近の戦略ロケット部隊首脳部の発言によると、新型 ICBM への装備更新を進めることで 12 個師団体制は維持される方針へと変更された模様である[34]。ロシア政府は ICBM の生産を担当するヴォトキンスク工場の近代化計画によって ICBM の生産能力増強を進めており、近年ではおおむね年産 20 基の RS-24 ヤルス ICBM が生産・配備されている。また、2020 年代の配備を見込んで発射重量 200 トンに達する RS-28 サルマート大型液体燃料 ICBM の開発が行われている。

　SSBN（戦略原子力潜水艦）/SLBM 戦力については、既存の 667BDRM（NATO 名：デルタ 4 型）SSBN に対する寿命延長及び新型 SLBM である RSM-54 シネーワの搭載を目的とした改修が完了しているほか、RSM-56 ブラワー SLBM を搭載する 955 型 SSBN の整備が進んでいる（現在までに 3 隻が就役済み）。

　戦略爆撃機については既存の Tu-95MS 及び Tu-160 に対する近代化改修が実施されているほか、Tu-160 の生産ラインを再開して 2020 年代初頭から再生産を開始するための準備（総生産数は 50 機を予定）及び PAK DA（長距離

34　"РВСН сохранят свою структуру: три армии, 12 дивизий," *РИА Новости*. 2015. 5. 6.

航空軍向け将来型航空機コンプレクス）計画の枠内で開発されている新型ステルス爆撃機の生産準備がカザン航空機工場で行われている。

以上を総合するならば、ソ連時代に開発・生産された旧式運搬手段の退役を考慮に入れても、ロシアはおおむね現在の戦略核戦力を維持できると考えられる。また、前述した RS-28 サルマートは MD システムの突破能力を向上させた極超音速機動弾頭型を搭載可能とされており、米国のグローバル MD 網に対しても戦略核抑止力の維持に注意が払われている。

(2) 戦域核戦力とロシアの INF 条約違反疑惑

戦域核戦力については、艦艇配備型の 3M14 カリブル巡航ミサイルや航空機搭載型の Kh-101/102 及び Kh-555 巡航ミサイルの配備が進んでいる。ロシアは 1987 年の INF（中距離核戦力）全廃条約によって地上配備型戦域核戦力を廃棄する一方、空中・海上配備型戦域核戦力は弱体にとどまってきたが、今後はこの種の戦力についても相当の増強が見込まれよう。

これに加えて、ロシアが INF 条約で禁止されている地上配備型戦域核戦力を配備しているのではないかという疑惑も持ち上がっている。このような疑惑は 2010 年代から囁かれ始め、2014 年にはロシアの INF 条約違反が米国務省の報告書に初めて明記された[35]。翌 2015 年には違反の疑われる対象が地上発射型巡航ミサイル（GLCM）であることが明らかにされたほか[36]、2018 年にはミサイルの名称が 9M729 であるとされた[37]。9M729 は SSC-8 のコードネームで以前から知られており、その実態は前述した 3M14 カリブルの地上発射バージョンであると考えられている。

報道によると、ロシアは 2008 年頃から 9M729/SSC-8 の発射試験を実施し

---

[35] *Adherence to and Compliance with Arms Control, Nonproliferation, and Disarmament Agreements and Commitments.* U.S. Department of State, July 2014 (http://www.state.gov/documents/organization/230108.pdf).

[36] *Adherence to and Compliance with Arms Control, Nonproliferation, and Disarmament Agreements and Commitments.* U.S. Department of State, May 2015 (http://www.state.gov/documents/organization/243436.pdf).

[37] *Adherence to and Compliance with Arms Control, Nonproliferation, and Disarmament Agreements and Commitments.* U.S. Department of State, April 2018 (https://www.state.gov/documents/organization/280774.pdf).

ていたとされるが38，ロシアは同ミサイルの存在を認める一方，INF条約に違反する500キロメートル以上の射程で発射試験を行ったことはないと反論している39。また，実際にロシアはINF条約に違反しないように射程を抑えて9M729の試験を行っているようだという報道もある40。

しかし，INF条約の第7条第4項によると，条約締結時点で存在していない（つまり将来出現する）GLCMの射程は，「当該ミサイルの標準設計形態において燃料が枯渇するまで飛行した場合の発射地点から落下地点までの飛行経路を地球の表面上に投影した場合の最大距離と見なす」とされている。これに基づけば，技術的に見て9M729が「標準設計形態において燃料が枯渇するまで飛行した場合」には射程500キロメートルを超えるはずだ，という主張が成立する余地はあろう。2019年にはロシア国防省が9M729の移動式発射装置及びキャニスターを外国武官団とメディアに公開し，当該ミサイルの射程が500キロメートルを越えないとの説明が改めて行われたが，前述した米ロの立場の食い違いは依然解消されていない。

（3）戦術核戦力

戦術核戦力についても早いペースで増強と近代化が進んでいる。

戦術弾道ミサイルまたは戦術地上発射巡航ミサイルを発射可能な9K720イスカンデル戦術弾道ミサイル・システムが年間2個旅団分ものペースで配備されているほか，新型のSu-34戦闘爆撃機の配備ペースもほぼ年間1個航空連隊に達している。前述したレフシンらの論文では，エスカレーション抑止を図るために必要な核戦力を1個作戦戦略連合部隊（おおむね1個軍管区に相当）あたり2〜6個戦闘爆撃機連隊及び3〜5個ミサイル旅団であると見積もっているが，NATO側の通常戦力や戦術核戦力が冷戦後に大きく削減されたことを考えるならば，相当に有力な戦術核戦力が配備されつつあると評価できよう。

---

38 "U.S. Says Russia Tested Cruise Missile, Violating Treaty," *The New York Times*, July 29, 2014.

39 リャブコフ外務次官による発言。"Рябков: Россия не испытывала ракету 9М729 на дальность, запрещенную ДРСМД," *ТАСС*, 2018. 10. 3.

40 Bill Gertz, "Russia Again Flight Tests Illegal INF Cruise Missile," *The Washington Free Beacon*, September 28, 2015.

第 2 章　ロシア

　イスカンデルは INF 条約の制限ぎりぎりの 500 キロメートルの射程を有するとともに，精密攻撃能力や MD 突破能力が大幅に強化されているとされる。オリカーが指摘するように，当初はイスカンデルによる戦術核兵器の運用は否定されていたが，近年ではイスカンデルは戦術核戦力の一部に数えられることが多く，また，ロシア国防省の公式サイトでもイスカンデルを運用する兵種であるロケット部隊は核運用任務を有すると明記されている[41]。

　これらの戦術・戦域核兵器については，偶発的な使用を防ぐために平時は国防省第 12 総局（12GUMO）が特殊保管施設で核弾頭を集中管理している。スチャーギン（Igor Sutyagin）がロシア軍人達への聞き取りによってまとめたところによると，これらの戦術核兵器は戦争の危険性が高まると一定の基準に従って陸軍の戦術ロケット部隊や空軍の前線爆撃機部隊などに配布されることになっていた[42]。

　一方，海軍の艦艇については有事に弾頭を配布することが難しいため，平時から核弾頭が搭載されていたと見られるが，1991 年にゴルバチョフ大統領が発表した「大統領核イニシアティブ（PNI）」によってすべて撤去して地上施設に保管すること（一部は退役させる）が決定された。さらに同年，ソ連崩壊によってエリツィン（Борис Николаевич Ельцин）政権が成立すると，同大統領も独自の PNI を発表し，ゴルバチョフ大統領の PNI で打ち出された水上艦艇からの戦術核弾頭撤去の方針を継承するとともに，撤去された弾頭の 3 分の 1 を廃棄するとの方針を打ち出した。

　エリツィン大統領による PNI の概要は次のとおりである[43]。

41　*Ракетные войска и артиллерия*. (http://structure.mil.ru/structure/forces/ground/structure/rvia.htm)。マクダーモットによれば，ロケット部隊の核運用任務について言及していたロシア国防省のページは 2010 年末に一時期閲覧不能となっていたものの，2011 年 5 月に再開した際も引き続き同様の記述が盛り込まれた（Roger N. McDermott, *Russia's Conventional Military Weakness and Substrategic Nuclear Policy*, The Foreign Military Studies Office (http://fmso.leavenworth.army.mil/Collaboration/international/McDermott/Russia-NuclearPolicy.pdf)．このことは，イスカンデルへの装備更新が進む中でもロケット部隊の核任務が放棄されなかったことを示唆する。

42　Igor Sutyagin, *Atomic accounting: A New Estimation of Russia's Non-Strategic Nuclear Forces* (RUSI, 2012) (https://rusi.org/publication/occasional-papers/atomic-accounting-new-estimate-russia%E2%80%99s-non-strategic-nuclear-forces).

43　Hans M. Kristensen, *Nonstrategic Nuclear Weapons*, Federation of American Scientists Special Report, No. 3 (May 2012).

- すべての戦術ミサイル，砲弾，地雷の戦術核弾頭を退役させる。これらの弾頭の生産は最近になってすでに停止された。
- 水上艦艇及び通常任務潜水艦用の戦術核弾頭を撤去し，貯蔵施設に移管する。3分の1は退役させる。
- 対航空機システム用核弾頭を撤去し，貯蔵施設に移管する。半分は退役させる。
- もし米国が同様の措置をとるならば，戦術航空機用の戦術核弾頭の半分を退役させ，残りは管理施設に集約する。

　さらに2005年には，核不拡散条約（NPT）見直し会議において，1991年のPNIが完全に履行された旨が宣言された[44]。しかし，PNIで廃棄された弾頭は全体の3分の2に過ぎず，これらを有事に現役復帰させることは当然想定されていよう。前述のスチャーギンは，ロシア軍の戦術核兵器配備基準に照らして，水上艦艇用に77発，潜水艦用に187発，対潜航空機用に46発，地対艦ミサイル用に20発の合計330発の戦術核弾頭が有事には配備されると推測している。

　また，2006年9月には，PNIの規定にもかかわらず，3隻の潜水艦が戦術核弾頭を搭載して航行しているとイワノフ（Сергей Борисович Иванов）国防相（当時）が発言して物議を醸した。イワノフ国防相はプーチン大統領への報告の中で次のように述べている[45]。

「本日（9月10日），5隻の戦略潜水艦と3隻の多目的潜水艦が戦闘哨戒についていますが，各艦には核兵器が搭載されています」

「各艦の任務はさまざまです。一方は大陸間の性質を帯びており，他方は多目的です。しかし，いずれの艦も核兵器を搭載しています」

　以上のイワノフ発言の真偽は明らかでないが，2006年当時にロシア海軍に配備されていた潜水艦はいずれもソ連時代に設計されたものであり，搭載する魚雷やミサイルはほぼすべてが核弾頭の搭載を前提として開発された。これは

---

[44] *Statement, Delegation of the Russian Federation to the 2005 Review Conference of the Parties to the Treaty on the Non-Proliferation of Nuclear Weapons（NPT）on Article VI of the Treaty*（http://ploughshares.ca/wp-content/uploads/2009/05/Russia05-4.pdf）.

[45] "Иванов с радостью достал ядерное оружие," *Новая газета*. 2006. 9. 14.

水上艦艇についても同様である。したがって、核弾頭を一時的に撤去したにせよ、これを再配備することはそう難しいことではないと見られ、これはカリブルのような新型巡航ミサイルについても同様であると考えられよう。

(4) 小威力核兵器及び非核抑止力

ロシアは1990年代から核出力が1キロトンに満たないサブ・キロトン級の超小威力核兵器の開発を模索していたと見られ、米国の情報機関も大きな関心を持ってこれを注視していたことが明らかになっている[46]。これは核出力数十〜数百トン程度の精密誘導型核弾頭であり、放射性物質の拡散を抑制することで実戦使用の敷居を下げること（とくに柔軟反応戦略型の核使用を行う場合、核兵器はロシアの国土で使用される可能性が高い）を想定していたと考えられる。また、運搬手段としてはICBMのような戦略核運搬手段から戦術核運搬手段までが想定されていた。

もっとも、ロシアがこのような超小威力核兵器を実際に開発し、配備している事実は現時点では確認できていない。ロシアがごく小規模な核エネルギーの放出しか起こさない流体核実験を利用して超小威力核兵器の開発を行っているとの見方も存在したが[47]、現時点までに具体的な兵器化には結びついていないのが実際である。

一方、近年のロシアは核兵器によらない抑止力を追求する姿勢を見せている。たとえばプーチン首相（当時）が大統領選に向けて2012年に公表した国防政策論文では、「戦略的抑止力」に関して次のような認識が示されていた。

- 非核長射程精密誘導兵器
非核長射程精密誘導兵器の大量使用が、グローバル紛争を含む紛争の決戦

---

[46] たとえば米国防総省が機密解除した国防科学会議向けの説明資料（Mark Schneider, *The Nuclear Weapon Policy of the Russian Federation*, http://www.dod.mil/pubs/foi/Reading_Room/Science_and_Technology/06-F-0446_DOC_10_The_Nuclear_Weapons_Policy_of_the_Russian_Federation.pdf）や、米中央情報局（CIA）の機密解除資料（Evidence of Russian Development of New Subkiloton Nuclear Warheads, CIA, August 30, 2000, https://www.cia.gov/library/readingroom/docs/DOC_0001260463.pdf）を参照。

[47] "Dispute Over Russian Testing Divides U.S. Nuclear Experts," *New York Times*, March 4, 2001.

兵器としての地位をますます確固たるものとする。
- 宇宙空間およびサイバー戦
  宇宙および情報戦（主にサイバー戦）の領域における軍事的能力が，決定的ではないにせよ重要な意義を持つようになる。
- 新しい物理的原則に基づく兵器
  遠未来には，放射線，地球物理，ビーム，遺伝子，心理その他を利用した兵器が核兵器に並ぶ重要な意義を持つ。これらの兵器は核に比べて使用の敷居が低いため，核兵器の相対的重要性は低下する。

以上のうち，「新しい物理原則」を利用した兵器についてはあくまでも30〜50年先の将来を見通した可能性の問題として扱われているに過ぎない。ただし，核兵器の使用の敷居が高いために相対的重要性を低下させるだろうとの見通しはロシアの抑止戦略を考える上で興味深い認識と言えよう。ロシアの「エスカレーション抑止」戦略に関する批判的言説が指摘するとおり，核使用はつねに報復核使用の可能性を孕むためである。

もちろん「放射線，地球物理，ビーム，遺伝子，心理その他を利用した兵器」が近いうちに核兵器並みの抑止力となることは考えがたいが，非核の長射程精密誘導兵器が「グローバル紛争を含む紛争の決戦兵器としての地位をますます確固たるものとする」傾向はロシアでも強まることになろう。2014年版の軍事ドクトリンに「非核抑止力システム」の語が初めて盛り込まれたことや，ショイグ（Сергей Кужугетович Шойгу）国防相が「戦略的抑止力のファクターとしての核兵器の役割は将来的に精密誘導兵器が代替する」と2017年に述べたこと[48]などは，こうした認識を反映したものと考えられる。

実際の能力面で見ると，ロシアは2015年に開始したシリアへの軍事介入において初めて長距離巡航ミサイルを実戦投入した。さらに現在，ロシアは前述した各種巡航ミサイルの運用能力を急速に拡充しており（たとえばロシア海軍が近年調達している水上戦闘艦艇や潜水艦は基本的にすべてカリブルの運用能力を有しており，近いうちに米海軍に次ぐ対地打撃能力となる見込みである），

---

48 "Шойгу рассказал, что заменит ядерное оружие в роли сдерживающего фактора," *РИА Новости*. 2017. 1. 12.

一定の「非核抑止力」を備えることも予想される。ただし，全体的な通常戦力の弱体さを考えるならば，それが核兵器の役割を低下させるに至ることは見通しうる将来においては予期しがたい。

おわりに

これまで見てきたように，ロシアの積極核使用ドクトリンへの傾斜は，勢力圏を侵犯され続けてきたという冷戦後のロシアの脅威認識に大きく影響されたものであったと言える。このような中でロシアの戦略核抑止力は，ロシア的文脈での「エスカレーション抑止」を目的とした戦域・戦術核兵器の行使が全面核戦争へと発展しないことを担保する手段と位置づけられよう。この意味では，現在のロシアにとっての核抑止力の意義とは，グローバルなものというよりはより地域的な性格を帯びていると言える。

そして，このような核抑止力の意義の変容は，ロシアを含めた冷戦後の世界全体にとっても示唆的である。冷戦期に生まれ，米ソの軍事バランスの基礎を構成してきた核兵器及び核抑止はグローバルな性格を帯びたものとして理解されてきた。しかし，冷戦後，米ロ間を含めて全面核戦争が想定しがたくなってきた現在の世界において，核兵器の役割はより地域的な安全保障の文脈から理解される必要が出てきたのではないか。

もう一つの問題は，ロシアが実際に積極核使用ドクトリンに傾斜しているとして，そのようなドクトリンに対する抑止をいかに確保するかである。本章で述べたように，ロシアが通常戦力の劣勢を補い，あるいは勢力圏への介入を確保する手段として核兵器への依存を高めているとすれば，欧州正面における核使用の懸念やこれに対する対抗軍拡を招く危険性がある。とくにロシアの介入に関しては，核使用の示唆によって介入を行いうるとの計算がロシア側において働きうること（本章第2節を参照）はそれ自体が別種の不安定要因となり，実際に欧州諸国ではロシアの「ハイブリッド戦争」に対する懸念が高まっている。クローニグがテロに対する抑止力を論じる中で述べているように，従来型の抑止が効果を及ぼしにくいと考えられる仮想敵に対して，その行動が成果を

上げないと確信させる戦略的コミュニケーション（strategic communication）を図るためにはいかなる戦略や態勢が必要とされるのか[49]。これが本章から導かれるもう一つの課題となろう。

---

[49] 戦略的コミュニケーションについては，テロに対する抑止力について論じたクローニグらの以下の論考を参照。Matthew Kroenig and Barry Pavel, "How to Deter Terrorism," *The Washington Quarterly*. Vol. 35, No. 2 (Spring 2012), pp. 21-36.

第3章
中　国
―― 「最小限抑止」から「確証報復」への転換

神保　謙

はじめに――「非対称な均衡」の維持か脱却か

　冷戦史の中で中国の核戦略は，米国とソ連の熾烈な核軍拡競争とその後の戦略的安定性をめぐる議論の中で副次的な重要性しか与えられてこなかった。中国は1964年に最初の原爆実験に成功して以来，1980年の大陸間弾道ミサイル（ICBM）の全射程発射成功，および82年の潜水艦発射弾道ミサイル（SLBM）の開発成功などにより，米ソからの先制核攻撃（第1撃）に対する第2撃能力の確保を目指してきた。「最小限抑止力（minimum deterrence）」と呼称されるその戦略の目的は，液体燃料のICBM「東風5号」（DF-5/CSS-4）を戦略抑止の要としながら（そして他の戦略・戦術核戦力を併用しながら），米国およびソ連の大都市に対する致命的な対価値（counter-value）反撃能力を保持することにあるといわれてきた。

　冷戦中期に米国とソ連が核戦力の量的・質的な増強を行う中で，中国の核戦力の近代化のスピードは決して目立ったものではなかった。1964年の核実験の成功以降，核兵器化の基盤となる核弾頭の小型化，信頼ある中・長距離ミサイルの開発配備が実態化するのは，1980年代前半になってからである。また核兵器の運搬手段の開発においても，ICBM「東風5号」の配備数を20程度にとどめることを四半世紀にわたり継続した。米ソの第1次および第2次戦略兵器制限交渉（SALT-I/II）や，中距離核戦力（INF）全廃条約，及び戦略兵器

削減条約（START）など，核態勢の変化や配備に関する規制の推移にもかかわらず，中国は悠然と必要最小限の核戦力を維持してきたといってよい。

中国の最小限抑止力の根拠となっていたのは，核戦力の開発能力や経済力で劣る中国がかろうじて大国に対する第2撃能力を発揮できる「非対称な均衡」（毛沢東）だった。中国は広大な縦深性を背景に米ソからの第1撃に耐え，米ソのより産業化され価値の重みが高い都市部への攻撃を担保することにより抑止力を達成する，という考え方が基礎とされた。また中国人民解放軍が80年代の「大規模全面戦争」への対処を重視する考え方から，90年代に「ハイテク条件下での局地戦」を重視する軍事戦略に転換したことを受け，機動力や精密度の高い通常戦力を重視したことにより，核戦力の近代化の優先順位は高まらなかったとされている。

21世紀に入り中国の大国化に伴う安全保障戦略には大きな転換がみられる。中国の空・海軍力の増強は東アジアのパワーバランスを変化させ，いわゆる接近阻止・領域拒否（Anti-Access and Area Denial: A2/AD）を実態化する実力を伴うようになった。また，短距離・中距離・準中距離ミサイルの開発を加速化させるとともに，新たなICBMの開発にも本腰を入れるようになっている。こうした中で中国が長期間にわたり維持してきた「最小限抑止」が，より戦略環境に適合的で，柔軟性・残存性・強靱性に優れた概念として再定義されようとしている，という見方が強まっている。

そして中国の抑止戦略に見直しを迫っているのは，米国の核態勢・ミサイル防衛態勢・通常兵器による軍事態勢の抑止アーキテクチャの変化でもある。中国が最小限抑止を規定してきた前提が，米国の抑止アーキテクチャの発展によって維持が難しくなっている，という認識である。米国はこれまで中国の核第2撃能力に対して自らが脆弱であることを認めてこなかった。しかし同時に，中国の第2撃能力を積極的に否定することもなかった。たとえば1990年代の米国のミサイル防衛（National Missile Defense: NMD）配備において，これが中国の戦略抑止力に影響するものではない，という立場を米国政府がしばしば表明したように，中国の対米抑止力は暗黙的・間接的に担保されていたといってよい。しかし，こうした暗黙的了解は，米国のハイテク兵器の発達，ミサイル防衛やレーダーシステムの技術開発，サイバー・宇宙配備技術などによって，

第3章　中　　国

つねに脅威にさらされてきたと言って良い。

　本章は，以上のような経緯から再検討を迫られている中国の核戦略の発展経緯を分析し，中国の最小限抑止のドクトリンが「確証報復（assured retaliation）」型ドクトリンへと転換していることを論じる。また中国の核戦略と米国の核・ミサイル防衛態勢の双方のダイナミズムを考察しながら，米中核関係がいかなる「関係」として成立しうるかを検討する。

1　中国の核戦力──「最小限抑止」から「確証報復」へ

（1）中国の核・ミサイル開発の経緯

　中国が毛沢東国家主席の牽引により，核兵器の開発を決定した時期は1955年頃といわれている[1]。しばしば指摘されるように，毛沢東は米国の核兵器を実戦では運用が困難であるという意味において「張子の虎」と形容していたが，実際には中国共産党指導部は，米核戦力の戦略的な価値を重視し，中国本土に対する脅威として位置づけていた[2]。この脅威認識は，1950～60年代にかけて勃発した朝鮮戦争，インドシナ戦争，台湾海峡危機などの過程で，米国の核兵器の威嚇と脅威に実質的に直面したことによって強く意識され，米攻撃への「対抗力」の形成が国家目標として追求されるに至った。さらに，1959年からソ連との関係が冷却化して以降は，ソ連の核戦略をも念頭に置きつつ，核開発を行う必要に迫られた。技術の側面からは50年代は主に「中ソ国防新技術協定」によるソ連からの援助を得つつ，また60年代は中ソ関係の悪化を背景とした独自開発により，核兵器の早期取得を目指したとされている。

　その結果中国は，1964年に核実験を成功させ，1966年には東風2号（DF-2）中距離ミサイルを実践配備し，兵器と運搬手段の連携をこの時期に確立した（核兵器とミサイルの「両弾」の実現）。ただ，60年代から70年代の中国

---

[1] 平松茂雄『中国の核戦略』（勁草書房，1996年）；茅原郁生編著『中国の核・ミサイル・宇宙戦力』（蒼蒼社，2002年）．
[2] 阿部純一「冷戦後の中国の安全保障観と東アジア──『独立自主の平和外交』と『中国脅威論』」『国際政治』第112号（1996年5月），63-83頁．

の核戦力は，主に短距離・中距離ミサイルと中距離爆撃機による戦域レベルの抑止力の構成に限定されていた。1966年の水爆実験の成功や，1971年の東風3号（DF-4）の配備及び核搭載可能な爆撃機の配備は，「戦域抑止」の信頼性を向上させたが，実際米国本土を射程に置くミサイルの実践配備には80年代初期まで歳月を要した。

中国が米国本土に対する抑止力を形成するためには，小型化された核兵器が，射程1万キロ以上のICBM，B-52に匹敵する長距離爆撃機，あるいは潜水艦搭載のSLBMのいずれかの運搬手段と結び付けられる必要があった。このうち，長距離爆撃機と原子力潜水艦の開発は，技術的にも経済的にも実現性に乏しいことが中国の軍関係者の間ではかねてから指摘されてきた。このような背景から，中国がとりわけICBMの開発にその資源を傾注させたことは，対米抑止力形成から考えてやむをえない帰結であった。その意味において，1980年に東風5号（DF-5，射程1万2000〜1万3000キロ）の実験に成功し，80年から81年にかけての実践配備によって事実上米国東海岸を射程に収めたことは，中国が米国本土に対する第2撃能力の構築に（少なくとも自己認識として）成功し，後に述べる「最小限抑止」に自信を深めるに至る決定的な意味を付与した。

（2）中国の核ドクトリン――「不確実性」によって保たれる最小限抑止

以上のような中国の核戦力の構築過程と，中国の核ドクトリンの形成過程は，これまで必ずしも明確に位置づけられてこなかった。ジョンストン（Alaister Iain Johnston）が「1964年以来，中国には一貫性のある公式の核ドクトリンが存在しなかった」と述べるように，中国の核戦力の客観的な実情と，中国の公式ドクトリンの形成の位置づけは不明確であった[3]。

核兵器に対する毛沢東の基本認識は「持っていること，わずかにあること，それが良いものであること」を原則としていたといわれている[4]。もっとも，

3　Alastair Iain Johnston, "Prospects for Chinese Nuclear Force Modernization: Limited Deterrence versus Multilateral Arms Control," *The China Quarterly*, Vol. 146 (June 1996), 548-576.

4　「毛沢東対中国戦略武器発展的歴史貢献」『軍事歴史』（1995年第3期），これを紹介したものとして，間山克彦「中国の核戦力の現状と将来」茅原郁生編著『中国の核・ミサイル・宇宙戦力』。なお，1960年代に毛沢東が「原子爆弾は張り子の虎」と語っていたことはよく知られている。人民

第3章 中 国

　中国が当時の経済力で核戦力の近代化を通常戦力の近代化と共に増進する資源は限られていた。1950～60年代に中国が脅威として捉えた米国からの核の威嚇，さらには中ソ対立の激化に伴う対ソ抑止の必要性が高まる中で，中国が結果的に選択したのは従来からのマンパワーに依拠した人民戦争戦略とその派生型に，限定的な核戦力を付加したものでしかなかった。その意味では，80年初頭までの中国は少ない数の核兵器を保有するという実存的な抑止（existential deterrence）とともに，米国に対しては同盟国及び駐留米軍への攻撃能力，またソ連に対しては大規模通常戦力の侵攻に対する抑止力としての，「戦域抑止（theater deterrence）」を重視せざるをえなかった。「中国本土に敵を深く誘い込み……」という人民戦争戦略を基盤としながらも，相手の核攻撃を躊躇わせるような戦力の信頼性を高めていくというのが80年代までの課題（平松茂雄のいう「最小限抑止と人民戦争論の二本足戦略」）であったが，他方で，それはあくまで最小限抑止構築の「プロセス」であり，確固とした抑止論の「着地点」ではなかった。したがって，たとえば中ソ国境における通常戦力バランスが著しく劣勢にあった当時の状況では，中国が1964年以来一貫して維持しているとされる「先行不使用」宣言も対ソ戦略の文脈では信憑性を持ちえなかったのである。

　中国の「最小限抑止」がドクトリンとして客観的に確認しうるようになったのは，1980年代初頭に中国の対外戦略と核戦略のリンケージが模索されるようになってからのことである。その象徴として挙げられるのが，先に述べたICBMが発射実験の成功から配備に至ったことである。その後長い期間にわたり中国は，ほぼ全米を射程に収める東風5号を20～25基ほど配備していると見積もられ，これを核戦略の中核に据えるに至った。また中国は80年代に夏級の原子力潜水艦を進水させ，SLBM発射実験の成功等を経て，第2撃能力の残存性（survivability）獲得への技術的進展を図ろうとした。

　しかし，1980年代初頭から30年間近くにわたり，中国核戦力の主力は旧世代の液体燃料＋地上固定配備＋単弾頭ミサイルであり，再突入の精度（CEP）

戦争戦略において戦争の帰趨を決定するのは人民である，という考え方が基礎にある。しかし中国が核開発を加速化させたのもこの時期であり，核兵器の役割を軽視したわけでなかったことは明白である。平松茂雄『中国の核戦略』，68-70頁。

も米ロの核戦力と比較した場合格段に劣位に置かれていた。命中精度に劣る単弾頭ミサイルでは、米国もしくはロシアのミサイル基地を攻撃し、相手の第２撃能力を相殺できるような、対兵力（counter-force）戦力は現実的な選択肢とはなりえなかった。また、米ロの核戦力に対する対兵力戦力を構築しようとすれば、その経済的コストは莫大なものにならざるをえない。その意味から、中国が80年代より一貫して追及してきたのは、「仮に相手が中国に対して核攻撃を仕掛けた場合、相手の都市に甚大な被害を及ぼしうる戦力」（傍点筆者）としての「最小限抑止」であり、それ以上の戦力は望むべくもなかったのである。

「最小限抑止」は、「対都市・対価値」への第２撃能力の保持を担保する意図と能力を確保するによって成り立っている。最小限抑止力の信頼性を得るには、相手の第１撃に対するわずかな残存性への依存が確保されていなければならない。そのためには、第１撃に耐えうる、核ミサイル基地の強化・隠匿・分散配置・移動式ランチャーの開発・固体燃料化というハードウェアの整備が十分条件となる。

しかし、これら最小限抑止が担保されうるハードウェア要求に東風５号が十分に応えているとはいえなかった。東風５号はすでに述べたように液体燃料＋固定式のミサイルであり、敵からの先制攻撃に脆弱で残存性に乏しい。米国本土におけるミサイル防衛の配備以前の問題として、米国の偵察衛星と情報収集能力によるランチャーの特定化、さらには圧倒的な対兵力攻撃能力によって、すべての戦略核兵器が先制攻撃によって破壊され、中国の第２撃能力は容易に無力化されかねなかった。

このハードウェアの不備に最大限対処するために中国が追求したのは、核ドクトリン・核戦力の明確な情報開示をしないことにより、相手の計算を複雑化させるという抑止理論（小国に典型的にみられる抑止理論）の適用と実践だった。中国はこれまで公式には戦略核兵器の能力、配備数、配備位置等について、いっさい公表をしていない。そして中国は核戦力の透明化を求める国際機関の試みにことあるごとに抵抗してきた[5]。ここに見られる中国の論理は、可能な

---

[5] たとえば2000年４〜５月に開催された「NPT運用検討会議」では、「核戦力の透明性」を含む核軍縮及び不拡散のための６項目提案がなされたが、中国は「透明性」項目の採択に最後まで反対し、最終的には「自主的」に透明性の増大に努力するとの留保を明記させ、採択に同意した。小川伸一

第 3 章　中　　国

限り相手の計算を複雑化させ，第 1 撃の信頼性を低下させることにあった。換言すれば，米国の情報収集能力の不完全性（すべてのミサイルサイトを 100 パーセント把握することを保証するすべはない）を基礎に置き，たとえ 1 基でも残存する可能性を担保（傍点筆者）することが，最小限抑止の核心だった。スタインブルナー（John Steinbruner）の言葉を借りれば，初期の中国の最小限抑止とは「認識の不確実性によりかろうじて保たれている抑止力」なのである[6]。

　中国の「最小限抑止」の特殊性を際立たせているのは，中国が「先行不使用」と「消極的安全保障」との併用によってこれを成り立たせようとしていることである。1998 年に刊行された中国の国防白書『中国の軍備管理と軍縮』によれば，1964 年の核実験以来，中国は無条件の「先行不使用」宣言を一貫して維持しているとする[7]。さらに中国は 1994 年以降，国連総会演説等の機会を捉え，すべての核保有国が「先行不使用」を宣言するべきであると呼びかけている。小川伸一は，中国がこのような呼びかけを行う背景として，「核の先行不使用体制下にあっては，相手の戦略核戦力を可能な限り破壊しようとする先制的な大規模核攻撃の選択肢がとれなくなるため，自国の限られた数量の戦略核兵器の残存性を図ることが可能と位置づけ」，また「核兵器国相互の間に安心感を醸成し，戦略的安定に資することも期待している」と分析している[8]。

　もっとも，米国が 1991 年の湾岸戦争の際に生物・化学兵器使用への抑止手段として核報復を示唆したこと（生物化学兵器に対する核報復オプションの留保），さらには 2002 年 1 月の「核態勢見直し（Nuclear Posture Review: NPR）」では核兵器を中小国に対しても戦術的に使用する幅を広げたことなど，米国は核兵器「先行不使用」の採用を慎重に避けてきた[9]。「核のない世界」を掲げた

「中国の核軍備管理・軍縮政策」茅原郁生編著『中国の核・ミサイル・宇宙戦力』。
6　ジョン・スタインブルナー（メリーランド大学教授）に対する筆者のインタビュー。（2001 年 7 月，メリーランド大学にて）。
7　Zhenqiang Pan, "A Study of China's No-First-Use Policy on Nuclear Weapons," *Journal of Peace and Nuclear Disarmament*, Vol. 1, No. 1 (2018), pp. 115-136.
8　小川伸一「中国の核軍備管理・軍縮政策」，244-245 頁。
9　2002 年 1 月の NPR について公表されたのは，わずかに文書の基本枠組みを示した前文のみである。The US Department of Defense, *Nuclear Posture Review Report*. もっとも，開示不可の本文の一部については，米メディアにリークされたとされ，該当箇所については Global Security のホームページで閲覧することができる。また，2002 年の NPR について包括的に論じているのは，Richard Sokolsky, "Demystifying the US Nuclear Posture Review," *Survival*, Vol. 44, No. 3 (Au-

オバマ（Barak Obama）政権では核先行不使用の採用が検討されたが，同政権のNPRでも核兵器の基本的役割は核攻撃を抑止することであり，核の使用は「極限の状況」に限られると規定したものの，やはり先行不使用の採択には至らなかった[10]。またトランプ（Donald J. Trump）政権のNPRでは限定核使用の脅しを伴う低烈度の攻撃を抑止するために，低出力（low-yield）核オプションの拡充を唱えるに至り，先行不使用の採用の余地は大幅に遠のいている[11]。

　一方の中国も先行不使用は主権国家にのみ適用される原則であり，台湾には適用されないという見方も近年明らかにしているほか，1996年の台湾海峡危機においても中国人民解放軍の熊光楷総参謀長が「台北を守るためにロサンゼルスを犠牲にできるか」と米国を威嚇したとされている[12]。さらに，中国国内では米国の通常戦力のハイテク化の動向によって，米中の通常戦力の能力の格差が広がることとなれば，無条件の先行不使用の適用を再検討すべきという議論も浮上するようになった[13]。また中国が2013年に発表した国防白書『中国の武装力の多様な運用』では，過去の白書で言及のあった「先行不使用」政策への言及がなかったことが，多くの憶測を呼んだ。もっとも中国政府はその後も繰りかえし先行不使用の継続を確認しており，2015年の国防白書『中国の軍事戦略』では再度記述されるに至っている。いずれにせよ中国が目指してきた「先行不使用」の相互採用による「戦略的安定の確保」，という道筋が実現する見通しはない。

---

tumn 2002), pp. 133-148.

10　U.S. Department of Defense, *Nuclear Posture Review Report*, April 2010; David E. Sanger and William J. Broad, "Obama Unlikely to Bow No First Use of Nuclear Weapons," *The New York Times*, September 5, 2016.

11　U.S. Department of Defense, *Nuclear Posture Review*, February 2018; またトランプ政権のNPRの分析として，石川卓「トランプ政権の核態勢見直しと軍備管理・不拡散への含意」『国際問題』第672号（2018年6月），16-26頁。

12　1996年8月に中国外交部の沙軍備管理局長は「台湾は中国の一部であり，国ではない。したがって先行不使用のドクトリンは適用されない」と発言している。*Taiwan Central News Agency*, August 5, 1996. また，熊光楷参謀総長の発言については，*Foreign Policy Alert*, No. 26 (October 9, 1996), see http://www.afpc.org/fpa26.htm.

13　小川伸一「核の先行不使用に関する議論の経緯と課題」『立法と調査』第309号（2010年10月），26-40頁; Shen Dingli, "Nuclear Deterrence in the 21st Century," *China Security*, No. 1 (Autumn 2005), pp. 10-14.

第3章　中　国

(3)「最小限抑止」から「確証報復」へ

　1990年代中期以降における中国の核戦力は，中国が従来保ちつづけてきた「不確実性によって保たれる最小限抑止」からの脱却を指向するようになってきた。その第1段階は，かろうじて保たれる「最小限抑止力」から，確固とした「確証報復」を確立する道筋と捉えることができる。

　その兆候の第1は，ICBM東風5号（DF-5）の残存性と実効性の向上及び量的拡大である。米国国防総省が2000年6月に発表した『中国の軍事力』によれば，中国は東風5号の地下サイロを18基建設したとされ，その後サイロの数は20基程度まで増加したと評価されている。また，固定サイロと各施設は堅固な地形に擁護され，容易に第1撃を受けにくい構造に強化されたとされている[14]。また近年注目されているのは，2015年に東風5号の一部を複数個別目標再突入弾頭（MIRV）化し，東風5号B（DF-5B）として新たに識別されるようになったことである[15]。長年にわたり単弾頭20基程度だった主力ICBMのうち，10基のランチャーの弾頭が3弾頭にMIRV化されたと仮定した場合，DF-5シリーズの弾頭総数は40に増大する。

　第2に，固体燃料＋移動式のICBMの開発に成功したことである。中国は1999年8月，2000年11月に固体燃料の東風31号（DF-31，射程8000キロメートル）の発射実験に成功し，順次実践配備されているとみられている。同ミサイルは移動車両に搭載され，貯蔵，立ち上げ，発射の3機能が一体化したシステムと評価されている。その結果，たとえば異なる地下施設間を移動し，偵察衛星や偵察機からの発見を困難にさせ，その残存性を著しく高めると想定されている。2007年には東風31号を改良したDF-31A（射程1万1000キロメートル）が配備されている。2018年時点でDF-31/DF-31Aのランチャーはそれぞれ8基，32基と推定されている[16]。

---

[14] U.S. Department of Defense, *Annual Report on the Military Power of the People's Republic of China* (October 2000).

[15] Scott LaFoy, "Building a Credible Arsenal: China's Improved ICBMs," *China Brief*, Vol. 15, Issue 21 (November 2, 2015). なお，DF-5BのMIRV化による搭載可能な弾頭数は3弾頭という見方が強い。Hans Christensen and Robert Norris, "Chinese Nuclear Force 2018," *Bulletin of the Atomic Scientists*, Vol. 74, Issue 4 (2018); Jeffrey G. Lewis, *The Minimum Means of Reprisal: China's Search for Security in the Nuclear Age* (MIT Press, 2007).

[16] Hans Christensen and Robert Norris, "Chinese Nuclear Force 2018."

次世代ICBMの中核とみなされているのは、開発中の東風41号（DF-41、射程1万2000キロ以上）である。DF-41はDF-31と同様に固体燃料＋移動式であると同時に、10個の弾頭を搭載できるMIRV化が実現するとも予想されている。DF-41の開発・配備に成功すれば、中国が実質的に固体燃料＋移動式のきわめて残存性の高いミサイルにより、米本土全域を射程に収めた対米抑止力の構築が可能になるとみられている。この段階になれば、中国の「最小限抑止力」は、不確実性を超えた新しい段階に入るとみられる。

　第3に注目されるのは、SLBMの開発をさらに推進していることである。中国は前述の東風31号をSLBMとして改良した巨浪2号（JL-2）を開発し、晋級原子力潜水艦に12基搭載可能とされている。JL-2は2016年に初期作戦能力を獲得し、2018年時点では4隻の晋級原子力潜水艦に合計48基配備されていると見積もられている[17]。SLBMの開発成功は、核報復のための第2撃能力に高い信頼を獲得することになる。しかし、JL-2の射程は7200キロメートルから8000キロメートルに限られており、中国本土沿岸海域や南シナ海から発射しても米国本土には到達しない。JL-2を米国への核報復のために運用するには、晋級原子力潜水艦を千島列島付近の太平洋海域まで進出させる必要がある。しかし、米軍や日本の自衛隊が警戒監視活動と対潜水艦戦（ASW）を活発に行う外洋において、安定的に潜水艦を運用することは難しい。

　このような背景で注目されているのは、前述のDF-41を改良したSLBM巨浪3号（JL-3）の開発である。DF-41の諸元がSLBMでも達成されるとすれば、射程1万2000キロメートル以上で10個のMIRV弾頭を搭載可能となる。中国は2018年11月に巨浪3号の発射実験を渤海で成功させたとも報じられている[18]。また2018年の米国防省『中国の軍事力』年次報告によれば、中国が2020年初頭に新型原潜096型の建造を始める見通しとなっている[19]。一説では、同潜水艦にはJL-3の24基のランチャーが搭載される見込みだという[20]。

---

[17] Hans Christensen and Robert Norris, "Chinese Nuclear Force 2018."
[18] Bill Gertz, "China Flight Tests New Submarine-Launched Missile," *The Washington Free Beacon*（December 18, 2018）.
[19] U.S. Department of Defense, *Military and Security Developments Involving People's Republic of China 2018*（May 2018）.
[20] Bill Gertz, "China Flight Tests New Submarine-Launched Missile."

第3章 中　国

表3-1　中国の核戦力

	NATO名	ランチャー数	配備年	射程	弾頭数×弾頭威力	弾頭数
地上配備弾道ミサイル						
東風 4号 （DF-4）	CSS-3	～5	1980	5,500+	1×3,300	～10
東風 5号 （DF-5A）	CSS-4 Mod 2	～10	1981	13,000+	1×4,000～5,000	～10
東風 5号B（DF-5B）	CSS-4 Mod 3	～10	2015	～13,000	3×200-300	～30
東風15号 （DF-15）	CSS-6	?	1990	600	1×?	?
東風21号 （DF-21）	CSS-5 Mods 2, 6	～40	1991, 2000, 2016	2,150	1×200-300	～80
東風26号 （DF-26）	?	16	(2017)	4,000+	1×200-300	16
東風31号 （DF-31）	CSS-10 Mod 1	～8	2006	7,000+	1×200-300	～8
東風31号A（DF-31A）	CSS-10 Mod 2	～32	2007	11,000+	1×200-300	～32
東風31号B（DF-31B）	(CSS-10 Mod 3?)	～16	(2017)	?	(1×?)	?
東風41号 （DF-41）	CSS-X-20	不明	?	(12,000～)	不明	不明
小計		～137				～186
潜水艦発射型ミサイル						
巨浪2号（JL-2）	CSS-N-14	48	(2016)	7,000+	1×200-300	48
爆撃機						
轟炸6（H-6）	B-6	（～20）	1965	3,100+	1×無誘導爆弾	（～20）
					(1×ALBM)	0
戦闘機	?	?	?	不明	1×無誘導爆弾	?
合計						～254（280）

出典：Hans Christensen and Robert Norris, "Chinese Nuclear Force 2018" *Bulletin of the Atomic Scientists* Vol. 74, Issue 4（2018）をもとに筆者修正

仮に10個のMIRV化された弾頭が同ランチャーに搭載された場合，米本土を射程に収める核弾頭数の総数は飛躍的に増大することとなる。

　上記DF-41とともにJL-3の技術開発には不明な点が多く，これまで述べたようなMIRV化の実現には技術的ハードルも高い。しかし中国が核戦略を「確証報復」態勢の実現に向けて技術開発を推進していることは確実である。そして，既存の核戦力の増強やDF-41及びJL-3の実戦配備はゲーム・チェンジャーとして次項に述べる米中の「戦略的安定性」にも大きな影響を与えることになる。

　中国の核戦略が「最小限抑止」から脱却しようとしていることは，これまで

多くの専門家が指摘してきた。その第1派は，中国が「限定抑止（limited deterrence）」への移行を目指しているという指摘である[21]。最小限抑止と限定抑止を分け隔てるのは，第1に「対兵力」「対価値」の戦術・戦域・戦略核戦力を保持していること，そして第2に抑止失敗時のエスカレーション制御と敵に対する絶えがたい損害を与える能力を保持することである。換言すれば，最小限抑止のための第2撃能力の残存性を向上させるための，「秘匿化」を主眼とする戦略から，積極的に核兵器の機能を発揮できる「戦闘化」（茅原郁生，間山克彦）型の戦略への移行である[22]。

しかし長年にわたり，中国が「限定抑止」戦略の運用能力を保有することは容易ではない（Alastair Iain Johnston）と論じられてきた。その第1の理由は，十分な探知・追尾・戦闘管理（battle management）を可能にする早期警戒能力・指揮・統制・通信・コンピュータ情報（C4I）が欠如しているとみられることである。第2は，第1の能力の欠如の結果，損害受忍後の第2撃（Delayed Second Strike: DSS），及び警報即時発射（Launch on Warning: LOW）の能力を担保することが難しいと見られてきたためである。そして第3に，主要な核戦力の固体燃料化＋移動式への移行にはなお年月を要することである。

フラベル（Taylor Fravel）とメデイロス（Evan Medeiros）は，中国の核戦略は最小限抑止と呼称する以上の能力を備えつつあるが，核戦争のすべての段階において敵に重大な損害を与えるための限定的な核攻撃遂行能力を持つ限定抑止には至らないとして，その中間的な概念の提示が必要だと主張する[23]。彼らが提示する「確証報復（assured retaliation）」は，確証破壊や核エスカレーションに耐え抜く限定管理能力には至らないが，敵に対する耐えがたい第2撃をあらゆる状況下でも与えることができる確実な能力とされる。これまで最小限抑

---

[21] Alaster Iain Johnston, "China's 'New Old Thinking': The Concept of Limited Deterrence" *International Security*, Vol. 20, No. 3 (Winter 1995/96), pp. 5-42; You Ji, "Nuclear Power in the Post-Cold War Era: The Development of China's Nuclear Strategy," *Comparative Strategy*, Vol. 18, No. 3 (1999), pp. 245-259.

[22] 茅原郁生・間山克彦「中国の核戦略と核ミサイル部隊」茅原郁生編著『中国の核・ミサイル・宇宙戦略』。

[23] M. Taylor Fravel and Evan S. Medeiros, "China's Search for Assured Destruction: The Evolution of Chinese Nuclear Strategy and Force Structure," *International Security* (Fall 2010), pp. 48-87.

第3章 中　　国

止論の議論にみられた不確実性を払拭した核態勢こそが，確証報復能力の本質的な意味である。カニンガム（Fiona S. Cunningham）とフラベルは別の論文で，米国の核戦力やミサイル防衛能力の開発推移にもかかわらず，確証報復戦略の方向性は不変であるとも述べている[24]。

しかし，近年の研究では米中の通常戦力による軍事的対立によって中国の核使用の敷居が低くなっていると論じるものも多い[25]。彼らは，米国が中国に対する通常戦力での攻撃により，中国の指揮統制システム，地上発射型ミサイルや，原子力潜水艦などを攻撃した場合，中国は「使用するか敗北するか（use-it-or-lose-it）」という状況に追い込まれ，核兵器の使用に踏み切らざるをえないという見方を提示する。また，米国側が中国の「核心的利益」の保全に踏み込むような通常戦力の攻撃を行った場合，中国側は比例原則を度外視した軍事的対応をする可能性があり，その中には核兵器の使用も含まれるという見方もある。さらに，中国のA2/AD能力を打ち破るカウンターA2/AD能力によって，通常兵器による拒否力に自信を失った場合，エスカレーション管理の一環として戦術核兵器の使用を位置づける可能性さえ示唆している[26]。

さらに高橋杉雄は米国防省の『中国軍事力報告書』（2017年度版）が中国の戦略核戦力の規模を75〜100基と見積もっていることに着目し，これがMIRV化されていると仮定すれば，米国に対する戦力投射能力は大幅に増強されると論じる[27]。高橋によれば，現有のDF-5B（3個の弾頭を搭載可能）に加え，

---

[24] Fionna S. Cunningham and M. Taylor Fravel, "Assuring Assured Retaliation: China's Nuclear Posture and U.S-China Strategic Stability," *International Security*, Vol. 40, No. 2 (Fall 2015), pp. 7-50.

[25] こうした見方を代表するものとして以下のような論文がある。Caitin Talmage, "Would China Go Nuclear?: Assessing the Risk of Chinese Nuclear Escalation in a Conventional War with the United States," *International Security*, Vol. 41, No. 4 (Spring 2017), pp. 50-92; Avery Goldstein, "First Things First: The Pressing Danger of Crisis Instability in U.S.-China Relations," *International Security*, Vol. 37, No. 4 (Spring 2013), pp. 49-89; Thomas J. Christensen, "The Meaning of the Nuclear Evolution: China's Strategic Modernization and U.S.-China Security Relations," *The Journal of Strategic Studies*, Vol. 35, No. 4 (August 2012), pp. 447-487.

[26] たとえば，チェイス（Michael S. Chase）は中国軍事科学院の『戦略学2013』に，核反撃に際して段階的なエスカレーション拡大を措止する志向が示唆されているという。マイケル・S・チェイス「人民解放軍ロケット軍——中国の核戦略と政策の実行者」ジョー・マクレイノルズ編，五味睦佳監訳『中国の進化する軍事戦略』（原書房，2017年），161頁。

[27] 高橋杉雄「米国の対中政策」防衛省防衛研究所編『中国安全保障レポート2018——岐路に立つ

現在開発中の DF-41（最大 10 個の弾頭が搭載可能）が配備されれば、米国の 400 基の ICBM サイロに対する対兵器攻撃が理論上可能になるとする。無論、こうした対兵器攻撃のためには高い水準の CEP 及び残存性・運用性が不可欠であり、また米国の SLBM や長距離爆撃機などトライアッドを構成する核兵器の体系やミサイル防衛によってオフセットされる、という反論は可能であろう。ただし、中国の核戦力がその開発や配備の指針によっては「確証報復」の概念をはるかに上回る核戦力の構築が可能である、という認識は重要である。

2　米中の核関係──暗黙の「戦略的安定性」の形成

（1）米中戦略的安定の原型

1950 年初頭の朝鮮戦争時のトルーマン政権、休戦協定交渉過程におけるアイゼンハワー（Dwight D. Eisenhower）政権による核威嚇、1954 年のインドシナ戦争における核使用の考慮、さらに 1955 年の第一次台湾海峡危機、1958 年の第二次台湾海峡危機における米国の戦術核の使用の暗示は、これまでの研究で広く知られるようになった[28]。これらの中国（あるいは朝鮮戦争時の中国義勇軍）に対する核威嚇は、中国政府に台湾侵攻や朝鮮戦争参戦を思い止まらせ、あるいは朝鮮領域外からの中国による航空攻撃を思い止まらせようとするものであった。これらの実質的な核威嚇を受けた経験が、中国の核開発への強い牽引力となったことはすでに論じたとおりである。

米国政府及び情報機関は中国が 1950 年代半ばごろまでに核開発に着手したことを把握しており、早くからその危機認識を深めていた。この危機認識は、同時期のソ連の長距離爆撃機の配備、水爆実験の実施（1955 年）等により、

米中関係』2018 年 2 月、38-39 頁。
[28]　朝鮮戦争における核威嚇については、Edward C. Keefer, "President Dwight D. Eisenhower and the End of the Korean War," *Diplomatic History*, Vol. 10, Issue. 3 (July 1986), pp. 267-289; Rosemary J. Foot, "Nuclear Coercion and the Ending of the Korean Conflict," *International Security*, Vol. 13, No. 3 (Winter 1988/89), pp. 92-112. また、インドシナ戦争及び第一次、第二次台湾海峡危機における核使用の検討については、Alexander L. George and Richard Smoke, *Deterrence in American Foreign Policy: Theory and Practice* (Columbia University Press, 1974); Richard K. Betts, *Nuclear Blackmail and Nuclear Balance* (Brookings Institution, 1987).

第3章　中　国

米国本土に対する現実的な核攻撃能力の獲得と、それに伴うアイゼンハワー政権の「大量報復戦略」の信頼性の揺らぎに呼応していた。このようなソ連の核軍備の拡大に伴い、「大量報復戦略」が信頼性を保つためには、その規模の拡大に見合う標的の選定を精緻化する必要があった。このような認識に基づいて1960年に策定されたのが、「単一統合作戦計画62号（SIOP 62）」である。SIOP 62で特記すべきは、ソ連のみならず、中国及び東欧にまたがる1000以上の攻撃地点を選定したことであった[29]。SIOP 62は「荒削りな核攻撃目標の選定」と後に評価されることとなるが、ここに中国が含まれていたことは、SIOP 62をもって、米国は中国の核施設に対する核攻撃の運用計画を公式にドクトリン化したことを意味していた。もって、SIOP 62下では、米国は基本的に中国の核能力の無力化を企図していた。

1950年代半ばごろよりソ連の核軍備が拡大する中で、米国が先制攻撃を加えてもソ連の核戦力の無力化が難しいとの認識が定着し、「大量報復戦略」は次第にその有効性を失っていった。そのため、アイゼンハワー政権は米国本土の脆弱化を事実上認定しつつ、敵の先制攻撃に際して残存し、敵に効果的な報復攻撃を加える能力の保持（第2撃）が抑止の条件であるとの認識を深めていった[30]。この思考様式の転換は、1961年に成立したケネディ（John F. Kennedy）政権の「柔軟反応戦略」として結実する。そこに見られる新たな思考様式は、ソ連の核と共存せざるをえないという諦念と受忍であった。

他方で、中国の核戦力を無力化するという方針はケネディ政権にも引き継がれていった。それは1963年に中国が独自の核開発を促進し、核実験も間近とみられていた時期に、ケネディ政権が真剣に中国核関連施設への先制攻撃を検討したことにも表れている[31]。また、ソ連の核攻撃に対する「損害限定」の必要性が高まるなか、弾道弾迎撃ミサイル（ABM）「センティネル」の開発・導入が検討されたが、1967年マクナマラ（Robert McNamara）国防長官はセンティネルは中国のICBM（当時は実在しなかったが）を念頭に置いていると発言

29　梅本哲也『核兵器と国際政治1945-1995』（日本国際問題研究所、1996年）、60頁。
30　梅本哲也『核兵器と国際政治1945-1995』59頁。
31　William Burr and Jeffrey T. Richelson, "Whether to 'Strangle the Baby in the Cradle': The United States and Chinese Nuclear Program, 1960-1964," *International Security*, Vol. 25, No. 3 (Winter 2000/01), pp. 54-99.

している[32]。この発言は，中国の ICBM 開発能力に対する過剰判断に加え，多分に国内的な配慮及びソ連との戦略的安定性の維持を念頭に置いたものであったが，同時に中国との核関係の基礎としての「無力化」の維持をも含意していた。

米中核関係にほのかな相互抑止の構造が芽生えるのは，ニクソン（Richard Nixon）政権になってからのことである。もっとも，中国の核「無力化」か「共存」かという認識とは別に，中国核戦力への対兵力の概念は精緻化されていった。たとえば，核標的攻撃政策（NTAP）では，中国に対する対兵力攻撃が明記（SIOP 援用の精緻化）されていた。SIOP の攻撃対象が広範囲すぎるとして，エスカレーション制御の観点から先制攻撃・報復攻撃の対象を精緻化し，中国の核戦力，指揮統制系統への攻撃も対象とされていた[33]。

しかし，ニクソン政権中期には中国の第2撃能力の残存性を完全に破壊することはできないという見方が提示されるようになる。それが1973年に報告された国家安全保障戦略覚え書き（NSSM 169）であり，事実上中国の最小限抑止を認定せざるをえないという内容となっている[34]。同文書では将来中国が ICBM を配備した際の戦略関係として，「中国の米国に対する核脅威が現実のものとなった際，対兵力攻撃は中国からの攻撃による損害を著しく減退させるだろうが，おそらく皆無にはしない。」（傍点筆者）と記している。また，同盟国・米軍前方展開兵力への脅威に関しては，「損害限定能力としての対兵力攻撃の有効性には大いなる疑問が残る」と述べつつ，その理由として「米国はすべての中国の核戦力を探知することはできない可能性がある」（傍点筆者）と記されている。73年当時の米政権が第1撃による先制攻撃の限界性を認識していた事実を示す，興味深い文章である。ここに，米中核関係における「最小限抑止」の相互認識が事実上成立した原型を見ることができよう。

32　Allen Whitening, "The Chinese Nuclear Threat," Abram Chayes and Jerome B. Wiesner, eds., *ABM: An Evaluation of the Decision to Deploy and Antibalistic Missile System* (Harper & Row, 1969).
33　US National Security Council, "HAK Talking Points: DOD Strategic Targeting Study Briefing," July 27, 1972.
34　US National Security Council, "National Security Strategy Memorandum 169," March 5, 1973.

第 3 章　中　国

(2) 米核態勢見直しと米中の「戦略的安定性」

　米中関係において「戦略的安定性」という概念が公式に提起されたのは，2010 年の NPR である。この中で米国政府はこれまで旧ソ連とロシアに対してのみ用いていた「戦略的安定性」という概念を中国に対しても位置づけようとした。また同時に発表された「ミサイル防衛見直し（Ballistic Missile Defense Review: BMDR）」及び 2013 年 6 月に策定された「核戦力運用指針」にも米中戦略的安定性という概念が導入された[35]。

　冷戦期に米国とソ連の核戦力の均衡を維持する概念として位置づけられた「戦略的安定性」は，「危機における安定性」と「軍備管理における安定性」から成り立っている。前者は危機がエスカレートした際に，先制攻撃（第 1 撃）が有利とならないように，互いに残存性の高い第 2 撃能力を有することによって，攻撃のインセンティブが働かない状況を指す。また後者は平時における核戦力の整備が，互いの軍拡競争を過度に誘発しない，という状況を指している。

　翻って NPR が米中関係に適用しようとした戦略的安定性は，冷戦期の米ソ関係より広義の文脈で定義された。米国は中国との戦略的安定性を「より安定的，強靱で透明性の高い戦略的関係」として定義し，そのためのハイレベルな 2 国間対話を模索することが重要だとされた[36]。米国防省でこの概念の形成を主導したロバーツ（Brad Roberts）によれば，戦略的安定性は「信頼の強化や透明性の向上を通じた米中関係の包括的安定性」を意味しているという[37]。また核戦略の専門家である高橋杉雄は，NPR が提起した戦略的安定性はあえて言えば「軍備管理に係る安定性」を重視した概念であることを指摘している[38]。また，それは米中における偶発的な衝突の回避や，紛争エスカレーション防止の一般理解の醸成といった「戦略的抑制（strategic restraint）」の一環という解釈も成り立ちうる[39]。

35　U.S. Department of Defense, *Ballistic Missile Defense Review*, February, 2010; U.S. Whitehouse, "Fact Sheet: Nuclear Weapons Employment Strategy of the United States," June 19, 2013.
36　U.S Department of Defense, *Nuclear Posture Review*, April 2010.
37　Brad Roberts, *The Case for Nuclear Weapons in 21st Century* (Stanford University Press, 2015).
38　高橋杉雄「日米同盟における抑止態勢――動的抑止と戦略核抑止の連関性」『海外事情』第 61 巻第 5 号（2013 年 5 月），74-88 頁。
39　戦略的抑制論を提唱したものとして，とりわけ以下を参照。James Steinberg and Michael E.

NPRにおける戦略的安定性に込められた政策的意図については，多くの解釈が可能となる。そのもっとも穏健な解釈はこれまでの「暗黙の了解」をより「明示的な了解」へと変化させ，これまでの非対称的な安定性と軍備管理に係る安定性を維持しようと試みたというものである。米国は依然として中国の核戦力に関する米中の相互脆弱性を表立って認定することはないが，中国の第2撃能力を明示的に否定をすることもない。また米国のミサイル防衛能力は，あくまでも北朝鮮のような限定的な攻撃能力の蓋然性に対処するものであって，中国の戦略核を対象とするものではない。そのために，米国の地上配備型迎撃ミサイル（GBI）の配備数については，大幅に増強することはしない。したがって，中国は現有の核ドクトリンや核戦力の構成を変化させる必要はなく，非対称的な能力であっても安定的な戦略抑止を維持しているという認識を促す。こうした「非対称的な戦略的安定性」の維持に関する認識を共有しようとしたのが，NPRにおける基本的考え方だったと考えられる。

　以上のような広義の「戦略的安定性」は，冷戦期の米ソ関係のような構造的な対立関係と，同格の軍事的能力を有し，互いに同盟諸国を巻き込んだ均衡を模索していた関係とは根本的に異なる性格のものである[40]。米中関係は戦略的な競争関係による対立の深刻化の可能性を持ちつつも，経済的相互依存関係を背景とした互いの利益の調整が2国間関係の中心でありえた。また核・通常戦力の双方において，米中の戦力格差は著しく大きい。さらに言えば，中国は90年代，2000年代を通じた海空軍の通常戦力の強化によってA2/AD能力を高め，さらにサイバーや宇宙領域といった非対称戦能力の向上を図ってきた。中国の核心的利益に対する米軍介入を拒否する能力において，通常戦力と非対称戦能力が高まったことも，核兵器の役割自体を相対化してきたといってよい[41]。

O'Hanlon, *Strategic Reassurance and Resolve: U.S.-China Relations in the Twenty-First Century* (Princeton University Press, 2014); David C. Gompert and Phillip C. Saunders, *The Paradox of Power: Sino-American Strategic Restraint in an Age of Vulnerability* (National Defense University Press, 2011).

40　梅本哲也『米中戦略関係』（千倉書房，2018年），とくに第6章「米中間の戦略的安定」205-243頁。

41　梅本哲也『米中戦略関係』，211頁。Lu Yin, "Reflections on Strategic Stability," Li Bin and

第3章　中　国

　2017年に就任したトランプ大統領のもとで策定されたNPRでは、米中間での「戦略的安定性」にかかわる概念を見つけ出すことはできない[42]。NPRでは「米中の直接的な軍事衝突は核エスカレーションの危険がある」という認識を示しつつ「中国が戦域で核兵器を使用することによって軍事的アドバンテージを得るという蓋然性を防ぐ」ことが重要だという認識を示している。これまで論じてきたような中国の確証報復戦略や、中国の先行不使用宣言にもかかわらず、中国が通常兵器による軍事衝突のエスカレーションの過程で限定的に核兵器を使用する可能性が強く牽制されているとみるべきであろう。これまでのNPRで記載されていた中国との戦略的安定性を明示的に追求することは避けているが、かといって米中の核関係を大きく変化させる決断がなされているわけではない。

　他方で、米中の戦略的競争関係は厳しさを増していく傾向にある。米中がこれまで暗黙に共有してきた広義の「戦略的安定性」の前提としての、相互依存関係に基づく利益の調整という基調の維持は、徐々に難しくなっていくかもしれない。核戦略の領域においても、米国が「戦略的抑制」を考慮せずに核・通常戦力を増強し、結果として中国の対米抑止力や紛争介入への拒否力が脅かされると判断した場合、広義の戦略的安定性の基礎は失われるだろう。また、中国が非対称な均衡に事足らず、大幅な核戦力の増強によってより対称的な均衡を模索した場合、米中の戦略的安定性は冷戦期の米ソ関係に接近していくことになるだろう。

おわりに

　本章は中国の核戦略の発展過程と、米中の戦略的安定性をめぐる議論がどのように交錯しているかを明らかにした。これまでの分析で述べたように、近年中国の安全保障戦略における核兵器の役割の重要性は再認識され、かつての

Tong Zhao, eds., *Understanding Chinese Nuclear Thinking* (Carnegie Endowment for Peace, 2016).
42　U.S. Department of Defense, *Nuclear Posture Review*, February 2018, p. 32.

「最小限抑止」戦略から「確証報復」戦略へと発展してきた。同時に中国を取り巻く戦略環境の中で「確証報復」をさらに発展させ，通常兵器による軍事衝突をエスカレーション管理するための戦域核使用や，米国に対する対兵力攻撃の可能性さえ考察すべき段階に入っていることを論じた。

　また米中の「戦略的安定性」をめぐる議論は，米ソ冷戦期の同概念よりもはるかに広義に位置づけられており，戦略概念や分析概念としての定着に至っていないことも明らかとなった。米国の核戦略のみならず，米国のアジア太平洋地域における前方展開戦略，通常戦力の位置づけ，将来の軍事技術の発展の動向，宇宙・サイバーなどのクロスドメイン領域の位置づけ，さらには米中の一般的な政治的信頼関係など，多くの要素が広義の「戦略的安定性」に関わる。こうした議論をさらに発展させるためには，米国内における議論の推移を考察するばかりでなく，中国国内の核戦略，抑止論，エスカレーション管理論などの戦略論の動向も分析の射程に含めなければならないだろう。

第4章
NATO
―― 「核の忘却」の終焉？

戸﨑 洋史

はじめに

　冷戦の主戦場となった欧州には米ソの多様な核戦力が大量に配備され、北大西洋条約機構（NATO）諸国はソ連を中心とするワルシャワ条約機構（WTO）の侵攻と、これに伴う核戦争勃発の脅威に日常的にさらされ続けた。当時、通常戦力でNATOを凌駕するWTOに対して、米国はまずは大量報復戦略、次いで柔軟反応戦略を打ち出し、通常戦力に係るNATOの劣勢を核戦力で補完するとの核態勢を鮮明にした。同時に、相互確証破壊（MAD）状況下での米ソ間の戦略的安定を維持しつつ、米国がNATO加盟国に供与する拡大（核）抑止と安心供与（reassurance）の信頼性をいかに保つかが、冷戦期を通じて議論の焦点となった。そのための施策の中核を担ったのが、核計画グループ（NPG）への加盟国の参加、ならびに核兵器を保有しない加盟国による核攻撃任務への軍事力の提供などからなる核シェアリング（nuclear sharing）であった。米国がNATOに提供した拡大核抑止はこれらを中心に、他国へのそれとは比較にならないほど高度に制度化されていった。

　冷戦終結後、NATOにとって核抑止の重要性は劇的に低下した。1991年11月のNATO「新戦略概念」では、「同盟諸国の核戦力の基本的目的は政治的なものであり、平和を維持し、強制およびいかなる戦争も防止することである」として、早くも冷戦後のNATO核態勢を通底する基本方針が示された。さら

に，この「新戦略概念」では，NATO を取り巻く安全保障環境の急激な変化に伴い，「核兵器の使用が想定される状況は大きく遠ざかった。このため，準戦略（sub-strategic）核戦力の大幅な削減が可能である。同盟国は，……戦略核戦力との不可欠な連接を提供し，大西洋間の連接を強化する，欧州における適切な準戦略核戦力を維持する。それは，（核・通常）両用航空機（DCA）のみで構成されるであろう」（括弧内引用者）[1] と明記し，現在に至るまで続く米国の在欧戦術核の配備態勢が規定された。2000 年代末になると，一部の NATO 諸国からは，欧州に唯一残る在欧戦術核である B-61 重力落下式核爆弾の撤去も提起された。

欧州をはじめとする安全保障および核をめぐる状況を受けて，英国を代表する戦略家のフリードマン（Lawrence Freedman）は 2004 年の著書で，冷戦後の「西側諸国の戦略において，もはや核兵器が中心的な役割を演じることはない。安全保障上の多くの要求は通常戦力によってまかなわれ，核兵器使用に関する理論構築の必要すらなくなった」[2] と論じた。しかしながら，冷戦終結から 20 年以上を経て，欧州では核問題が地域安全保障における中心的な課題の一つとして再浮上してきた。とりわけ 2014 年のロシアによるクリミア併合と，その後の NATO 諸国などへの公然たる核威嚇に対して，NATO では核戦力の運用に係る演習の検討や軍事演習への米国による戦略爆撃機の派遣がなされ，核態勢再強化の必要性も議論され始めた。

そうした変化は，NATO 首脳会談で発出された最終文書にも反映された。2016 年 7 月のコミュニケ[3] では，前回までの最終文書と比較して核態勢に係る記述が倍増するなど，核抑止の重要性に係る NATO の認識の高まりが示唆された。2018 年 7 月の宣言は，欧州における安全保障環境や核をめぐる状況のいっそうの悪化を背景に，核抑止の重要性を 2016 年コミュニケから一段高め

---

[1] NATO, "The Alliance's New Strategic Concept," agreed by the Heads of State and Government Participating in the Meeting of the North Atlantic Council, Rome, November 7-8, 1991 (http://www.nato.int/cps/en/natolive/official_texts_23847.htm).

[2] Lawrence Freedman, *Deterrence* (Policy Press, 2004), p. 24.

[3] NATO, "Warsaw Summit Communiqué," Issued by the Heads of State and Government Participating in the Meeting of the North Atlantic Council, Warsaw, July 8-9, 2016 (https://www.nato.int/cps/en/natohq/official_texts_133169.htm).

た書きぶりとなった。なかでも，NATOの核抑止態勢が在欧戦術核，ならびに同盟国が提供する能力・インフラに依拠していることを2016年コミュニケと同様に確認しつつ，2018年宣言ではさらに，同盟国によるDCAの提供，ならびに核負担共有アレンジメントへの幅広い参加の重要性が明記された[4]。

他方で，「NATOに対するいかなる核兵器の使用も，紛争の性格を根本的に変える」ものになること，「加盟国の根本的な安全保障が脅かされれば，NATOは，敵が達成を期待する利益をはるかに超えた，受け入れがたいコストを強いる能力と決意を有している」ことなどといった2018年宣言の記述は，2010年「新戦略概念」や2012年「抑止・防衛態勢見直し（DDPR）」で示されたNATOの核態勢を超えるものでも，1991年「新戦略概念」で示された基本方針に大きな修正を加えるものでもなかった。

冷戦終結後のNATOの「核の忘却」は，欧州を取り巻く安全保障情勢，とりわけロシアによる国際・地域秩序の修正を企図した行動に伴う地政学的競争に直面して，終焉に向かいつつあるのだろうか。2000年代末の在欧戦術核撤去問題，および2010年代半ばの核態勢再検討では，NATOは冷戦後の基本的政策を基調としつつ，これに緩やかな修正を加えて対応してきたが，そうした対応が今後も踏襲されるのだろうか。本章では，NATOの核態勢をめぐる冷戦後の動向を概観するとともに，トランプ（Donald Trump）米政権が2018年2月に公表した核態勢見直し（以下，NPR 2018）が欧州の核・安全保障問題に持ちうる含意を検討した上で，NATOの今後の核態勢をめぐる課題について考察することとしたい。

1　在欧戦術核撤去問題——1991〜2012年

（1）冷戦終結直後の大幅削減
冷戦の終結は，東西対立を与件としたNATOの核態勢に劇的な変化をもた

---

[4] NATO, "Brussels Summit Declaration," Issued by the Heads of State and Government participating in the meeting of the North Atlantic Council in Brussels 11-12 July 2018 (https://www.nato.int/cps/ic/natohq/official_texts_156624.htm).

らした。米国は冷戦期に最大で約7000発の多種多様な核兵器を欧州NATO諸国に配備したが，1991年9月の大統領核イニシアティブ（PNI）で，航空戦力に搭載される重力落下式核爆弾を除き，それらの本国への撤収を決定した。PNIの主眼は，米国による核兵器の一方的削減により，国内が深刻に不安定化したソ連に適切な核の管理と非戦略核兵器の大幅削減を促し，これにより欧州などの安全を図ることであった。こうした前例のない一方的核削減を可能にしたのが，NATOの安全保障における核兵器の役割の急速な周辺化であった。

　核シェアリングの性格も変容した。冷戦期には，米国からの「巻き込まれ」と「見捨てられ」の双方を強く懸念するNATO加盟国に核兵器使用への発言権を制度的に与え，核攻撃の目標となるリスクと核兵器使用の責任を共有すること，ならびに米国の核戦力の前方展開がもたらすトリップワイヤー効果──確実に敵の攻撃対象になることで，戦争が勃発すれば米国の参戦が不可避であることを敵と同盟国の双方に確信させることができる──と早期使用の可能性の明示により，拡大抑止と安心供与の信頼性を強化することが企図された[5]。これに対して冷戦後は，在欧戦術核と同様に核シェアリングも，同盟の一体性を象徴するとの政治的役割を担うことが主たる役割と位置づけられた。1999年のNATO「新戦略概念」では，政治的役割を中心としたNATOの核態勢が以下のようにまとめられた。

> 信頼できる同盟の核態勢，ならびに戦争防止のための同盟の団結と共通のコミットメントの証明のために，核の役割における集団防衛の計画，加盟国の領域への平時からの核戦力の配置，および指揮・統制・協議アレンジメントに，欧州の同盟国が幅広く参加することが，引き続き必要である。欧州に配備され，NATOにコミットされる核戦力は，欧州と北米の加盟国の間に重要な政治的・軍事的紐帯を提供する[6]

5　鶴岡路人「欧州戦術核問題の構図」『国際安全保障』第40巻第4号（2013年3月），4-5頁を参照。

6　NATO, "The Alliance's New Strategic Concept," agreed by the Heads of State and Government Participating in the Meeting of the North Atlantic Council, Washington D.C., April 24, 1999 (http://www.nato.int/cps/en/natolive/official_texts_27433.htm).

第4章　NATO

(2) さらなる削減への賛否

　在欧戦術核の削減は1991年のPNI発表後も続き，残るはベルギー，ドイツ，イタリア，オランダおよびトルコに配備されたB61核爆弾の計200発程のみとなった。そのベルギー，ドイツおよびオランダでも2000年代半ば頃から，在欧戦術核の撤去を求める主張が強まっていく。その背景には，在欧戦術核の安全保障上の重要性の低下，ならびに国内の根強い反核感情に加えて，配備継続のためのDCAの更新や，B61シリーズの後継として米国が開発するB61-12核爆弾を搭載するためのDCAの改修に必要な費用の負担に消極的なことが挙げられる。オバマ（Barack H. Obama）米大統領が2009年4月のプラハ演説で「核兵器のない世界」を謳い，核軍縮をめぐる機運が急騰すると，米国のNPRやNATOの新戦略概念の策定を見据え，それら3ヵ国はより積極的に在欧戦術核の撤去を主張した。

　なかでも動向が注視されたドイツでは，在欧戦術核の撤去を公約に掲げる政党の連立政権参加により，これが閣内からも主張され始めた。メルケル（Angela D. Merkel）首相は，ドイツの一方的措置ではなくNATOによる合意という文脈で在欧戦術核の撤去を模索すべきだとしたが[7]，シュタインマイアー（Frank-Walter Steinmeier）外相は「今日では軍事的に不要」だとしてドイツ領域からの撤去を求め[8]，2009年11月には連立政権としてこの問題に取り組むことが合意された。ベルギー[9]，ドイツ，オランダ，ルクセンブルクおよびノルウェーの外相は2010年2月，ベルギーのイニシアティブで作成したラスムセン（Anders Fogh Rasmussen）NATO事務総長宛ての共同書簡で，「核兵器のない世界」の目標に向けてNATOの核政策見直しを加盟国間で集中討議するよう提案し，さらにこれら5ヵ国は同年4月のNATO外相会議で在欧戦術核の撤去を主張した。

　これに対して，中・東欧の加盟国は，ロシア――1999年の軍事演習などか

---

[7] Peter Gumbel, "Germany to U.S.: Take Away Your Nukes!" *Time*, October 24, 2009（http://www.time.com/time/world/article/0,8599,1932103,00.htm）.

[8] "Foreign Minister Wants US Nukes out of Germany," *Spiegel*, April 10, 2009（http://www.spiegel.de/international/germany/0,1518,618550,00.html）.

[9] ベルギーでは2009年に，核兵器など軍事目的での核物質を国内で使用，生産，貯蔵することなどを禁止する議員立法（核兵器禁止法案）の準備が進められたが成立しなかった。

ら地域紛争における非戦略核兵器の早期使用を運用政策に含めたと見られ，また2008年にはグルジアとの間で武力紛争に至った——に対する懸念を，歴史的経緯や地政学的状況とも相まって強める中で，拡大核抑止の象徴たる在欧戦術核の維持を求めた。また，オバマ政権が，ポーランドおよびチェコへの地上配備ミッドコース防衛（GMD）システム配備計画を両国との事前協議もほとんどないまま2009年9月に一方的に撤回し，新たな計画として欧州段階的適応アプローチ（EPAA）を発表したことに，中・東欧諸国が安心供与の観点から不安を高めたことも無視しえない。オバマ政権に対して，ポーランドは在欧戦術核の撤去に際しては同等の象徴的価値を持つ兵器で代替すべきだと主張し[10]，ロシアの挑発行為が繰り返されたエストニアも通常兵器は核抑止を補完できるが代替できないとの考えを伝えたとされる[11]。中・東欧以外ではトルコも，イランなど中東における核兵器拡散への懸念から将来的な抑止の必要性を視野に，在欧戦術核の維持を支持した[12]。

　在欧戦術核問題は，元政府関係者や専門家などの間でも激しく議論された。たとえば，ロバートソン（George Robertson）元英国防相らはドイツの主張に対して，核兵器配備のリスクを共有せずに拡大核抑止の防護を享受し続けたいと考えるのは無責任で，同盟全体にダメージを与えると強く批判した[13]。また，米国の保守系専門家は，在欧戦術核撤去の提案が，拡散懸念国の脅威やロシアの再台頭といった可能性を考慮しておらず，核兵器のいっそうの拡散，あるいはロシアによる特権的勢力圏（sphere of privileged interest）の追求に白紙小切

10　Harald Müller, "Flexible Responses: NATO Reactions to the US Nuclear Posture Review," *Nonproliferation Review*, Vol. 18, No. 1 (March 2011), pp. 109-112.

11　Ibid., pp. 112-114.

12　Oliver Thranert, "U.S. Nuclear Forces in Europe to Zero? Yes, But Not Yet," *Proliferation Analysis*, Carnegie Endowment for International Peace, December 10, 2008 (http://www.carnegieendowment.org/publications/index.cfm?fa=view&id=22533&prog=zgp&proj=znpp)。トルコは，自国領域内の核兵器配備がNATOにおける地位の強化に資するとも考えたと指摘されている（Sinan Ülgen, "Turkey and the Bomb," Carnegie Endowment for International Peace, February 2012, p. 12）。さらに，トルコはDCAのF-16戦闘機を2030年代まで更新する必要はなく，他の在欧戦術核配備国とは異なりコスト面での問題も生じない（Ian Kearnrs, "Turkey, NATO and Nuclear Weapons," *Occasional Paper*, Royal United Services Institute, January 2013, p. 19）。

13　Franklin Miller, George Robertson and Kori Schake, "Germany Opens Pandora's Box," *Briefing Note*, Centre for European Reform, February 2010.

第4章 NATO

手を与えかねないとも論じた[14]。さらに、通常戦力のみへの依存は戦争遂行（war fighting）戦略への移行を示唆して好戦性が際立つこと、中・東欧諸国への安心供与が損なわれること、危機時の核兵器の再配備は敵に急激なエスカレーションと認識されて緊張が高まること、あるいは同盟国による再配備拒否により同盟の一体性が損なわれかねないことから、在欧戦術核の撤去はリスクが大きいとの主張も展開された[15]。

これに対して、イッシンガー（Wolfgang Ischinger）元独外務次官らは、ロシアを潜在的な脅威ではなく、欧州の安全保障をともに維持するアクターと捉えるべきであること、「冷戦の遺物」たる在欧戦術核を撤去してもNATOは脆弱化しないことなどを挙げ、ドイツの主張が長期的な戦略目標ではなくポピュリスト的な感情によるとのロバートソンらの批判に反発した[16]。また、パーコビッチ（George Perkovich）は、在欧戦術核の価値が過大評価されており、欧州における真の安全保障問題であるサイバー攻撃、エネルギー供給制限、政治的干渉、挑発的な軍事演習やロシアの通常戦力の動員に対して、在欧戦術核が果たしうる役割はほとんどないと論じた[17]。

しかしながら、中距離核戦力（INF）条約を除いて非戦略核兵器は核軍備管理の対象に含まれず、ロシアが依然として数千発の非戦略核兵器を保有し、そのPNIの実施状況も不明瞭な中で、ロシアとの非戦略核軍備管理を追求すべきだという点に関しては、ベクトルは異なるが両者の主張に重なり合う部分もあった。イッシンガーらは、在欧戦術核の一方的削減の可能性を残しつつも、

---

14 たとえば、Sally McNamara and Baker Spring, "President Obama Must Not Remove Nuclear Weapons from Europe," *Web Memo*, The Heritage Foundation, March 4, 2010（http://www.heritage.org/Research/Reports/2010/03/President-Obama-Must-Not-Remove-Nuclear-Weapons-from-Europe）を参照。

15 Center for Strategic and International Security, "Exploring the Nuclear Posture Implications of Extended Deterrence and Assurance: Workshop Proceedings and Key Takeaways," November 2009, p. 40; David S. Yost, "US Extended Deterrence in NATO and North-East Asia," Fondation pour la Recherche Stratégique, ed., *Perspectives on Extended Deterrence* (Recherches & Documents, No. 3), 2010, p. 17 などを参照。

16 Wolfgang Ischinger and Ulrich Weisser, "NATO and the Nuclear Umbrella," *New York Times*, February 16, 2010（http://www.nytimes.com/2010/02/16/opinion/16iht-edischinger.html）。

17 George Perkovich, "Nuclear Weapons in Germany: Broaden and Deepen the Debate," *Policy Outlook*, Carnegie Endowment for International Peace, February 2010, p. 7.

ロシアとの相互主義に基づく非戦略核軍備管理の対象にすべきだと論じ[18]、ロバートソンらも、ロシアとの非戦略核軍備管理交渉では在欧戦術核削減提案がアドバンテージに変わりうると主張した[19]。他方で、ロシアによる非戦略核兵器の重視は、NATOとの通常戦力に係る不均衡への懸念や不満が背景にあり、NATO・ロシア間の軍事・安全保障関係全体が扱われなければ、戦術核兵器削減・廃棄のチャンスはないとの議論も見られた[20]。

こうした論争に当座の決着をつけたのは米国である。米国は、2010年4月に公表したNPR（以下、NPR 2010）で、在欧戦術核を「同盟の一体性に貢献し、同盟国に安心を供与する」と位置づけた上で、NATOの核態勢のいかなる変更も同盟内での徹底的な見直しの後にのみなされるべきだと明記した[21]。また、地域抑止のための「地域的安全保障アーキテクチャ」として、通常攻撃・防御能力とともにDCAおよび戦略爆撃機の前方展開能力の保持が列記された[22]。同時にNPR 2010には、非戦略核兵器も米ロ間の将来の核削減アレンジメントに含まれるべきだとの考えが示された[23]。NPR 2010公表直後に開催されたNATO外相会議では、クリントン（Hillary R. Clinton）国務長官が、「核兵器が存在する限り、NATOは核同盟であることを認識すべきである。核同盟である限り、核のリスクと責任の共有は不可欠だ」とした上で、在欧戦術核の扱いはNATOのコンセンサスで決定すべきであり、その撤去はロシアによる戦術核兵器の撤去と同時になされる必要があるとの米国の考えを明確に伝えた[24]。2010年5月にはNATOの次期戦略概念を検討する専門家グループの提言が発表され、在欧戦術核に関しては米国の方針とほぼ同様の勧告がなされた[25]。

18　Ischinger and Weisser, "NATO and the Nuclear Umbrella."
19　Miller, Robertson and Schake, "Germany Opens Pandora's Box," p. 1.
20　Perkovich, "Nuclear Weapons in Germany," p. 7.
21　U.S. Department of Defense, *Nuclear Posture Review Report*, April 2010 [以下、*NPR 2010*], p. 32.
22　Ibid., pp. 32-35.
23　Ibid., pp. 27-28.
24　Daryl G. Kimball, "NATO Clings to Its Cold War Nuclear Relics," *Issue Brief*, Arms Control Association, Vol. 1, No. 2 (April 2010) (https://www.armscontrol.org/issuebriefs/NATORelics).
25　"NATO 2020: Assured Security; Dynamic Engagement—Analysis and Recommendations of the Group of Experts on a New Strategic Concept for NATO," May 17, 2010, p. 11.

第 4 章　NATO

(3)「現状維持プラス」の決定

　2010 年 11 月に採択された NATO の「新戦略概念」では，上述のような議論を踏まえ，「核同盟として，核のリスクおよび責任の幅広い共有は根本的なもの」であり，また「戦術核のさらなる削減にあたっては，ロシアとの不均衡が考慮されなければならない」と明記された[26]。これは，在欧戦術核の撤去が合意されなかったことを意味していた。さらに，2012 年 5 月に公表された DDPR では，2010 年「新戦略概念」で示された方向性を踏まえて，非戦略核問題に関して以下のように記された[27]。

> NATO に割り当てられた非戦略核兵器のいっそうの削減のために，条件を構築することを模索し，選択肢を検討する一方で，NATO が核同盟である限り，同盟国は NATO の核抑止力のすべての構成要素を安全に保全され，かつ効果的に維持することを確保する。
> ……NATO は，同盟に割り当てられた非戦略核兵器の必要な削減を，欧州大西洋地域により多く配備されたロシアとの相互的な方法により検討する用意がある。
> 同盟国は，より広範な安全保障環境の文脈において，前方展開され NATO に割り当てられた非戦略核兵器の大幅な削減を可能とするために，ロシアにどのような相互的行動を期待するか，北大西洋理事会（NAC）が関連する各種委員会にさらなる検討を指示することに合意する。

　こうした決定を，在欧戦術核の撤去を模索したドイツ，ベルギーおよびオランダも受諾したことは明記しておくべきであろう。在欧戦術核の配備は，米国と配備される国との 2 国間協定に基づくものであり，NATO の決定に拠ることなく撤去が可能である[28]。しかしながら，これら 3 カ国はいずれも，国内外

---

[26] "Strategic Concept for the Defence and Security of the Members of the North Atlantic Treaty Organisation," adopted by Heads of States and Government at the NATO Summit in Lisbon, 19-20 November 2010 (http://www.nato.int/strategic-concept/index.html).

[27] NATO, "Deterrence and Defence Posture Review," May 20, 2012 (http://www.nato.int/cps/en/natolive/official_texts_87597.htm).

[28] これまでにも，カナダ（1984 年），英国（1992 年），ギリシャ（2001 年）から米国の核兵器が

で意見が大きく割れるなか，NATOの一体性を脅かしてまで在欧戦術核の一方的な撤去を決断することはできなかった[29]。ドイツに関しては，在欧戦術核の撤去により通常戦力の増強を求められるとのトレードオフを回避したいという考慮も働いたとされる[30]。

こうして2010年「新戦略概念」および2012年DDPRでは，米ロによるさらなる非戦略核軍備管理が実現する場合を除き，在欧戦術核を削減しないことが確認された。しかしながら，これがNATOの積極的・能動的な決定であったとは言いがたい。NATO加盟国は多様な安全保障課題や脅威認識を持ち，とくにロシアに対する見方は中・東欧と他の加盟国との間に少なからず温度差がある。コンセンサスによる意思決定が原則のNATOにおいて，加盟国の主張が大きく割れる問題で，そうした主張の最大公約数を超えた現状変更に合意するのは容易ではなく，上述のような決定は，NATO諸国がそれぞれ自国にとって好都合な解釈が可能な内容を取りまとめ，この問題の解決を先延ばしするものであった[31]。

2　対ロ抑止態勢の強化──2013〜2016年

(1) ロシアの核威嚇と局地の現状変更

オバマ大統領は2013年6月のベルリンでの演説で，「欧州における米ロの戦術兵器の大胆な削減を模索すべく，NATO同盟国と取り組む」[32]と，あらためて明言した。しかしながら，NATOに対する通常戦力バランスの劣勢を補完すべく非戦略核兵器への依存を高めるロシアは，まずは米国が在欧戦術核を

撤去された。

[29] Katarzyna Kubiak, "Hold-out or Silent Supporter? Implications of the Humanitarian Initiative on Nuclear Weapons for Germany," *International Policy Analysis*, Friedrich Ebert Stiftungm, July 2015, p. 8.

[30] Müller, "Flexible Responses," pp. 114-117.

[31] Ibid., pp. 103-124 などを参照。

[32] "Remarks by President Obama at the Brandenburg Gate," Berlin, June 19, 2013 (http://www.whitehouse.gov/the-press-office/2013/06/19/remarks-president-obama-brandenburg-gate-berlin-germany).

第4章 NATO

自国に撤去すべきだと主張し，米・NATO の提案を拒否した[33]。

　この間，ロシアによる近隣諸国への挑発的な言動はいっそう顕著になり，核兵器の早期使用を想定に含めた軍事演習も実施される中で，中・東欧のNATO 加盟国はロシアに対する脅威認識をさらに強めていく。また中・東欧諸国は，米国がアジアへの「リバランス」によって安全保障政策における欧州の優先度を低下させたこと，あるいはNATO が主要な課題と活動の焦点を域外に置くようになり，集団防衛に係る（核）抑止力の問題への関心を低下させたことに不安を募らせ，なかでも米国に「目に見える安心供与」を求めた[34]。しかしながら，他の欧州 NATO 諸国は，ロシアの挑発行為を NATO 東翼に対する多分に局地的なものだと捉え，これを超えて欧州全域に重大な脅威をもたらすとの危機感は強くなく，その対ロ脅威認識に大きな変化は見られなかった。また，エネルギーや経済などの分野で一定の相互依存関係にあるロシアへのアプローチとして，抑止よりも関与を重視し，政治的関係の発展を通じて欧州の安定化を図るべきだとの考えも根強かった。

　そうした対ロ認識を一変させたのが，ロシアによる 2014 年のウクライナ侵攻とクリミア併合という軍事力を用いた現状変更の試みと，その後の NATO 諸国などへの公然たる核威嚇である。後者に関しては，ロシアはたとえば，核戦力も参加する軍事演習，大陸間弾道ミサイル（ICBM）や潜水艦発射弾道ミサイル（SLBM）の飛翔実験，あるいは戦略爆撃機による NATO 諸国への領空侵犯を繰り返した。またロシアは，米国が弾道ミサイル防衛（BMD）システムの東欧配備を続ければこれを攻撃対象にすると述べ，核・通常両用のSS-26（イスカンデル M）短距離弾道ミサイル（SRBM）を中・東欧諸国近傍

---

[33] ロシアは，たとえば 2015 年 NPT 運用検討会議に向けた 2013 年の準備委員会では，非戦略核兵器を保有する国々に対して，非戦略核を自国領域に移送すること，ならびに外国での非戦略核の迅速な配備を可能にするようなすべてのインフラを廃棄することなど，ロシアが実施しているものと同様の措置をとるよう主張した。"Statement by the Russian Federation," Second Session of the Preparatory Committee for the 2015 NPT Review Conference, Cluster I, Geneva, April 25, 2013.

[34] Lukasz Kulesa, ed., *The Future of NATO's Deterrence and Defence Posture: Views from Central Europe* (Polish Institute of International Affairs, 2012); Katarzyna Kubiak and Oliver Meier, "Comparing German and Polish Post-Cold War Nuclear Policies: A Convergence of European Attitudes on Nuclear Disarmament and Deterrence?" in George P. Shultz and James E. Goodby, eds., *The War That Must Never Be Fought: Dilemmas of Nuclear Deterrence* (Hoover Institution Press, 2015), pp. 190-191 などを参照。

に配備するとした。なかでも，カリーニングラードに配備されたSS-26は，ポーランド，バルト諸国，フィンランドを射程に収める。さらにロシアは，米国が開発中のB61-12核爆弾をドイツなど欧州NATO諸国に配備すれば，欧州の戦略バランスを崩しかねず，対抗措置をとらざるをえないとも警告した[35]。そして，クリミア併合に際してロシア軍に核兵器使用の準備を指示したとのプーチン（Vladimir V. Putin）大統領の2015年3月の発言は[36]，大統領自らが核威嚇を後ろ盾とした現状変更の試みを語るものとして，NATO諸国に大きな衝撃を与えた。

　NATOとロシアの通常戦力バランスは，全体的に見れば前者が優位にある。しかしながら，局地レベルでは，ロシアの通常戦力はNATOに加盟する近隣諸国に対して優位にあり，ランド研究所は2016年初めの時点で，ロシアが侵攻開始から長くても60時間でバルト3国の首都近傍に到達する能力を有していると分析した[37]。ロシアの核威嚇への，NATOによる効果的な対応も容易ではない。たとえば，ロシアが戦術核の使用準備に着手したとの情報があり，ロシア大統領も「核戦争の危機にある」と発言するような状況において，NATOがこれに対処すべく戦術核兵器の使用準備や米国からの戦略爆撃機の派遣などといった行動をとれば，ロシアはNATOによる核攻撃の可能性を誤解・誤認して核兵器の使用を決断する可能性がある。NATOはそうした懸念から，具体的な行動を強く抑制されかねないと指摘された[38]。

---

[35] Matthew Bodner, "Kremlin Threatens Response to U.S. Nuclear Bomb Deployment in Germany," *Moscow Times*, September 23, 2015 (http://www.themoscowtimes.com/business/article/kremlin-threatens-response-to-us-nuclear-bomb-deployment-in-germany/535106.html).

[36] Andrew Rettman, "Russia Says Ready to Use Nuclear Weapons in Ukraine Conflict," *EU Observer*, March 16, 2015 (https://euobserver.com/foreign/128001). 真偽は定かではないが，ウクライナの国防相情報総局報道官は，ロシアがクリミアに核兵器の運搬手段および戦術核弾頭を配備しているとも発言している。"Russia stocks up nuclear weapons in Crimea," *Ukraine Today*, May 30, 2016 (http://uatoday.tv/politics/russia-stocks-up-nuclear-weapons-in-crimea-664024.html).

[37] David A. Shlapak and Michael W. Johnson, "Reinforcing Deterrence on NATO's Eastern Flank: Wargaming the Defense of the Baltics," RAND Corporation, 2016. 米議会公聴会で米陸軍参謀長もNATO側の明らかな劣勢を認めた。David A. Shlapak and Michael W. Johnson, "Outnumbered, Outranged, and Outgunned: How Russia Defeats NATO," *War on the Rock*, April 21, 2016 (http://warontherocks.com/2016/04/outnumbered-outranged-and-outgunned-how-russia-defeats-nato/).

[38] Ulrich Kühn, *Preventing Escalation in the Baltics: A NATO Playbook* (Carnegie Endowment for International Peace, 2018), pp. 41-53などを参照。

第 4 章　NATO

　また，冷戦後のロシアは，地域紛争での核兵器の先行使用，あるいはエスカレーション抑止（de-escalation）[39]——海洋や過疎地など人的損害の及びにくい場所で警告的・限定的に核兵器を早期に使用し，核レベルへのエスカレーションの強い決意を示して抑止を試みる——を含む核態勢を採用し，非戦略核戦力の早期使用，あるいは通常戦力と核戦力の一体的な運用も企図しているとされる[40]。ロシアによる示威的な核爆発に対して，これに続く実質的な核攻撃へのエスカレーションへの懸念から，NATO は軍事行動の自制を迫られかねない。さらに，ロシアのエスカレーション抑止に対して，NATO は，戦略核の投げ合いにエスカレートすることなく NATO の決意を示すための限定的報復攻撃を実施しうるような核能力を保有していないとも指摘された[41]。

　ロシアは，仮に通常戦力による作戦が不調でも，核威嚇や限定的核使用により NATO を抑止または撃退できれば，一定の目標を達成しうる。しかも，対米確証破壊能力を持つロシアが対 NATO 核抑止力にも自信を深めれば，限定的な目標達成のための力による現状変更の敷居がさらに下がるとともに，ロシアが狙う目標のレベルが NATO にとっていっそう受け入れがたいものへと高

---

[39] たとえばカーター（Ashton Carter）米国防長官も，ロシアなどによる限定的核使用への懸念を明言していた（"Remarks by Secretary Carter to troops at Minot Air Force Base, North Dakota," September 26, 2016, https://www.defense.gov/News/Transcripts/Transcript-View/Article/956079/remarks-by-secretary-carter-to-troops-at-minot-air-force-base-north-dakota/）。他方，ロシアはエスカレーション抑止を含め，核兵器の早期・限定的使用の可能性を否定している（Russian Foreign Ministry, "Comment by the Information and Press Department on the new US Nuclear Posture Review," February 3, 2018, http://www.mid.ru/en/web/guest/kommentarii_predstavitelya/-/asset_publisher/MCZ7HQuMdqBY/content/id/3054726）。またロシアがエスカレーション抑止を実際に核オプションに含めているか，必ずしも明らかではないと論じるものとして，たとえば，Alexei Arbatov, "Understanding the US-Russia Nuclear Schism," *Survival*, Vol. 59, No. 2 (April-May 2017), pp. 50-51; Bruno Tertrais, "Does Russia Really Include Limited Nuclear Strikes in Its Large-Scale Military Exercises?" *Survival Editors' Blog*, February 15, 2018 (https://www.iiss.org/en/politics%20and%20strategy/blogsections/2018-4cda/february-e91d/does-russia-really-include-limited-nuclear-strikes-bf12?) を参照。

[40] NATO 事務総長は，ロシアによる核・通常戦力の運用に関する一体化（や統合）が核兵器使用の敷居を下げるリスクに言及している。Jim Garamone, "NATO Trends Heading Up, Annual Report Shows," *DoD News*, March 16, 2018 (https://www.defense.gov/News/Article/Article/1468646/nato-trends-heading-up-annual-report-shows/source/GovDelivery/) を参照。

[41] Matthew Kroenig, "The Renewed Russian Nuclear Threat and NATO Nuclear Deterrence Posture," *Issue Brief*, Atlantic Council, February 2016, p. 7.

度化することも考えられる。ロシアがもたらす、いわゆる「安定・不安定の逆説（stability-instability paradox）」は、ロシアの限定的な軍事行動に対応すれば核攻撃の可能性にさらされ、抑制的な対応をとれば同盟の意義や信頼性が失墜するという厳しいジレンマを NATO に突きつけかねない[42]。こうして NATO は、ロシアに対する脅威認識の高まりに伴い、その核に対する脅威認識も再び高めざるをえなかったのである。

　ロシアの核問題は、これだけにとどまらなかった。米国は 2014 年 7 月、以前から指摘されていたロシアによる INF 条約違反について、軍備管理・不拡散条約の遵守に関する年次報告書で、「射程能力が 500〜5500 キロメートルの地上発射巡航ミサイル（GLCM）の保有、製造あるいは飛翔実験をせず、そのようなミサイルの発射基も保有または製造しないという INF 条約のもとでの義務にロシアが違反していると判断した」[43]と、初めて公式に明記した。米国は 2016 年になると、INF 条約の履行機関である特別検証委員会（SVC）の開催をロシアに要請し、同年 11 月の SVC 会合でロシアの条約違反問題を提起したが、その後も解決には至らなかった。2017 年 2 月には、ロシアが INF 条約に違反する GLCM「SCC-8」の 2 個大隊（大隊はそれぞれ、移動式のミサイル発射機 4 基を装備）を持ち、1 個大隊はロシア南部ボルゴグラード周辺の開発実験施設に置かれ、他の 1 個大隊が昨年 12 月にロシア国内に実戦配備されたとも報じられた[44]。

---

[42] 拡大抑止は「安定・不安定の逆説」によって損なわれると論じたものとして、Robert Jervis, "Deterrence, Rogue States, and the U.S. Policy," in T. V. Paul, Patrick M. Morgan and James J. Wirtz, eds., *Complex Deterrence: Strategy in the Global Age*（The University of Chicago Press, 2009), p. 138 を参照。

[43] U.S. Department of State, "Adherence to and Compliance with Arms Control, Nonproliferation, and Disarmament Agreements and Commitments," July 2014, pp. 8-10. 米国はその後も、この年次報告書でロシアの違反問題を指摘している。これに対してロシアは、条約違反を否定するとともに、米国が INF 条約に違反――BMD の迎撃ミサイルの飛翔実験で標的となるミサイルが中距離ミサイルと同様の性格を有していること、米国が製造する無人飛行機は条約の GLCM の定義によってカバーされるものであること、ならびに東欧配備が予定される BMD の Mk-41 発射システムは GLCM を発射する能力があることなど――していると主張してきた。

[44] Michael R. Gordon, "Russia Deploys Missile, Violating Treaty and Challenging Trump," *New York Times*, February 14, 2017 (https://www.nytimes.com/2017/02/14/world/europe/russia-cruise-missile-arms-control-treaty.html).

第4章 NATO

(2) 拡大核抑止のデモンストレーション

　中・東欧のNATO加盟国はロシアに対する脅威認識をさらに強め、ロシアのウクライナ併合直後から、ポーランドのコジエイ（Stanislaw Koziej）国家安全保障局長が「NATOが利用でき、いっそう重要になっているきわめて重要な要素は核抑止だ」と強調し、チェコのシュナイダー（Jiri Schneider）前第1外務副大臣もNATOは「力を示すべき」だと述べるなど、NATOによる核抑止態勢の強化を求めた[45]。これに対して、他の欧州NATO加盟国は、頻発するテロやシリアからの難民流入などロシア問題以外の課題にも直面する中で、中・東欧諸国ほどにロシアに対する危機感を高めていたとは言いがたく、核態勢の強化に係る両者の主張には依然として温度差が見られた。それでも、ロシアによるクリミア併合およびNATO諸国などへの公然たる核威嚇は、NATO・ロシア関係の緊迫化を強く印象付けた。また、核威嚇を後ろ盾にしたロシアの現状変更の試みにNATOとして対応できなければ、同盟の意義や信頼性は失墜し、NATO周縁部のみならず将来的にはNATO全体としてより大きな損失をこうむる可能性も懸念された。こうしたことを受けて、中・東欧以外のNATO加盟国も、程度の差はあれ対ロ抑止の強化に重心を傾けた。

　米国にとっても同盟コミットメントへの挑戦は、NATO以外の同盟関係への影響とも相まって看過しえない問題である。米国はロシアの核威嚇への対抗ではないと述べつつ、核抑止力のデモンストレーションによって拡大核抑止の再確認を図った。たとえば、ロシアによるクリミア併合直後の2014年6月、米国は3機のB52戦略爆撃機を英国に「訓練」として派遣し[46]、その後もNATOの演習にB52を参加させた。翌年4月には、4機のB52（核弾頭非装着ながら計80機のALCMを搭載）により、米国から北極や北海へのノンストップ攻撃任務の演習を実施した[47]。2015年9月には、米国の戦略原子力潜

---

[45] Elisabeth Braw, "After Ukraine, Countries That Border Russia Start Thinking about Nuclear Deterrents," *Newsweek*, April 15, 2014 (http://mag.newsweek.com/2014/04/25/ukraine-countries-border-russia-start-thinking-nuclear.html).

[46] "U.S. Deploys B-52s to Europe," *Air Force Times*, June 4, 2014, (http://www.airforcetimes.com/article/20140604/NEWS08/306040053/U-S-deploys-B-52s-Europe).

[47] Hans M. Kristensen, "Adjusting NATO's Nuclear Posture," Federation of American Scientists, December 7, 2015 (http://fas.org/blogs/security/2015/12/poland/).

水艦（SSBN）ワイオミングがスコットランドのフォスレン海軍基地に寄港したが，SSBNの海外での寄港の公表は異例であり，ロシアに対する戦略的メッセージが強く示唆された[48]。

さらに，2014年1月にイタリアで実施された核攻撃演習では，米国，在欧戦術核が配備される5カ国とともに初めてポーランドが参加し，そのF-16戦闘機が非核支援任務——NATOにおいて核兵器の非配備国による核攻撃任務への参加を可能にするものと位置づけられている[49]——を担った[50]。また2015年6月には，NATOの核戦略の検討事項として，少数の核兵器と強力な通常兵器の組み合わせによる現在の抑止態勢のロシアに対する有効性，ロシアとの変化する関係を考慮したNATOの軍事演習における核兵器の役割の強化，ならびにロシアが発する核の警告に対する適切な解釈の方法などが挙げられたとされた[51]。同年10月には，通常戦争から核戦争へのNATOによるエスカレーションの準備態勢をテストするという，冷戦期に繰り返された司令官による机上演習の復活が英国から提案された[52]。

こうしたNATOの動きは，ロシアの核威嚇に対する平時のエスカレーションとも言えよう。それはまた，米国の拡大核抑止が政治的目的だけでなく必要な際には軍事的役割を担うこと，ならびにNATOが核兵器を使用する意思と

[48] Bill Gertz, "U.S. Nuclear Missile Submarine Surfaces in Scotland," *Washington Free Beacon*, September 17, 2015 (http://freebeacon.com/national-security/u-s-nuclear-missile-submarine-surfaces-in-scotland/).

[49] "Tactical Nukes in Europe a 'Tiny Fraction' of Cold War Arsenal, Report Says," Nuclear Threat Initiative, January 18, 2011 (http://www.nti.org/gsn/article/tactical-nukes-in-europe-a-tiny-fraction-of-cold-war-arsenal-report-says/).

[50] Hans M. Kristensen, "Polish F-16s in NATO Nuclear Exercise in Italy," Federation of American Scientists, October 27, 2014 (https://fas.org/blogs/security/2014/10/steadfastnoon/); Hans. M. Kristensen, "Adjusting NATO's Nuclear Posture," Federation of American Scientists, December 7, 2015 (http://fas.org/blogs/security/2015/12/poland/) を参照。

[51] Ewen MacAskill, "NATO to Review Nuclear Weapon Policy as Attitude to Russia Hardens," *Guardian*, June 24, 2015 (http://www.theguardian.com/world/2015/jun/24/nato-to-review-nuclear-weapon-policy-as-attitude-to-russia-hardens).

[52] Matthew Holehouse, "Britain Backs Return of 'Cold War' Nuclear Drills as NATO Hardens against Russia," *Telegraph*, October 8, 2015 (http://www.telegraph.co.uk/news/uknews/defence/11920563/Britain-backs-return-of-Cold-War-nuclear-drills-as-Nato-hardens-against-Russia.html); Kingston Reif, "NATO Weighs Nuclear Exercises" *Arms Control Today*, Vol. 45, No. 9 (November 2015), p. 24.

第4章　NATO

決意を有していることを、ロシアに再認識させる狙いを持つものでもあった。他方で、NATOによる上述のような対応は、多分に核抑止力のデモンストレーションにとどまるものであった。米国の冷戦後の作戦計画に在欧戦術核の使用は含まれていないとされるが[53]、2014年以降も核の準備態勢のレベルに変化はなく[54]、2016年のNATO首脳会議でも核態勢の変化は示唆されなかった。

また能力面でも、2016年に退役が始まるB61核爆弾のB61-12への転換を除き、オバマ政権下ではNATOへの新たな核戦力の配備計画は示されなかった。B61-12の配備開始も2019年に予定され、米国家核安全保障局（NNSA）のレーバー（Shelley Laver）次長は、フル生産が始まる2020年までドイツに配備されることはないとも発言した[55]。そのドイツでは、安全保障情勢の変化もあり、在欧戦術核の撤去に関する決定が凍結され、「難しいパートナーだが脅威ではない」とのロシアに対する認識も変化しつつあったが、それでも「脅威」の程度を結論づけるのは早計だとして、ロシア脅威論からは一歩引いた立場を維持した[56]。ドイツの野党は、依然として在欧戦術核の撤去をNATOの文脈における軍備管理・軍縮の最初のステップだと主張しており[57]、B61-12の配備開始に際して国内での議論が再燃する可能性も指摘された。

ロシアのINF条約違反疑惑に対しては、米国はロシアに条約の再遵守を求める一方で、対抗措置としての幅広い軍事的オプションについて再検討するとした[58]。しかしながら、オバマ政権が、冷戦期の「NATOの二重決定」――

---

[53] Micah Zenko, "Toward Deeper Reductions in U.S. and Russian Nuclear Weapons," *Council Special Report*, Council on Foreign Relations, No. 57 (November 2010), p. 9.

[54] Kingston Reif, "NATO Monitoring Russian Saber Rattling," *Arms Control Today*, Vol. 45, No. 4 (May 2015), pp. 4-5.

[55] Christopher Harress, "US-Russia Nuclear Weapons Standoff: Air Force Won't Station New Atomic Bombs in Germany until 2020," *International Business Times*, September 24, 2015 (http://www.ibtimes.com/us-russia-nuclear-weapons-standoff-air-force-wont-station-new-atomic-bombs-germany-2112791).

[56] Kubiak and Meier, "Comparing German and Polish Post-Cold War Nuclear Policies," p. 187.

[57] Katarzyna Kubiak, "Hold-out or Silent Supporter? Implications of the Humanitarian Initiative on Nuclear Weapons for Germany," *International Policy Analysis*, Friedrich Ebert Stiftungm, July 2015, pp. 5-6.

[58] Brian P. McKeon, Principal Deputy Under Secretary of Defense for Policy, "Statement," before the House Committee on Armed Services, Subcommittee on Strategic Forces and Committee on Foreign Affairs, Subcommittee on Terrorism, Nonproliferation, and Trade, December 10, 2014.

SS-20 中距離弾道ミサイル（IRBM）を配備し，核軍備管理交渉に応じないソ連に，米国がパーシング2・IRBM および GLCM の欧州配備で対抗した――のような形で地上配備中距離ミサイルの導入に向かうとは考えにくかった。その再生産・配備までには一定の時間が必要になることに加えて，配備箇所に係る問題も残る。ハモンド（Philip A. Hammond）英外相は自国への配備の可能性に言及したが[59]，多くの NATO 諸国は消極的だと容易に考えられた。1997 年の NATO・ロシア基本議定書（NATO-Russia Founding Act）で，中・東欧の NATO 新規加盟国の領域に核兵器を配備しないことが約束されており，そこへの配備はロシアに対する挑発性と脆弱性がいずれも高いという問題もあった。また，デンマーク，ノルウェー，スペインは平時において，またアイスランドとリトアニアはいかなる状況下でも，それぞれ自国領域への兵器の配置を禁止している[60]。

　NATO による核態勢の強化が進展しない一方で，NATO はロシアのクリミア併合後，局地・地域紛争への抑止・対処を主眼とした通常戦力態勢の整備を進めた。NATO にとって直近の課題は，その周縁部でのロシアによる挑発行為や現状変更の試みであり，これへの抑止と対処には通常戦力による拒否的抑止態勢の果たす役割が大きい[61]。上述のように，NATO 周縁部では通常戦力に係る対ロ劣勢は否めない。ロシアがウクライナ侵攻で軍事力の迅速な展開能力を示したのに対して，ロシアに近接する NATO 加盟国の軍事力はきわめて限定的で，NATO の緊急展開能力にも難がある。武力紛争が想定される局

59　Jack Doyle, "US Nuclear Missiles May Return to Britain over Russian Threat: Foreign Secretary Says Government Will Consider Hosting Weapons for First Time since Cold War," *Daily Mail*, June 8, 2015（http://www.dailymail.co.uk/news/article-3114774/US-nuclear-missiles-return-Britain-Russian-threat-Foreign-Secretary-says-Government-consider-hosting-weapons-time-Cold-War.html#ixzz3cSDqTE3a）.

60　Kubiak, "Hold-out or Silent Supporter?" p. 8.

61　ロシアの挑発的行動に対して NATO は抑止力強化のため慎慮あるステップをとる必要があり，核兵器ではなく通常戦力の強化に焦点を当てるべきだと論じたものとして，Steven Pifer, "NATO's Deterrence Challenge is Conventional, Not Nuclear," International Institute for Strategic Studies, April 7, 2015（https://www.iiss.org/en/politics%20and%20strategy/blogsections/2015-932e/april-ea11/natos-deterrence-challenge-is-conventional-not-nuclear-a56d）; Simond de Galbert and Jeffrey Rathke, "NATO's Nuclear Policy as Part of a Revitalized Deterrence Strategy," Center for Strategic and International Studies, January 27, 2016（https://www.csis.org/analysis/nato%E2%80%99s-nuclear-policy-part-revitalized-deterrence-strategy）などを参照。

第4章　NATO

地・地域に限れば，そこでのパワーバランスが全体的な核・通常戦力の優劣よりも危機時の結末の決定要因となる[62]。こうした状況で，NATOにとっての最優先課題は周縁部での通常抑止態勢の強化だと認識され，同時に核抑止力に配分される予算などの資源を増加させることには疑問も呈された[63]。

2014年9月のNATO首脳会議では，NATO即応部隊（NATO Response Force: NRF）の一部を強化し，決定から数日で派遣可能な5000人規模の高度即応統合任務部隊（Very High Readiness Joint Task Force: VJTF）を編成することが合意された[64]。2015年6月には，VJTFの初の演習がポーランド北西部で実施され，米独蘭など9カ国から2100人が参加し，戦車や重火器などの運搬，特殊部隊の突入，敵部隊への砲撃といった訓練が実施された[65]。

中・東欧加盟国へのプレゼンスの強化も進んだ。NATO・ロシア基本議定書では，NATO新規加盟国の領域にNATOの実質的な戦闘部隊が常駐（permanent stationing）はしないと定められたが，ロシアに対する強いシグナルとして中・東欧の加盟国に「常駐」ではないものの継続的・常続的でトリップワイヤーにもなりうる軍事プレゼンスを置くべきだとの提案がなされた[66]。そして，米国防総省は2015年6月，バルト3国，ポーランド，ルーマニアおよびブルガリアに，「訓練」の目的を強調しつつ戦車など約250両を配備すると発表した。また，カーター米国防長官は2015年11月，中・東欧加盟国への戦車，装甲車，関連装備などの事前集積を行うことを明らかにした[67]。さらに，米国

---

[62] Paul Huth and Brice Russet, "Deterrence Failure and Crisis Escalation," *International Study Quarterly*, Vol. 32, No. 1 (March 1988), pp. 29-45.

[63] Isabelle Williams and Steven P. Andreasen, "The Debate Over Disarmament within NATO," in George P. Shultz and James E. Goodby, eds., *The War That Must Never Be Fought: Dilemmas of Nuclear Deterrence* (Hoover Institution Press, 2015), p. 131.

[64] "Wales Summit Declaration: Issued by the Heads of State and Government Participating in the Meeting of the North Atlantic Council in Wales," September 5, 2015 (http://www.nato.int/cps/en/natohq/official_texts_112964.htm).

[65] "NATO 'Spearhead' Force Deploys for First Time, Exercise Noble Jump Underway," NATO, June 10, 2015 (http://www.nato.int/cps/en/natohq/news_120512.htm). このVJTFには，ロシアと近接するNATO非加盟のフィンランドやスウェーデンなども参加を検討していると報じられた。

[66] François Heisbourg, "Preserving Post-Cold War Europe," *Survival*, Vol. 57, No. 1 (February-March 2015), p. 41; Malcolm Chalmers, "Is NATO Deterrence Fit for Purpose?" *Newsbrief*, Royal United Services Institute, November 20, 2015 (https://rusi.org/publication/newsbrief/nato-deterrence-fit-purpose).

は 2016 年になると，欧州安心供与イニシアティブ (ERI) への 34 億ドルの支出を議会に求め，機甲旅団戦闘団 (Armored Brigade Combat Team: ABCT) の東欧諸国における常続的なローテーション配置が次のステップだとした[68]。同年 7 月の NATO 首脳会議では，「いかなる侵略に対しても同盟国の即時の対応の引き金となることで，同盟の結束，決意および能力を明確に示すべく」，バルト 3 国とポーランドに最大 4000 人規模の多国籍部隊を 2017 年より常駐ではなく交替制で展開することが正式に決定された[69]。

NATO はソ連崩壊後初めて，集団的防衛に係る真剣な検討を迫られ[70]，その中で政治的役割と位置づけてきた核態勢にいかなる修正を加えるかが注目された。結果として NATO が実施し，2016 年の首脳会談でも確認されたのは，米国の拡大核抑止をより目に見える形で示し，対ロ抑止と同盟国への安心供与の信頼性を高めることであり，既存の核態勢に新たな修正を加えたわけではなく，通常抑止態勢の強化を優先して当面の緊張状況に対応することであった。中・東欧の加盟国を含め核兵器の重要性を喧伝しないという NATO の対応について，ロシアの限定的な通常・非通常攻撃に対する抑止として在欧戦術核のプレゼンスを捉えることは賢明ではなく，同盟国の慎慮と抑制を表すものであったとの評価がなされる一方[71]，2016 年の首脳会議では，NATO が直面する問題への適切な対応を考えれば，核態勢を取り上げる時間は多くはとれないの

67　Secretary of Defense Ash Carter, "Remarks on 'Strategic and Operational Innovation at a Time of Transition and Turbulence,'" at the Reagan National Defense Forum, November 7, 2015 (http://www.defense.gov/News/Speeches/Speech-View/Article/628146/remarks-on-strategic-and-operational-innovation-at-a-time-of-transition-and-tur).

68　Cheryl Pellerin, "Work: U.S., NATO Must Use 21st-Century Approaches for Deterrence, Dominance," U.S. Department of Defense, April 29, 2016 (http://www.defense.gov/News-Article-View/Article/746336/work-us-nato-must-use-21st-century-approaches-for-deterrence-dominance); Secretary of Defense Ash Carter, "Remarks at EUCOM Change of Command," Stuttgart, Germany, May 3, 2016 (http://www.defense.gov/DesktopModules/ArticleCS/).

69　NATO, "Warsaw Summit Communiqué." 10 月の NATO 国防相理事会では，4 大隊は当初，米国，英国，ドイツおよびカナダが戦闘機や戦車などを派遣して主導し，それぞれに複数の加盟国が参加する体制をとるとの大枠が合意された。

70　Anne Applebaum, "Obama and Europe: Missed Signals, Renewed Commitments," *Foreign Affairs*, Vol. 94, No. 5 (September/October 2015), p. 42.

71　Jacek Durkalec, "Nuclear-Backed 'Little Green Men:' Nuclear Messaging in the Ukraine Crisis," Polish Institute of International Affairs, July 2015, p. 25.

第 4 章　NATO

ではないかとも見られていた[72]。

3　トランプ政権と NATO——2017〜2018 年

(1) 欧州諸国の動揺と欧州核抑止力構想

　2017 年のトランプ大統領就任は，欧州 NATO 諸国に強い緊張感をもたらした。トランプ大統領は就任前，NATO に対して，テロ攻撃に対応しないなど「時代遅れ」の存在であり，予算面を含む防衛努力でも米国に過度に依存していると厳しく批判した。とくに後者の点に関しては，NATO は 2014 年に加盟各国が自国の防衛費を国内総生産（GDP）の 2 パーセント以上にすると合意したものの，2017 年半ばまでにこれを達成したのは 28 カ国中 5 カ国（米国，英国，ギリシャ，エストニア，ポーランド）に過ぎなかった。2017 年 2 月の NATO 国防相会議では，マティス（James Mattis）米国防長官が，加盟国の防衛負担が少ないままであれば米国の軍事的な関与も低減させると警告した[73]。さらに，同年 5 月の NATO 首脳会議において，トランプ大統領は，歴代の米大統領が繰り返してきた北大西洋条約第 5 条に基づく集団防衛に関するコミットメントに触れなかった。トランプ大統領は 6 月のルーマニア大統領との共同記者会見でそのコミットメントに言及したが[74]，その後も負担共有に関する不満を繰り返した[75]。

---

[72] Steven Pifer, "Time to Push Back on Nuclear Saber-Rattling," Brookings Institute, May 10, 2016 (http://www.brookings.edu/research/opinions/2016/05/10-nuclear-saber-rattling-push-back-pifer).

[73] Helene Cooper, "Defense Secretary Mattis Tells NATO Allies to Spend More, or Else," *New York Times*, February 15, 2017 (https://www.nytimes.com/2017/02/15/world/europe/jim-mattis-nato-trump.html).

[74] "Remarks by President Trump and President Iohannis of Romania in a Joint Press Conference," June 9, 2017 (https://www.whitehouse.gov/briefings-statements/remarks-president-trump-president-iohannis-romania-joint-press-conference/).

[75] トランプ政権による欧州 NATO 諸国への負担増加要求を批判するものとして，たとえば，Anthony H. Cordesman, "NATO 'Burden Sharing': The Need for Strategy and Force Plans, Not Meaningless Percentage Goals," Center for Strategic and International Studies, August 16, 2018 (Fifth Major Revision) を参照。

欧州NATO諸国はそうした発言に，トランプ大統領が「米国第一主義」を喧伝し，米国が主導して構築・維持してきた第二次大戦後の国際秩序や，自由，民主主義などの基本的価値・理念を重視しない姿勢を重ね，そこから想起される米欧同盟終焉の可能性に懸念を強めていく。これを如実に表したのが，「他国に完全に頼ることができる時代はある程度終わった。私はこの数日でそれを経験した。われわれ欧州人は，自らの運命を自分たちの手に握らねばならない。欧州人として，自らの運命のために闘う必要があると知るべきだ」との，2017年5月の先進7カ国（G7）首脳会談後のメルケル独首相の演説であった[76]。

　米国の欧州防衛コミットメントに対する疑念が高まる状況を背景に提起されたのが，米国が拡大核抑止の供与を終了した場合に英仏が持つ核戦力を欧州諸国防衛のための核抑止力として用いるという，欧州核抑止（Euro nuclear deterrent）構想である。たとえば，ドイツ議会の保守系ブロックの外交政策スポークスマンであるキーゼヴェター（Roderich Kiesewetter）は2016年末，欧州諸国は独自の核抑止戦略を発展させる必要があるとし，共同欧州防衛予算を通じた資金の調達により，英仏が核の傘を供与することを提案した[77]。2017年2月には，カチンスキ（Jaroslav Kaczynski）ポーランド元首相も欧州核抑止の可能性に言及した[78]。トランプ大統領当選直後の2016年末には，欧州NATO諸国内で欧州核抑止の可能性が検討され始め，NATO本部内でも外交官や武

---

[76] 「メルケル独首相，同盟関係巡る『率直発言』の背景」『ロイター』2017年5月30日（https://jp.reuters.com/article/merkel-speech-trump-idJPKBN18Q01X）。

[77] Andrea Shalal, "German Lawmaker Says Europe Must Consider Own Nuclear Deterrence Plan," *Reuters*, November 16, 2016 (http://www.reuters.com/article/uk-germany-usa-nuclear-idUSKBN13B1GO). これに対してメルケル首相は，政府としてそうした計画も関心も有していないと明言した。Justin Huggler, "Merkel Denies 'EU Plan for Nuclear Weapons,'" *Independent*, February 10, 2017 (https://www.independent.ie/world-news/europe/merkel-denies-eu-plan-for-nuclear-weapons-35438934.html)。

[78] Interview with Jaroslav Kaczynski, Frankfurter Allgemeine Zeitung, 7 February 2017 in Oliver Thränert, "No Shortcut to a European Deterrent," *Policy Perspectives*, Vol. 5, No. 2 (February 2017), p. 1. 米国からも欧州核抑止力構想を支持する主張がみられた。ロシアは西側諸国に対する深刻な挑戦をもたらした冷戦期のソ連とは異なり，限定的脅威でしかなく，バルト諸国の防衛も米国が核戦争に巻き込まれる危険性を高めて追求するほどの価値はなく，欧州のリスクは欧州がとるべきだと論じたものとして，Doug Bandow, "Time for a European Nuclear Deterrent?" *National Interest*, January 13, 2017 (https://nationalinterest.org/feature/time-european-nuclear-deterrent-19053) を参照。

官の少人数のグループが非公式にこの問題を議論していたとも報じられた[79]。さらに，NATOにおいて核軍備管理の推進を重視し，在欧戦術核の撤去も検討したドイツでは，欧州核抑止構想の実現可能性，ならびに米国の拡大核抑止の信頼性をともに疑問視しつつ，独自に核兵器を取得すべきだという議論もみられた[80]。

しかしながら，欧州核抑止構想の実現可能性は，少なくとも現時点では低いと考えられる。第1に，そもそも英仏は，自国防衛の究極的な手段と位置づけてきた核戦力を欧州NATO加盟国の抑止力として位置づけることに消極的である。第2に，フランス（300発）および英国（200発未満）の核戦力は米国のそれ（6500発程度）に比べて小規模で，運搬手段もSLBM（英仏）および戦略爆撃機（仏）に限られるなど多様性・柔軟性に欠け，信頼性の高い拡大核抑止力を提供できるとは考えにくい。第3に，英仏がどのように欧州核抑止力を運用するのか，核戦力の管理や権限を他の加盟国と共有する意思があるか，核戦力・態勢の異なる両国が共同の指揮命令系統を構築できるかといった問題もある。第4に，欧州諸国が独立した欧州核抑止力を米国の支援なく，とくに技術面・資金面で支えることも容易ではない。第5に，NATOあるいはEUのいずれかが欧州核抑止力の実現に必要な政治的枠組みを提供できるか，反核感情が小さくない欧州諸国の国民をいかに納得させるかといった問題も無視できない[81]。

(2) NPR 2018と拡大核抑止

米国の同盟コミットメントに対する欧州諸国の懸念がくすぶるなか，トラン

---

79 "Europeans Debate Nuclear Self-Defense after Trump Win," *Spiegel*, December 9, 2016 (http://www.spiegel.de/international/world/europe-responds-to-trump-win-with-nuclear-deterrent-debate-a-1125186.html).

80 Christian Hacke, "Why Germany Should Get the Bomb," *National Interest*, August 12, 2018 (https://nationalinterest.org/feature/why-germany-should-get-bomb-28377).

81 欧州核抑止構想の課題をまとめたものとして，Oliver Thränert, "No Shortcut to a European Deterrent," *Policy Perspectives*, Vol. 5, No. 2 (February 2017) を参照。また，欧州核抑止力構想やドイツ核武装論に関する論調を取りまとめたものとして，Ulrich Kühn, Tristan Volpe and Bert Thompson, "Tracking the German Nuclear Debate," Carnegie Endowment for International Peace, August 15, 2018 (https://carnegieendowment.org/2018/08/15/tracking-german-nuclear-debate-pub-72884) も参照。

プ政権は 2018 年 2 月に NPR（以下，NPR 2018）を公表した。NPR 2018 では冷戦終結以来初めて，ロシアや中国といった大国との競争関係を米国・同盟国の安全保障における最重要課題に位置づけ，これに対応すべく，核兵器の数・役割の低減という冷戦後の一貫したトレンドに一定の歯止めをかけ，核抑止の役割を再び重視するという方向性が示された。なかでも，冷戦後の米国の各政権が「敵ではない」ことを強調してきたロシアに対して，NPR 2018 では，（中国とともに）「冷戦後の国際秩序・行動規範の大幅な修正を模索」しているなどと述べ，強い脅威認識を明確にした[82]。

　そのロシアとの政治的・軍事的緊張が高まる NATO との関係では，NPR 2018 は「米国の NATO に対するコミットメントは揺るぎない」と明記した上で，「NATO はその抑止・防衛態勢において，核兵器の役割を強調しないという米国の冷戦後の傾向に追随してきたが，平和の維持，威嚇の防止，および攻撃の抑止において NATO の核能力が果たす基本的役割を軽視したことは決してなかった」[83] とした。また，「米国は NATO 防衛のため，戦略核戦力を利用可能にし，また欧州への核兵器の前方展開を約束する。これらの戦力は，欧州と北米の不可欠な政治的・軍事的紐帯を提供し，同盟の安全保障を究極的に保証するものである。同盟の負担共有アレンジメントとともに，英仏の独自の戦略核戦力との組み合わせにより，NATO の全体的な核抑止力は，現在および将来の同盟の抑止・防衛態勢に不可欠である」[84] とした。

　そして NPR 2018 では，米国が NATO の同盟国と協議し，協力的に取り組むポイントとして，以下を挙げた[85]。

- NATO の DCA の即応性・残存性を強化し，その運用上の有効性を向上させ，敵の核・非核能力を撃退するのに必要な能力を改善する。
- DCA 任務，核任務支援および核インフラに関して，合意された負担共有アレンジメントに同盟国が可能な限り幅広く参加するのを促進する。

82　U.S. Department of Defense, *Nuclear Posture Review*［以下，*NPR 2018*］, February 2018, p. 6.
83　Ibid., p. 35.
84　Ibid., p. 36.
85　Ibid.

第4章 NATO

- 老朽化した航空機および兵器システムを転換する。
- 抑止失敗時に同盟が効果的に核・非核の作戦を統合できるよう，訓練・演習計画の現実性を高める。
- 適切な協議と効果的な核任務を可能にし，最も厳しい脅威環境下でも残存性，強靱性および柔軟性を改善すべく，NATOの核指揮・統制・コミュニケーション（NC3）システムを近代化する。

　他方，欧州におけるテイラード抑止として記載された上述のようなポイント以上にNATOへの拡大核抑止との関係で重要なのが，米国による二つの新しい核能力の開発・獲得である。NPR 2018では，ロシアや中国など核兵器を保有する地域の大国がエスカレーション抑止を含む限定的核使用またはその威嚇を試みる可能性，これに米国が現行の核戦力では適切に対応できない可能性などを挙げ，「テイラード抑止オプションの柔軟性と範囲を強化する」ための選択肢として，爆発威力を抑えた核兵器の使用を含めるとともに，短期的には少数の低出力核弾頭の潜水艦発射弾道ミサイル（SLBM）への搭載，また中長期的には核弾頭を搭載可能な海洋発射巡航ミサイル（SLCM）――以下，海洋配備非戦略核戦力――の導入という新たな能力の獲得を打ち出した[86]。

　米国が欧州NATO諸国に配備する既存のB61シリーズ核爆弾，また2020年頃から配備するB61-12核爆弾はいずれも威力可変式で，低出力での攻撃も可能である。また米国は，戦略爆撃機の近代化として，ステルス性を強化するB21戦略爆撃機と，これに搭載される空中発射巡航ミサイルの長距離スタンドオフ（LRSO）の開発に着手している。これらに加えて，海洋戦力に非戦略的使用を想定した核戦力を新たに導入する意図について，NPR 2018では，DCAとは異なり「抑止効果を提供するのに接受国支援を必要としたり，これに依存したり」せず，「プラットフォーム，範囲および残存性における追加的な多様性と，将来の核『ブレイクアウト』シナリオに対する価値あるヘッジを提供する」ことを挙げた[87]。そこには，敵の防空能力の向上，あるいはDCAや戦略爆撃機の配備基地に対する攻撃能力の獲得・強化など接近阻止・領域拒否

---

[86] Ibid., pp. 54-55.
[87] Ibid.

（A2AD）環境下での航空戦力の脆弱性を海洋戦力で補完すること，また航空戦力では実現しがたい即応性を非戦略核戦力に付加することといった意図がある。

米国は冷戦終結直後のPNIでTLAM-N・核SLCMを配備から外し，予備として保管していたが，オバマ政権下でNPR 2010に基づき2013年に廃棄した。TLAM-Nはその間，とりわけ韓国からの戦術核兵器の撤去（1991年）後は，米国の核戦力が前方展開されていない北東アジアにおける拡大核抑止を担保する核戦力と捉えられていた。これに対して，トランプ政権のNPRでは以下のように，核SLCMが主としてロシアとの関係で，抑止だけでなく軍備管理の文脈にも触れつつ言及された。

> 核SLCM……は，ロシアによるINF条約違反への，条約に遵守した対応である。ロシアが軍備管理の義務を再び遵守し，非戦略核戦力を削減し，他の不安定化させる行動を是正すれば，米国はSLCMの追求を再考するかもしれない。米国によるSLCMの追求は，1987年のINF条約を導いた，これに先立つ欧州への西側のINF配備と同様に，非戦略核兵器削減の真剣な交渉に必要なインセンティブをロシアに提供するかもしれない[88]。

低出力核SLBMおよび核SLCMについての賛否は分かれている。賛成派[89]は，第1に，ロシアがSRBMに加えてINF条約に違反して地上配備中距離ミサイルを配備・増強すれば，非戦略核戦力に関する米ロ間の非対称性がさらに拡大する中で，米国による新しい核能力の獲得はそうした非対称性を緩和し，

---

[88] Ibid., p. 55.
[89] たとえば，John R. Harvey, Franklin C. Miller, Keith B. Payne and Bradley H. Roberts, "Continuity and Change in U.S. Nuclear Policy," *Real Clear Defense*, February 7, 2018 (https://www.realcleardefense.com/articles/2018/02/07/continuity_and_change_in_us_nuclear_policy_113025.html); Bradley A. Thayer "The Need for Non-Strategic Nuclear Weapon Systems: The NPR Got It Right," *Real Clear Defense*, March 18, 2018 (https://www.realcleardefense.com/articles/2018/03/08/the_need_for_non-strategic_nuclear_weapon_systems_the_npr_got_it_right_113168.html); Frank Miller, "Addressing Fears about the Nuclear Posture Review and Limited Nuclear Use," *War on the Rocks*, February 28, 2018 (https://warontherocks.com/2018/02/addressing-fears-nuclear-posture-review-limited-nuclear-use/) を参照。

第4章　NATO

ロシアに対して限定核戦争の余地もアドバンテージもなく，受忍しがたい結果をもたらすだけだと明確に伝えるものとなり，そのために米国の核抑止力を強化する必要性を挙げる。第2に，精密誘導が可能で航空戦力よりも即応性・残存性が高く，同盟国への配備も不要との利点があり，付帯損害の限定も期待されるなど，米国の核エスカレーション能力における弱点を補い，また拒否的抑止能力を提供すると主張する。第3に，敵の核兵器使用を抑止し，また抑止失敗時に抑止を回復するには，核兵器使用をいとわないとの能力と意図を米国が示して敵により大きな慎重さを強いる必要があり，「低出力」だからこそ抑止失敗時に最も使用されやすい核兵器として認識され，このことで抑止効果が高まるとしている[90]。

また，賛成派は，ロシアが戦術核で欧州 NATO 諸国を攻撃した場合，現状では米大統領は戦略核による全面的な核戦争か降伏かの選択を迫られるが，海洋配備非戦略核戦力はその間隙を埋める核戦力となること，ならびに小規模攻撃を米国による全面核攻撃と受け取る国はないことから，戦略的安定性の向上に寄与すると論じる。また海洋配備非戦略核戦力は，核兵器と通常兵器のインターフェイスとなり，NATO（およびアジア）の同盟国への拡大抑止コミットメントに係る，強力で効果的な政治的シンボルとなり，安心感を提供することが期待されるという。さらに，米国の核戦力の構成・規模に大きな変更を加えるものではなく，ロシアが小規模・限定的に核兵器を使用する選択肢を整備していることに対応して，少数の低出力核兵器を整備しようとするに過ぎず，軍拡競争を招く恐れも高くはないとしている。

これに対して，海洋配備非戦略核戦力が，期待される効果とは逆に米国・同盟国の安全保障にマイナスに働く可能性も指摘されている[91]。まず必要性に関

---

[90] とくに地域紛争では，米国より域内の被抑止国のほうが核兵器使用に関わる強い利益や決意を持つと考えられ，米国が抑止される可能性を低減するためには，そうした非対称性を（運用政策を含む）能力の側面で補完して抑止の実効性を高めることが重要な施策となる。

[91] "The Experts on the New Nuclear Posture Review," *Bulletin of the Atomic Scientists*, February 2, 2018（https://thebulletin.org/experts-new-nuclear-posture-review11480）; Aaron Mehta, "The US could be getting 2 new nuclear capabilities. Here are the details," *Defense News*, February 2, 2018（https://www.defensenews.com/space/2018/02/02/the-us-could-be-getting-2-new-nuclear-capabilities-here-are-the-details/）; Matthew Harries, "A Nervous Nuclear Posture Review," *Survival Editors' Blog*, February 5, 2018（https://www.iiss.org/en/politics%20and%20strate

しては，第1に，NATOの抑止は主として通常抑止であり，核抑止ではない。第2に，顕在的・潜在的な敵が，米国による核兵器の早期使用の可能性を高める施策と捉え，核戦力のさらなる強化，あるいはリスクの高い核態勢の採用に至れば，米国の拡大核抑止の実効性，ならびに米国・同盟国の安全保障は相対的に低下しかねない。第3に，米国によるSLBMの発射は，これを搭載する戦略原子力潜水艦（SSBN）──残存性が高く，米国の核戦力における価値がきわめて高い──が敵の対潜水艦戦戦力に探知・攻撃される可能性を高めるとされ，そうしたリスクを負ってまで米国が少数のSLBMの使用に踏み切るとは考えにくい。

また反対派は，米国による新たな海洋配備非戦略核戦力の獲得が安定性の阻害要因になると批判する。ロシアが米国による武装解除を企図した先制攻撃オプションの採用を懸念し，これへの対抗手段を講じれば，米欧とロシアの安定性が大きく損なわれかねない[92]。米ロは，他方の核兵器使用の敷居について恐らく異なる考えを持ち，その敷居を双方が互いに完全には知りえないため，誤解が生じる可能性がある。そうした中での核兵器使用の決意に係る競争は，ブラフの多用や過剰反応，あるいは誤解などにより，実際の使用に至る可能性を高め，エスカレーションの管理も容易ではない。また，SLBMに搭載される核弾頭の爆発威力を他国は着弾まで知りえないこと，ならびに早期警戒態勢の能力・状況によっては中ロ両国が自国への戦略核攻撃と誤認しかねないことなどから，米国による限定的・非戦略的SLBM攻撃が戦略レベルへのエスカレーションと認識され，核兵器使用の意図せざるエスカレーションを招く可能性もある。これらに加えて，反対派は，米国が核SLCMを取得しても，ロシアがINF条約の遵守に戻る保証はないとも主張した。

NPR 2018に対するNATO諸国の反応は，必ずしも明快ではない。クレサ

---

gy/blogsections/2018-4cda/february-e91d/a-nervous-nuclear-posture-review-08c0); Steven Pifer, "Questions about the Nuclear Posture Review," Brookings Institution, February 5, 2018 (https://www.brookings.edu/blog/order-from-chaos/2018/02/05/questions-about-the-nuclear-posture-review/）などを参照。

[92] Dianne Feinstein, "There's No Such Thing as 'Limited' Nuclear War," *Washington Post*, March 3, 2017（https://www.washingtonpost.com/opinions/theres-no-such-thing-as-limited-nuclear- war/2017/03/03/faef0de2-fd1c-11e6-8f41-ea6ed597e4ca_story.html）.

第4章 NATO

(Lukasz Kulesa)によれば，とくにロシアへの脅威認識を強める国々をはじめ多くのNATO加盟国は，米国による拡大（核）抑止コミットメントの再確認を歓迎する一方で，欧州の安全保障に問題をもたらしうるアプローチへの懸念も有している。加盟国の中には，ロシアがエスカレーション抑止政策を講じているか否か必ずしも確実ではない中でNATOが過剰に反応する必要はなく，仮にエスカレーション抑止に直面してもNATOが核で対応するのは難しいと考える国もあるという[93]。そこには，ロシアとの悪化する関係，同盟の一体性，ならびに拡大核抑止の重要性を認識しつつも，核兵器の役割強化には慎重な加盟国の姿勢が表れている。ロシアの脅威をいかに捉えるか，また核抑止と通常抑止のいずれを重視すべきかについて，NATO加盟国の考えに相違があり，その顕在化や拡大によりNATOの結束が弱まる可能性も懸念されている[94]。

そうした中で，NPR 2018に批判的な声明を発表したのは，ガブリエル（Sigmar Gabriel）独外相である。その批判はとくに低出力SLBMや核SLCMの開発・導入に向けられ，「米政権の決定は，新たな核軍拡競争のスパイラルがすでに始まっていることを表している。冷戦期のように，欧州にいるわれわれはとくに危険にさらされている。このため，欧州のわれわれはとくに，新たな軍備管理・軍縮のイニシアティブを開始しなければならない」と主張した。また，ロシアの脅威をはじめとする安全保障環境の悪化に言及しつつも，「その解決は核軍拡競争に参加することだけであってはならない」とし，「新たな核兵器の相互に加速する開発は，懸念を持って見られるべきである」とも述べた[95]。

(3) 米国のINF条約脱退宣言

欧州NATO諸国により大きな衝撃を与えたのが，米国のINF条約脱退宣言であった。

---

93 Lukasz Kulesa, "The 2018 US Nuclear Posture Review: A Headache for Europe," European Leadership Network, February 6, 2018 (https://www.europeanleadershipnetwork.org/commentary/the-2018-us-nuclear-posture-review-a-headache-for-europe/).
94 Ulrich Kühn, *Preventing Escalation in the Baltics: A NATO Playbook* (Carnegie Endowment for International Peace, 2018) などを参照。
95 "Foreign Minister Sigmar Gabriel on the publication of the US nuclear posture review," Federal Foreign Office of Germany, February 4, 2018 (https://www.auswaertiges-amt.de/en/Newsroom/bm-veroeffentlichung-us-nuklearstrategie/1433732).

上述のように，米国は2014年以降，ロシアのINF条約違反を公式に指摘し，その解決を求めてきた。NPR 2018でもこの問題が繰り返し言及され，軍備管理条約の価値はすべての締約国による遵守に依拠するとし，「ロシアの継続する違反に対して，米国が永遠に甘受するということはない」と，ロシアに強く警告した[96]。また米国は，外交・防衛両面からこの問題への対応を検討すると明言した。米議会は国防授権法で，ロシアの条約違反への対抗措置として，米国防総省に通常弾頭搭載の移動式GLCMの開発を開始する計画──研究開発に係る活動はINF条約違反ではない──を立ち上げるよう求め，開発調査費として2018会計年度に5800万ドルの予算を計上した[97]。2017年12月には米国務省が発表したファクトシートで，外交的解決を目指すとしつつ，国防総省が通常弾頭用の地上配備中距離ミサイル・システムの軍事的概念・オプションを再検討することにより，INF条約に違反しない研究開発を開始する方針をあらためて明らかにした。あわせて，ロシアが条約の完全かつ検証可能な遵守に戻れば，この研究開発を即座に停止する用意があるとした[98]。さらに，前述のようにNPR 2018では，核SLCMについて，ロシアによるINF条約違反への対応を目的の一つに挙げていた。

　米国が示してきた対抗策の選択肢にはINF条約からの脱退も含まれていたが，2018年10月，トランプ大統領は脱退の意思を表明した。トランプ大統領およびボルトン（John Bolton）大統領補佐官は脱退理由として，ロシアによる条約違反が継続していること，ならびにINF条約の枠外にある中国が中距離ミサイルを増強して米国への脅威を高めていることなどを挙げた。

　この脱退宣言に対して，欧州NATO諸国の反応は大きく分かれた。米国との関係を重視する英国およびポーランドは，ロシアが条約違反を改めようとせず，欧州諸国に対する中距離ミサイルの脅威が高まる状況ではやむをえないとして，米国の行動への支持を表明し，さらにポーランドのドゥダ（Andrzej Duda）大統領は，自国領域における米国の中距離ミサイルの配備を受け入れ

---

[96] *NPR 2018*, p. 74.
[97] Kingston Reif, "Hill Wants Development of Banned Missile," *Arms Control Today*, Vol. 47, No. 10 (December 2017), p. 35.
[98] Bureau of Arms Control, Verification and Compliance, U.S. Department of State, "INF Treaty: At a Glance," Fact Sheet, December 8, 2017 (https://www.state.gov/t/avc/rls/2017/276361.htm).

第4章　NATO

る用意があるともした[99]。これに対して、マクロン（Emmanuel Macron）仏大統領はINF条約の重要性をトランプ大統領に伝え、さらにマース（Heiko Maas）独外相は、米国の決定を「遺憾」だとし、INF条約は「欧州安全保障アーキテクチャの重要な柱」で、米国の脱退は「ドイツおよび欧州に困難な問題をもたらす」ものであり、米国に脱退がもたらしうる「結果を検討する」よう求めると発言した[100]。欧州NATO諸国は米国による非公式の背景説明の際に、米国に対して条約にとどまるよう要請したとも報じられた[101]。

　米国によるINF条約脱退への欧州NATO諸国の懸念は、ロシアが「対抗措置」として地上配備中距離ミサイルの大規模な配備を正当化し、結果として欧州NATO諸国にいっそうの脅威がもたらされる可能性ゆえである。しかもプーチン大統領は、米国の中距離ミサイルを自国に受け入れる欧州諸国は、ロシアの標的にならざるをえないと述べ、欧州諸国に強い警告を発した[102]。それは、INF条約問題をめぐってすでに顕在化しつつあるNATO内の意見の相違をより鮮明にさせ、さらにはNATOを分断させる狙いを持つものだとも考えられた。

　在欧戦術核撤去問題でも、NATO加盟国の意見の相違は決して小さなものではなかった。それでも、米欧同盟の結束が最終的には重視され、最終的には米国がその落とし所を提示した。これに対してINF条約脱退問題では、「米国

99　Peter Stubley, "UK Stands 'Absolutely Resolute' with the US after Trump Pulls out of Russia Nuclear Weapons Treaty: Defence Secretary Says Russia Has Made a 'Mockery' of the 1987 Pact," *Independent*, October 21, 2018 (https://www.independent.co.uk/news/uk/politics/uk-us-trump-russia-nuclear-weapons-treaty-withdraw-putin-inf-a8594301.html); "Poland Supports US Withdrawal from INF," *DW*, October 25, 2018 (https://www.dw.com/en/poland-supports-us-withdrawal-from-inf/a-46049028).

100　Zeke Miller and Michael Balsamo, "Moscow Says U.S. Nuke Treaty Pullout would be 'Very Dangerous Step,'" *Chinaco Tribune*, October 21, 2018 (https://www.chicagotribune.com/news/nationworld/ct-us-russia-arms-control-treaty-20181021-story.html).

101　Robin Emmott, "NATO Urges Trump Officials Not to Quit Nuclear Treaty: Diplomats," *Reuters*, October 26, 2018 (https://www.reuters.com/article/us-usa-nuclear-nato/nato-urges-trump-officials-not-to-quit-nuclear-treaty-diplomats-idUSKCN1MZ2KZ).

102　Olesya Astakhova and Andrew Osborn, "Russia will Target European Countries If They Host U.S. Nuclear Missiles: Putin," *Reuters*, October 25, 2018 (https://www.reuters.com/article/us-usa-nuclear-putin/russia-will-target-european-countries-if-they-host-us-nuclear-missiles-putin-idUSKCN1MY2FO).

第一主義」を掲げ，その安全保障政策における「NATO の結束」の価値を重視しているようには見えないトランプ政権が，NATO 加盟国間の亀裂拡大の防止にどこまで積極的に取り組むかはわからない。

4 核態勢強化と脅威低減の課題

(1) 核態勢強化の可能性と課題

NATO の核態勢をめぐる今後の動向には，ロシアによる能力面・運用面での核戦力の強化や核威嚇，トランプ政権の「米国第一主義」に基づく外交・安全保障政策，NATO 各加盟国の脅威認識など多様な要素が複合的に影響を及ぼすと考えられ，その方向性を予見するのは容易ではない。ただ，中国やロシアなどが（再）台頭し，冷戦後の唯一の超大国である米国の力が相対的に低下するという「力の移行（power transition）」と，そこでのロシアとの地政学的競争が当面は続くとすれば，主要な論点は，ロシアが突きつける安定・不安定の逆説に NATO としていかに対応できるかということだと考えられる。

まず，NATO の通常戦力による拒否的抑止態勢の強化は，限定的な目標達成のための軍事力行使という低烈度の事態への現実的な対応である。低烈度の事態で使用可能性が高いのは，圧倒的に通常戦力である。また，敵の攻撃を阻止・撃退して目標達成を妨げる能力を保持し，これにより敵に攻撃遂行を断念させるという拒否的抑止は，厳しい報復により利得を上回るコストを敵に強いることで攻撃を断念させるとの懲罰的抑止よりも，抑止側に発動の選択に係る余地が小さく，一般的には信頼性も高い[103]。しかしながら，拒否的抑止は軍拡競争や先制攻撃の可能性を高めるなど不安定化を招きやすいとの側面も指摘されてきた。さらに NATO は，ロシアが通常戦力の劣勢を核戦力により相殺する可能性にいかに対応するかも検討する必要がある。

この問題に関して，NATO は核抑止の強調や強化に慎重な態度を保つべきだとの議論がある。ロシアの挑発的な言動に対する NATO の過剰反応は，ロ

103　Freedman, *Deterrence*, p. 39.

第4章　NATO

シアに脆弱性のいっそうの高まりを認識させかねない。安全保障ジレンマや緊張の不要な高まりを回避すべく，NATOは対ロ抑止態勢を注意深く管理すべきであり，少なくともロシアの核の動向に追随する形で核態勢・戦力を増強する必要はないとの主張である[104]。また，地域・局地紛争への米国による核報復の抑制と通常戦力による対応は，危機の好ましい解決に資すること，将来の抑止における安定的な評判を醸成すること，長期にわたる安定的な国際システムに貢献することなどから重要であり，核兵器が国家目標実現の効果的な手段ではないとの考えを発信する効果もあると論じられている[105]。

　しかしながら，「核の抑制」が機能するためには，敵の限定的な核攻撃に十分に対応可能な通常戦力を保持する必要があり，そうした能力の保持を米国やNATOが強調すれば，ロシアは核兵器の使用・威嚇への依存をいっそう強めるかもしれない。米・NATOが「核の抑制」を強調すれば，ロシアは「弱さ」の表れと解釈し，むしろ核兵器の存在と使用可能性を強調して攻勢をかける可能性もある。また，NATO加盟国が米国の拡大核抑止や安心供与の信頼性に疑念を持つ可能性にも留意しなければならない。さらに，ロシアにとって核戦力は挑発行為の最終的な後ろ盾でもあり，紛争の原因の如何にかかわらず，NATOとの武力衝突でロシアが自国や政権基盤の脆弱性に危機感を高める状況では，米・NATOとロシアの間の「利益の格差」が核兵器使用の「決意の格差」をもたらし，ロシアの核抑止が米・NATOのそれよりも優位に立ちかねない。これが限定的な武力衝突での抑止関係をも左右するとすれば，NATOは核抑止の側面を含めた対ロ抑止態勢の再検討を迫られよう。

　なかでも焦点の一つは，ロシアによるエスカレーション抑止への対応である。クローニグ（Matthew Kroenig）はトランプ政権発足前，米・NATOが使用しうるDCAは脆弱性が高く，戦略核戦力は使用しづらいなど，ロシアのエスカ

---

[104] Darya Dolzikova, "A Measured Response to Russian Nuclear Saber-Rattling," *Bulletin of the Atomic Scientists*, March 3, 2016 (http://thebulletin.org/measured-response-russian-nuclear-saber-rattling9204); Tom Sauer, "Just Leave It: NATO's Nuclear Weapons Policy at the Warsaw Summit," *Arms Control Today*, Vol. 46, No. 5 (June 2016), pp. 18-19; Simon Lunn, Isabelle Williams, and Steve Andreasen, "NATO's Nuclear Future: Deter, Reassure, Engage?" *NTI Paper*, June 2016 などを参照。

[105] Adam Mount, "The Strategic Logic of Nuclear Restraint," *Survival*, Vol. 57, No. 4 (August-September 2015), pp. 53-76 を参照。

レーション抑止に適切に対応できない可能性を指摘した106。クローニグはこの点を含め、米・NATO の核態勢に関する具体的な課題として以下のような点も挙げた107。

- NATO が実質的に戦術核を撤去したのに対して、ロシアには核のエスカレーション・ラダーに係る幅広いオプションが残されている。
- ロシアによる局地での侵攻だけでなく、核兵器の早期使用に対する抑止も必要である。
- NATO に配備されている戦術核戦力はロシアとの戦闘には適当ではない。DCA はバルカンでの紛争の範囲外であり、ロシアの防空戦力に脆弱である。
- ロシアの戦術核戦力の優勢には、戦略レベルへのエスカレーションなしには対応できないが、米国の戦略核戦力の威力は大きすぎて戦術核攻撃への均衡性のある対応とならず、破滅的な核戦争に至る可能性がある。

その上でクローニグは、NATO 加盟国に対するロシアの通常攻撃に核戦力で対応する可能性を維持するとともに、ロシアが限定的核攻撃を通じたエスカレーション優勢を達成できると考えないよう、また NATO 加盟国への効果的な安心供与とすべく、米国は柔軟性、残存性、信頼性、精密性、多様性（爆発威力を含む）のある核戦力を配備し、戦術核兵器に係るロシアの圧倒的な優位の無効化を模索すべきだと主張した。具体的には、低出力核弾頭の開発、NATO 核攻撃任務に参加する欧州の搭乗員との訓練、B61 核爆弾の東欧への前方展開、B52 戦略爆撃機のローテーション配備、新型戦略運搬手段の開発、新型 GLCM の研究などを挙げていた108。そこには、エスカレーションに係る

---

106 Matthew Kroenig, "The Renewed Russian Nuclear Threat and NATO Nuclear Deterrence Posture," *Issue Brief*, Atlantic Council, February 2016, p. 7.
107 Matthew Kroenig, "Facing Reality: Getting NATO Ready for a New Cold War," *Survival*, Vol. 57, No. 1（February-March 2015）, pp. 54-64 を参照。
108 Matthew Kroenig, "Statement," for Hearing on "Regional Nuclear Dynamics" Senate Armed Services Committee, Subcommittee on Strategic Forces, Thursday February 25, 2015. 別の論文では、SLCM や LRSO の開発なども提案している。Kroenig, "The Renewed Russian Nuclear Threat and NATO Nuclear Deterrence Posture," p. 7. このほかに、核態勢を強化すべく核戦力の

第4章　NATO

　決意，ならびに核危機に勝利する公算は，核戦力・態勢で優位に立つ側のほうが高いとの考えが反映されていた[109]。

　しかしながら，NATOによる核態勢のいっそうの強化には課題も少なくない。第1に，米国に比肩する核戦力を持つロシアとのエスカレーションの管理の難しさである。限定的核使用の抑止には，核報復の決意と戦争範囲の制限という相異なる方向性を敵に同時に伝えることが求められるが，核戦争の不可測性の高さはそうした試みの実現可能性に疑問を投げかけてきた[110]。冷戦期の米国のシミュレーションでは，ソ連に対する限定的エスカレーション抑止に，ソ連は核の飽和攻撃で反撃し，その後の相互報復により双方に甚大な損害をもたらす結果に終わったとされる[111]。大規模な核戦力を保有する米ソ間でいかなる態様での核兵器の使用が核戦争の限定化をもたらすか，冷戦期にも適切な答えを見出せなかった。

　シェリング（Thomas C. Schelling）が論じるように，エスカレーションの先にある核戦争の結末を予見しがたいからこそ，核保有国間では相互に慎重さが働く一方で，エスカレーションへの覚悟の高さが抑止成功の鍵を握ることになる[112]。他方で，核兵器使用の決意に係る競争は，ブラフの多用や過剰反応，あるいは誤解などにより，抑止が破綻するだけでなく，エスカレーションの管理にも失敗するリスクを高める[113]。また，米国の核兵器使用が厳しく非難される可能性，あるいは同盟国が自国への核報復を懸念して米国に自制を求める可能性などから，ロシアが核兵器使用に係る米国の決意を過小評価し，これが

　　　近代化を積極的に推進すべきと論じるものとして，Marrison Menke, "Russia's Dangerous Strategy of Nuclear Coercion," *Real Clear Defense*, October 19, 2015（http://www.realcleardefense.com/articles/2015/10/19/russias_dangerous_strategy_of_nuclear_coercion_108586.html）などを参照。
- [109] Matthew Kroenig, "Nuclear Superiority and the Balance of Resolve: Explaining Nuclear Crisis Outcomes," *International Organization*, Vol. 67, No. 1 (January 2013), pp. 141-171.
- [110] Elbridge A. Colby, "The United States and Discriminate Nuclear Options in the Cold War," Jeffrey A. Larsen and Kerry M. Kartchner, eds., *On Limited Nuclear War in the 21st Century* (Stanford University Press, 2014), p. 69.
- [111] Geoff Wilson and Will Saetren, "Quite Possibly the Dumbest Military Concept Ever: A 'Limited' Nuclear War," *National Interest*, May 27, 2016（http://nationalinterest.org/blog/the-buzz/quite-possibly-the-dumbest-military-concept-ever-limited-16394）.
- [112] Thomas C. Schelling, *The Strategy of Conflict* (Harvard University Press, 1981).
- [113] Brad Roberts, *The Case for U.S. Nuclear Weapons in the 21st Century* (Stanford University Press, 2016), pp. 77-78.

抑止失敗の原因ともなりかねない。

　核威嚇・使用に係る慎重さも問題となる。冷戦期の欧州では，局地レベルでの武力衝突が欧州全域，さらには米ソ間の全面核戦争へとエスカレートし，東西両陣営が共倒れになる可能性がつねに想起され，これが双方に核威嚇・使用への慎重さを課し，欧州正面での対立を瀬戸際外交に押しとどめる重要な要因の一つとなった。しかしながら，米ソ戦略レベルへの連接性の程度が低い地域では，代理戦争，あるいは米ソによる直接的な軍事介入もしばしば行われた。冷戦後の欧州において，局地，戦域および戦略の各レベルの連接性が冷戦期ほど高くはないとすれば，核兵器使用の決意をめぐる「安定的」な競争の要件としての核威嚇・使用への慎重さも低下しうる。

　「エスカレーション管理は，決して実験してはならない危険な理論」[114]だとすれば，米国はエスカレーション「優勢」を目指すべきだということになるが[115]，対ロ関係の文脈でこれを短期的に実現できるとは考えにくい。ロング（Austin Long）によれば，冷戦期に拡大抑止の信頼性を改善する重要な方法の一つとして核の優越を基盤とすることが検討されたものの，ソ連の核戦力増強で米国の優越は消え，第2の方法である戦略防衛，武装解除または損害限定のための核兵器の先行使用も，理論的には明確だが実現可能性がきわめて難しく，結果として第3の方法として戦術核兵器への依存が選択された[116]。現状でも，ロシアに対して第1および第2の選択肢は現実的ではなく，残るは第3の選択肢となるが，米国は冷戦後に戦術核を含め非戦略核戦力を大幅に削減し，保有数だけをみてもロシアの約2000発に対して米国はB61核爆弾のみの約500発と大きな格差がある。また，東西両陣営が大規模な核・通常戦力を保持して対峙した冷戦期と異なり，現在のロシアの核・通常戦力や局地レベルでの軍事力の運用状況から，米・NATOの戦術核兵器が軍事作戦上，どこまで重要な役

114　Geoff Wilson and Will Saetren, "Quite Possibly the Dumbest Military Concept Ever: A 'Limited' Nuclear War," *National Interest*, May 27, 2016（http://nationalinterest.org/blog/the-buzz/quite-possibly-the-dumbest-military-concept-ever-limited-16394）.

115　Kerry M. Kartchner and Michael S. Gerson, "Escalation to Limited Nuclear War in the 21st Century," Jeffrey A. Larsen and Kerry M. Kartchner, eds., *On Limited Nuclear War in the 21st Century* (Stanford University Press, 2014), pp. 157, 165.

116　Austin Long, *Deterrence: From Cold War to Long War* (RAND, 2008), p. 22.

第4章 NATO

割を果たしうるかも必ずしも明確ではない。

　第2に、ロシアに対する抑止と保証（NATOとして許容しえない行動をロシアがとらない限りは武力行使はしない）のいずれを重視すべきか、バランスの見極めが必要になる。ロシアは、繰り返し侵略されてきた歴史から自国や体制の脆弱性に過剰反応する傾向があり、冷戦後の状況についても、米欧諸国がロシアの弱体化の機会を捉えてその旧勢力圏たる中・東欧にNATOを拡大し、ロシアのいっそうの弱体化、さらには国家・体制の変革を企てていると考えている。こうした視点に立てば、2000年代以降のロシアの挑発行為は、米国のパワーが相対化する機会を捉え、勢力圏の「回復」により脆弱性を低減するとの防御的目的によるとの解釈も成り立つ。これに、米・NATOが抑止・対処を過度に重視して対応すれば、ロシアは脆弱性への懸念をいっそう強めて攻撃的行動をとりかねない。

　こうした安全保障ジレンマに起因する抑止失敗のリスクを低減し、抑止側の意図に従うよう誘引するには、抑止とともにロシアに対する一定の保証が必要になる[117]。しかしながら、ロシアが、米国の力の相対化という機会を捉えた力による現状修正という攻勢的目標を追求する場合、米・NATOによるロシアへの保証の強調は、ロシアに「弱さ」の表れと認識され、さらなる攻勢的行動を誘発しかねない。こうした状況では、むしろ抑止の強化が重視されなければならない。おそらくロシアは、攻勢・防御双方の目標を持つと思われるが、力の移行期に国際的・地域的なパワーバランスや国家間関係などの流動性が強まる状況では、ロシアがいずれの目標を重視するかも変動し、これを外部から正確に判断することは容易ではない。

　このことは、NATOの核態勢の修正に慎重さを求めるものとなろう。たとえば、中・東欧への米国による戦術核兵器の配備は、トリップワイヤー効果と同盟国への安心供与を一定程度向上させうるが、同盟国領域内への核兵器の前方展開と抑止効果の相関関係はほとんどないとの分析もある[118]。また、ロシ

117　Robert Jervis, "Deterrence Theory Revisited," *World Politics*, Vol. 31, No. 2 (January 1979), pp. 312-314 などを参照。

118　Matthew Fuhrmann and Todd S. Sechser, "Signaling Alliance Commitments: Hand-Tying and Sunk Costs in Extended Nuclear Deterrence," *American Journal of Political Science*, Vol. 38, No. 4, October 2014, pp. 919-933 を参照。

アの脅威認識を強く刺激することで、抑止効果を上回るようなロシアの対抗措置を招くリスクも無視しえない。他方で、同盟国に配備される核兵器の撤去は、被抑止国への保証を意図したものであっても、逆に抑止の弱体化と捉えられ、抑止が損なわれる可能性があるとも論じられている[119]。北東アジアでは米国の核戦力の前方展開なく拡大核抑止が提供されており、欧州でもこれが可能だとの議論も見られるが[120]、1991年に在韓米軍から核兵器が撤去された後、20年以上にわたって米国の核兵器が配備されていない北東アジアで前方展開なき拡大核抑止が維持されることと、政治的目的を主眼としたものであれ在欧戦術核が維持されてきたNATOから現在の安全保障環境下で核兵器が撤去されることの戦略的含意は大きく異なる。

　第3に、NATOにおいて核態勢に係る議論が収斂しうるかという問題である。上述のように、NATOの意思決定は加盟国のコンセンサスによるが、多様な優先課題や脅威認識を持つ加盟国の意見の最大公約数を探る作業のもとで、政策の大きな変革は生まれにくい。しかも、「ロシア」に対する「核態勢」という二重に機微で、加盟国の意見が割れる問題では、冷戦終結直後の激変の時期を除けば、NATOはこれまでも、現状維持を基調として双方が合意しうる部分で若干の修正を加えるにとどめてきた。とくに、「核態勢の強化」が欧州NATO諸国への米国による非戦略核兵器の追加的な配備を必要とする場合、配備される国は主たる攻撃対象となることを含め、新たな負担とコストを強い

119　Ibid. を参照。
120　K. H. Kamp, "NATO's Nuclear Posture Review: Nuclear Sharing instead of Nuclear Stationing", NATO Defence College, Research Paper, No. 68, May 2011; Isabelle Williams and Steven P. Andreasen, "The Debate Over Disarmament within NATO," George P. Shultz and James E. Goodby, eds., *The War That Must Never Be Fought: Dilemmas of Nuclear Deterrence* (Hoover Institution Press, 2015), pp. 140-141 などを参照。また、ベルギーでの反核運動家による在欧戦術核が保管された基地への侵入（2010年）、あるいはトルコにおけるクーデター未遂（2016年7月）などから、安全な保管に対する懸念は高いとして、在欧戦術核の撤去を進めるべきだとの主張もある。たとえば、Lydia Dennett, "How Secure are America's Nuclear Weapons in Europe?" *National Interest*, July 23, 2016 (http://nationalinterest.org/blog/the-buzz/how-secure-are-americas-nuclear-weapons-europe-17098). ルイス (Jeffrey Lewis) は、在欧戦術核をドイツ、イタリアあるいは英国といった政治的に安定した国の基地に集約すべきだと主張している。Jeffrey Lewis, "They are Useless and Leaving them There Is Dangerous," *New York Times*, July 20, 2016 (http://www.nytimes.com/roomfordebate/2016/07/20/should-the-us-pull-its-nuclear-weapons-from-turkey).

第4章　NATO

られかねない。

　コンセンサスによるNATOの意思決定は，抑止態勢や抑止関係の安定性を保つとともに，核態勢の修正に際して不確実な将来へのヘッジを残しやすいとの利点がある。他方で，NATOが直面する脅威の性格・態様によっては，漸進的修正を超えた対応も必要になりうる。ここで，同盟の枠組み外で核態勢を強化する試みは，NATOの一体性と核抑止に係る決意が疑われ，むしろ抑止効果の低下を招きうることには留意すべきであろう[121]。NATOとして合意可能な非核の抑止・安心供与の手段があり，核抑止の強化よりも現実的だとすれば，まずはこれを実施するという選択はきわめて合理的である。ただし，核態勢の漸進的な修正や非核の手段だけでは十分に対応できない核の脅威が生起する可能性は皆無ではない。これにNATOとして対応する用意と決意を維持できるかは，今後の抑止態勢の強化に係る鍵になると思われ，それはまた潜在的・顕在的な敵がNATOの用意や決意を試すのを諫止するものともなろう。

(2) 軍備管理の可能性？

　米・NATOとロシアの関係が悪化し，核兵器を伴う軍事的緊張が再燃する中で，抑止態勢の強化と同時に軍備管理の推進による安定化や緊張緩和への関心が高まるのは，冷戦期にこれらが同時並行的に追求された欧州安全保障の歴史と経験を考えれば，自然な流れだと言える。しかしながら，冷戦期も軍備管理体制が順調に構築されたわけではない。当時とは状況が大きく異なるが，現在もいくつかの要因が，欧州における軍備管理の成立を難しくしている。

　第1に，今後のパワーバランスに関して当事国間に認識の共有がない局面では，とくに軍事力に制限・削減を課し，あるいは締結時のパワーバランスを固定化するような軍備管理に対して，米・NATOおよびロシアの双方ともに受け入れにはきわめて慎重になると考えられる。高度に制度化された軍備管理の構築を可能にした冷戦期の2極構造が終焉した後，欧州では（また国際的にも）軍備管理の推進を可能にするような新たな基盤は見出せていない。国家存続に対する危機感が米・NATOおよびロシアともに冷戦期とは比較にならな

---

121 Durkalec, "Nuclear-Backed 'Little Green Men,'" p. 29.

いほど低いことも，逆説的だが軍備管理停滞の一因に挙げられうる。冷戦期の軍備管理は，激しく対立する超大国間で核戦争回避という目標が共有されたことを前提に，限定的な協力措置として発展した。冷戦の終結は，軍備管理を通じてそうした目標を追求する必要性を低下させたとも指摘される[122]。米ロはそれでも戦略核軍備管理条約をいくつか成立させたが，それは多分に，軍備管理を触媒とした相異なる利益の調整を主眼としたものであった[123]。力の移行期には当事国間の利益の調整も容易ではなく，それだけ軍備管理の成立は難しくなる。

　第2に，米・NATOとロシアの間で，抑止力の構成要素に係る非対称性が拡大および複合化していることである。冷戦期には，優劣はあったが戦略・非戦略核戦力および通常戦力で東西両陣営の能力は現在ほど非対称ではなく，これらの管理による戦略的安定の維持を主眼としてさまざまな軍備管理協定が成立していった。冷戦後，戦略核の分野でも米ロ間の実質的な非対称性が指摘され，非戦略核兵器，BMD，通常戦力といった他の領域の非対称性も直接・間接に絡みつつ，軍備管理の構図は複雑化していった。理論的には，非対称な状況でも，あるいは複数の領域を組み合わせて対称性を擬似的に創出することで，軍備管理の枠組みを構築することは可能である。しかしながら，前者では譲歩する側が安全保障にマイナスに働かないとの確信を持つことが必要になる。後者に関しては，対称性を創出するための計算は概して複雑化し，また計算された均衡を維持するのはさらに難しい。とりわけ欧州では，対象となる国と兵器の組み合わせ方次第で「均衡」のあり方が大きく変わり，合意のポイントを見出すのも容易ではない。

　第3に，欧州のみならずアジアや中東などでも地政学的競争が展開される状況で，少なくとも当面はグローバルな（核）軍備管理が大きく進展する可能性は高くはないと考えられ，これを活用した欧州での軍備管理の実施も期待しが

---

[122] Jeffrey A. Larsen, "An Introduction to Arms Control and Cooperative Security," Jeffrey A. Larsen and James J. Wirtz, eds., *Arms Control and Cooperative Security* (Lynne Rienner Publishers, 2009), pp. 9-12.
[123] 拙稿「新START後の核軍備管理の停滞——力の移行の含意」神余隆博・星野俊也・戸崎洋史・佐渡紀子編『安全保障論——平和で公正な国際社会の構築に向けて』(信山社，2015年)，148-149頁。

第 4 章　NATO

たい。

　複雑で流動的な安全保障環境下では，とくに能力面に係る軍備管理の構築は容易ではない。他方で，そうした状況だからこそ，緊張関係が危機，武力衝突，さらには核レベルへのエスカレーションに至るのを抑制すべく，能力および意図に係る透明性・予見可能性の向上，信頼醸成措置（CBM）を通じた相互不信の低減，あるいは意図しない対立やエスカレーションを防止する危機管理メカニズムの構築といった，ソフト面での軍備管理の実施が求められている[124]。核レベルへのエスカレーションが「青天の霹靂」ではなくグレーゾーン事態など低烈度の衝突に起因する公算が高いとすれば[125]，①低烈度から高烈度に至る紛争の規模・烈度，②使用されうる兵器体系，③紛争が行われうる空間を勘案した3次元の紛争予防メカニズムの発展が喫緊の課題となる。

　冷戦が残した教訓の一つは，対立の激化を抑止とソフト面での軍備管理を通じて防止しつつ，当事国間のコミュニケーションを拡充したことが，米ソ間や欧州での高度に制度化された軍備管理の成立を導く基礎となったということである[126]。しかしながら，その基礎は国際システムや欧州の安全保障環境の変化を受けて大きく揺らいできた。全欧安全保障協力機構（OSCE）の創設や欧州通常戦力条約（CFE条約）の締結に代表されるように，欧州はCBMなどソフト面での軍備管理が世界で最も進んだ地域と位置づけられてきたが，冷戦

---

[124] そうした欧州におけるソフト面での軍備管理を提案するものとして，Łukasz Kulesa, "Towards a New Equilibrium: Minimising the Risks of NATO and Russia's New Military Postures," *Policy Brief*, European Leadership Network, February 2016; Ian Kearns, "Avoiding War in Europe: The Risks From NATO-Russian Close Military Encounters," *Arms Control Today*, Vol. 45, No. 9 (November 2015), pp. 8-13; "Back from the Brink: Toward Restraint and Dialogue between Russia and the West," Third Report of the Deep Cuts Commission, June 2016; Ulrich Kühn, "Strategic Toughness Toward Russia the Key to Keeping Baltic Allies Safe," *Hill*, April 9, 2018 (http://thehill.com/opinion/international/382295-strategic-toughness-toward-russia-the-key-to-keeping-baltic-allies-safe) などを参照。

[125] 欧州において最も懸念される核兵器使用の可能性は，NATOやロシアの国境近くで両者が衝突し，エスカレーション措置の急速な連続へとつながり，誤算や不信の悪化によって急速にエスカレーションが進むことだと指摘するものとして，Robert E. Berls, Jr. and Leon Ratz, "Rising Nuclear Dangers: Assessing the Risk of Nuclear Use in the Euro-Atlantic Region," *NTI Paper*, October 2015, p. 1 などを参照。

[126] 2016年7月のNATO・ロシア理事会大使級会合の開催は，双方の意見の相違を埋めるものとはならなかったが，ロシアがバルト海上空での軍用機の安全飛行に関して提案し，NATOも一定の評価を行った。

後は，米ソ2極構造を与件とした冷戦期の制度は機能不全に陥ってきた。ソフト・ハード両面での欧州における軍備管理の再活性化には，あらためてその基礎を，国際システムや欧州の安全保障環境に適合するよう築くことが必要だと思われる。

また，ロシアが西側諸国に対する脆弱性――多分に強迫観念に基づくものだとしても――を認識する限り，米・NATOとロシアの関係の長期的安定が望みがたいとすれば，力による現状変更は容認しないとの原則を一方で堅持しつつ，ロシアへの安全の保証のあり方を検討することも求められよう。同時に，ロシアが欧州に安定をもたらすような軍備管理の再構築に真剣に関与するまでの間，米・NATOは対ロ抑止態勢を適切に維持する必要がある。ドゥカレク（Jacek Durkalec）は，NATOの抑止態勢が確実な時にのみ軍備管理は可能だとの前提のもとにNATOの新しい核軍備管理へのアプローチが構築されるべきであり，ロシアが核兵器への依存を低減する唯一の方法は，安全保障政策における「核兵器化（nuclearization）」からのアドバンテージを否定することだと論じる[127]。NATOの対ロ抑止態勢は，緊張状況の悪化を抑制しつつ，その間に緊張緩和の努力を重ね，軍備管理を通じた欧州の安定化を導くための時間を提供するという意味でも重要だと言える。

最後に，トランプ政権が打ち出した海洋配備非戦略核戦力，とりわけ核SLCMの開発・取得，ならびにINF条約からの脱退可能性の含意である。核SLCMやINFクラスのミサイルを新規に開発・生産し，導入するまでには，一定の時間を要すると見られる。少なくともその間は，ロシア（や中国など）に対する抑止力としては機能せず，ロシアのINF条約違反問題および非戦略核軍備管理問題の進展にどれだけ寄与するかもわからない。INF条約締結時にはソ連に焦点を当てればよかったのに対して，現在はロシア以上にアジアにおける中距離ミサイルの存在が米国と地域の同盟国に大きな影響を与えている。中距離ミサイル問題は，多分に地域安全保障の文脈で取り扱われるのが現実的であり，その軍備管理も例外ではないが，同時に地域間で動向が相互作用する可能性の高い分野でもある。そうだとすれば，日本とNATO諸国が緊密に協

---

[127] Durkalec, "Nuclear-Backed 'Little Green Men,'" pp. 33-34.

議しつつ，中距離ミサイルに関する地域的・国際的な軍備管理の推進に向けて連携することも一案となろう。具体的な軍備管理措置の実現可能性は高いとは言えないが，予見しうる将来の安全保障において最も大きな不安定化要因の一つと目される中距離ミサイルの問題を取り上げる意味は小さくない。

おわりに

　冷戦終結後，NATOは在欧戦術核の撤去，ならびに核抑止再強化という二つの可能性に，いずれも現状維持を基調とした若干の修正の形で対応してきた。トランプ政権のNPRを見る限りでは，NATOの核抑止政策に大きな変更をもたらすような施策は提起されておらず，ロシアの脅威が大きく変質しない限り，NATOは2016年7月の首脳会議で確認された現在の核態勢を原則として継続すると考えられる。欧州における核戦力の追加配備を含む米国による核態勢の強化であれ，逆に在欧戦術核の撤去であれ，多様な関心と脅威認識を持つNATO加盟国が，核態勢をめぐる問題で大きな修正をコンセンサスにより合意するのは容易ではない。それは，安全保障状況に応じた柔軟で弾力性のある核態勢の調整を難しくする反面，核態勢に係る安定性をもたらし，同盟内外に不要な誤解が生じること，あるいは核態勢の急激な変化が意図せざる副作用をもたらすことを抑制しうるとともに，将来の不透明性に対するヘッジを残すという効果もある。

　力の移行をめぐる地政学的競争が続く状況下では，NATOにおける抑止態勢の強化に関する議論も続き，そこでは核抑止も重要な論点の一つを引き続き構成するものとなろう。同時に，抑止態勢の強化と軍備管理の推進が並行して追求された欧州安全保障の伝統もあらためて想起されるべきであろう。両者の相互作用の活用が，NATOに課されるもう一つの重要な課題である。

　付記：米国は，本稿脱稿後の2019年2月2日にINF条約脱退を正式に通告した。NATOは直ちに米国への支持を表明したが，米国がNATO諸国に対して，ロシアの条約違反に関する情報をかなりの程度共有したことが奏功したと

される。他方で，米国による地上配備中距離ミサイルの欧州 NATO 諸国への配備に関しては，引き続き慎重な加盟国が少なくない。

第5章
インド・パキスタン
── 「抑止のための兵器」の 20 年

栗田　真広

はじめに

　抑止は唯一の目的であり，戦力は小規模で充分である。パキスタンはいっさい，戦争遂行のための核兵器の使用を考えたことはないし，先制のための能力を求めたこともない……戦略戦力は，敵対国のそれと（数量的に）同等である必要はない。なぜなら，核兵器は戦争遂行のためのものではないからである[1]。

　米ロ英仏中は，核兵器を戦争のための兵器として開発した……インドの思考は異なり，それは主として，われわれが冷戦期の，核戦争遂行という基準系を捨てたからである。われわれの考えでは，核兵器の主な役割は相手国の核使用の抑止であり，そのためにインドが必要とするのは，信頼性のある，戦略的最小限にとどまる[2]。

最初の引用は，1999 年 10 月，パキスタン政府・軍の元高官ら 3 人が現地紙に発表した同国の核政策に関する論考から，二番目は，同年 11 月，1998 年の

1　Agha Shahi, Zulfiqar Ali Khan and Abdul Sattar, "Responding to India's Nuclear Doctrine," *Dawn*, October 5, 1999.
2　"India Not to Engage in a N-arms Race: Jaswant," *The Hindu*, November 29, 1999.

核実験当時のインド人民党（BJP）政権の中心人物であったシン（Jaswant Singh）外相が，インド紙に対して同国の核政策の概要を語ったインタビューからのものである。

　1998年5月，印パ両国が相次いで核実験を行ってから，すでに20年以上が経過した。1980年代末，米ソ冷戦の終結過程にやや先立つ形で印パ両国が事実上の核保有に至り，そこから2000年代初頭にかけて，核戦争の危機が危ぶまれる軍事危機を幾度か経験した南アジアは，以降しばらくの間，大国間での「核の忘却」が言われる中で，数少ない「核が忘却されなかった」地域であったと言える。

　一方で，公然の核保有国となった両国の核政策は，少なくともこの核実験直後の初期段階では，「核の忘却」時代の精神を体現しようとしていた面があった。上記の引用にも見られるように，核実験後，いずれも最小限抑止を標榜した印パは，その前提として，核兵器を「抑止のための兵器」と位置づけ，核兵器による戦争の遂行という概念を採用しない姿勢を示した。ここで念頭に置かれていたのは，「核が忘却される」以前の米ソが追求した，核戦争遂行（nuclear war-fighting）の概念，すなわち核戦争を，報復能力の応酬による相互の破滅に終わらせることなく，通常戦争同様にこれを遂行し「勝利」する，言い換えれば自国の望む成果を獲得できる態勢を整え，核戦争を合理的に検討可能な選択肢にしようとする核戦略との対比である。もちろん，実際は冷戦期のこの種の戦略も，核戦争の遂行自体が目的ではなく，それを可能にする，言い換えれば核兵器を「使える」ものにすることで抑止の向上を図るものであった。だが印パは，自身の核抑止力がこうした戦争遂行の論理に乗らない点を打ち出すことで，それらをより純粋な「抑止のための兵器」として描き出し，米ソとの対照性を強調したのである。

　この方針に沿い，インドが核の先行不使用（NFU）を掲げ，通常戦力で劣るパキスタンも，先行核使用の権利を留保しつつも核兵器を国家の生存が脅かされた場合の「最後の手段」とする構図には，本書でいうところの「秩序の兵器」（第7章）としての核兵器の位置づけを見出しうる部分がたしかにあったように思われる。2004年に，核分野での信頼醸成に係る印パ間の専門家会合共同声明において，両国が互いの核兵器を「安定の一要素」と認める，との文

第5章 インド・パキスタン

言が入ったことは，この文脈で象徴的であった[3]。

ところが，2010年前後から，グローバルな「核兵器の復権」と軌を一にするように，印パの核戦略・核態勢やそれらに関する両国内の議論には，一見，その核戦争遂行の概念の受容と見られる要素が目立つようになる。本来，核戦争遂行の概念を拒否するならば，戦術核兵器を含む限定核使用オプションによる限定核戦争の追求や，複数個別目標再突入弾頭（MIRV）などを用いた敵戦略戦力等への対兵力攻撃（counter-force）とミサイル防衛を併用した損害限定といった要素は排除され，主として，相手国の第1撃に対して非脆弱な報復核戦力にのみ立脚した，相対的に規模の小さい核抑止力が志向される。だがパキスタンは，2011年には戦術核兵器と見られるミサイルの試験を行い，2013年には「全範囲抑止（full-spectrum deterrence）」を標榜，核使用の敷居を下げていると見られるようになった。対するインドでは，精度の高いミサイルやMIRV，ミサイル防衛の開発が進むと同時に，戦略コミュニティ内で，2003年の公式ドクトリンで掲げた先行不使用（NFU）や大量報復戦略の見直しを求める声が高まった。両国の当局者は今日でも，彼らの核兵器は戦争遂行を意図したものではないと強調するが，そうした言説はもはや，国際社会の懸念を払拭するための方便でしかないのだろうか。

以上の背景を踏まえ，本章では，1998年の核実験以降20年間を経て，印パ両国の核戦略・核態勢の中に，かつて彼ら自身が否定したはずの核戦争遂行の要素が取り込まれるに至ったのかを問うことを主眼とする[4]。同時に，そこで導かれる結論に基づき，今後の変化の可能性に係る見通しにも触れるとともに，今日に至るまでに両国の間で形成されてきた，総体的な抑止関係の安定性についても，一定の評価を試みる[5]。

---

3 "India, Pak to Ban Nuclear Tests," *The Times of India*, June 21, 2004.
4 本章は，拙著『核のリスクと地域紛争——インド・パキスタン紛争の危機と安定』（勁草書房，2018年），第4章ならびに拙稿「インドの核ドクトリンにおける先制核攻撃オプションの可能性」『国際安全保障』第45巻第4号（2018年3月），86-105頁をもとに加筆・修正したものである。
5 インドの核政策は，パキスタンだけでなく，中国の脅威も念頭に構築されてきた。ただ，インドの対中核抑止力がいまだ実存的抑止に近い水準にあることを含め，さまざまな要因の作用があり，中印間の核抑止に係る考慮が，インドの核戦略・核態勢に核戦争遂行の観点から影響を及ぼしてきたとは，今までのところ考えにくい。ゆえに本章は，印パ間の文脈に議論の焦点を限定した。中印間の核抑止については，拙稿「中国・インド関係における核抑止」『防衛研究所紀要』第20巻第1号

1　パキスタンの核戦略・核態勢

（1）確証報復と曖昧性

　軍が核開発を掌握してきたパキスタンは，早い段階から，核兵器を戦争遂行の手段と位置づけてきたものと見られがちである。だが実際は，同国が伝統的に，核戦争遂行の概念に立脚した核戦略・核態勢を採用してきたわけではない。核戦争遂行の前提となる，核兵器の軍事的な運用化は，1980年代後半の事実上の核保有から1998年の核実験まで，ほとんど進まなかった[6]。同国の指導層は当初，2，3個の核兵器で充分に相手国を抑止できると考えていたとされるが[7]，そうした抑止の捉え方は，核戦争遂行の概念からは最も遠い，核兵器がその存在のみによって抑止力を生むとする実存的抑止に近い。

　核実験後にパキスタンは運用化を急速に進め，2001年12月のインド国会テロ事件に端を発した危機までには，指揮統制機構も含め運用化された核戦力を確立した[8]。しかしそこでも，核戦争の遂行が可能な態勢が志向されたわけではなかった。このとき採用された核戦略や核態勢に関して，公式の体系的発表はないものの，当局者による断片的・非公式の言及と，当局の意を汲んだと思われる非現役の政府・軍関係者の論考などを繋ぎ合わせると，同国が発信しようとしていた核態勢の輪郭が浮上する。それは，大規模な核攻撃を受けた後でも核報復を行うことが可能な残存性の高い第2撃能力を構築し，敵対国の都市などの価値目標を標的として，核戦力の配備や使用に関しては集権的な統制を重視する，確証報復（assured retaliation）[9]に準ずるものであった。

　（2017年12月），63-91頁も参照。
6　Naeem Salik, *The Genesis of South Asian Nuclear Deterrence: Pakistan's Perspective* (Oxford University Press, 2009), pp. 126, 234-235; Feroz Hassan Khan, "Pakistan's Nuclear Force Posture and the 2001-2002 Military Standoff," in Zachary S. Davis, ed., *The India-Pakistan Military Standoff: Crisis and Escalation in South Asia* (Palgrave Macmillan, 2011), p. 137.
7　Zafar Khan, *Pakistan's Nuclear Policy: A Minimum Credible Deterrence* (Routledge, 2015), p. 1.
8　Khan, "Pakistan's Nuclear Force Posture and the 2001-2002 Military Standoff," p. 137.
9　確証報復の定義は，Vipin Narang, *Nuclear Strategy in the Modern Era: Regional Powers and International Conflict* (Princeton University Press, 2014), pp. 17-18 による。

第5章 インド・パキスタン

　本章冒頭で触れた政府・軍の元高官らの論考は，抑止を唯一の目的として，核戦争遂行のための戦術的核使用や先制攻撃能力を追求しない限り，核戦力は最小限で足るとしつつ，核戦力の残存性を確保し抑止の信頼性を担保すべきと述べる[10]。ターゲティングには言及が少ないが，ムシャラフ（Pervez Musharraf）大統領兼陸軍参謀長はかつて，インドの数個の都市を攻撃できるだけの核ミサイルを保有すると述べ，対価値攻撃を示唆していた[11]。指揮統制機構に関しては，2000年2月に政府・軍指導部から成る国家指揮部（NCA）の創設が発表されており，NCAに加えて，その常設事務局で核政策の中枢を担う統合参謀本部内の戦略計画部（SPD），核戦力を運用する戦略軍司令部の3層のシステムが設けられている[12]。核使用等の決定権限については，政府トップが99パーセントを掌握し，前線の司令官への事前の使用権限の授権など，核兵器に関わる権限移譲の計画はいっさいないとも主張されていた[13]。

　2000年代半ばまでのパキスタンの核戦力の方向性も，おおむねこれら非公式の宣言政策から読み取れる確証報復の核態勢と合致していた。同国は核実験後に2000〜05年の短期戦力構築計画を立てたとみられ[14]，2005年には最小限抑止の水準として量的に定めた目標に到達したことを宣言したが[15]，当時の保有核弾頭数は60個程度と推察されている[16]。また，パキスタンは2000年代中ごろまで，より多くのインドの価値目標を狙える長射程の弾道ミサイル開発に注力してきた。これらは命中精度に限界があり，軍事目標への打撃を含め，各種の限定核使用が前提とする精密攻撃には向かず，都市のような広域の価値目標への攻撃に適したものである[17]。

10　Shahi, Khan and Sattar, "Responding to India's Nuclear Doctrine."
11　"How Inevitable is an Asian 'Missile Race'," *Jane's Intelligence Review*, January 1, 2000.
12　Salik, *The Genesis of South Asian Nuclear Deterrence*, pp. 235-237.
13　Paolo Cotta-Ramusino and Maurizio Martellini, "Nuclear Safety, Nuclear Stability and Nuclear Strategy in Pakistan," Landau Network, January 2002 (http://www.pugwash.org/september11/pakistan-nuclear.htm), accessed on January 16, 2013.
14　Bhumitra Chakma, *Pakistan's Nuclear Weapons* (Routledge, 2009), p. 59.
15　"President Says Pakistan has Crossed "Minimum Deterrence Level"," *BBC Monitoring South Asia*, March 20, 2005.
16　Stockholm International Peace Research Institute, *SIPRI Yearbook 2005: Armaments, Disarmaments and International Security* (Oxford University Press, 2006), p. 664.
17　Chakma, *Pakistan's Nuclear Weapons*, p. 56.

だが，実はパキスタンの核戦略には，本来この確証報復の核態勢とは親和的でない要素が含まれていた。それはすなわち，究極的に追い詰められた場合の「最後の手段」との限定は付しつつも，優勢なインドの通常戦力行使には先行核使用で報復する意図を明確にし，通常戦力に対する核兵器での抑止を掲げる点である[18]。純粋な確証報復のもとでは本来，核攻撃の抑止のみを核兵器の目的とし，対通常戦力抑止は念頭に置かれない[19]。冷戦期の米国における，ソ連の欧州への通常戦力侵攻の抑止に係る議論から明らかなように，相互に相手国を破滅させられるだけの核戦力を抱えた2者間で，通常戦力面での軍事行動のような核攻撃未満の行為に対して相手国本土への核報復を威嚇することには，信頼性の問題が生じるためである[20]。それゆえ核兵器での対通常戦力抑止を念頭に置くならば，この問題を克服するアプローチとして，自国にとって破滅的でない形で核戦争を遂行し，望ましい形で終結させることを可能にする，核戦争遂行の要素を取り入れることが有効になる。

　ところが，この時期のパキスタンは，そうした動きは見せなかった。当局者・専門家の間に，戦術核兵器導入への関心は全く見られず[21]，キドゥワイ（Khalid Kidwai）SPD長官は2002年のインタビューで，いっさいの戦術核兵器

18　Olaf Ihla and Follath Erich, "Im Notfall auch die Atombombe," *Der Spiegel*, April 8, 2002, pp. 167-170; Cotta-Ramusino and Martellini, "Nuclear Safety, Nuclear Stability and Nuclear Strategy in Pakistan"; Shahi, Khan and Sattar, "Responding to India's Nuclear Doctrine."

19　Narang, *Nuclear Strategy in the Modern Era*, p. 17. この点ゆえ，ナランは核実験後のパキスタンの核態勢を，確証報復ではなく非対称エスカレーション（asymmetric escalation）に分類している。これは，敵対国の通常戦力行使を抑止すべく，軍に核使用の面で大きな権限を与え，ターゲティングでは価値目標への懲罰的核使用も排除はしないが，拒否的なモードでの敵通常戦力や戦争遂行能力への核攻撃を掲げるもので，本章でいうところの核戦争遂行の概念に立脚したものである。しかし，先行核使用オプション以外の側面で，核実験後のパキスタンが打ち出していた要素は，明らかにこれらとは合致しないし，たしかに確証報復の核態勢が，先行核使用の威嚇による対通常戦力抑止と親和的でないことは事実だが，厳密に言えばナラン自身，確証報復のもとで必ずしも先行核使用オプションが排除されるわけではないとも述べている。これらに鑑みれば，この時期のパキスタンの核態勢はやはり確証報復に分類されるべきである。

20　冷戦期の「安定・不安定の逆説」の議論は，この点を捉えたものである。Glenn Snyder, "The Balance of Power and the Balance of Terror," in Paul Seabury, ed., *The Balance of Power* (Chandler, 1965), p. 199.

21　Michael Krepon, "Pakistan's Nuclear Strategy and Deterrence Stability," in Michael Krepon and Julia Thompson, eds., *Deterrence Stability and Escalation Control in South Asia* (Stimson Center, 2013), p. 51.

の必要性を排除していたとされる[22]。また,核戦争の遂行は,確証報復のもとで想定されるものよりも多数かつ多様な核攻撃の標的を念頭に置くが,最小限抑止の原則は,それが要する大規模な核戦力とは矛盾するものであった。

むしろパキスタンはこの時期,核戦争遂行とは別の論理に依拠することで,インドの通常戦力行使に対する抑止力を担保しようとした形跡がある。それは,通常戦争の中でいつ,どのように核兵器で反撃するのかに関する曖昧性を残すことで抑止を担保する,不確実性に立脚した抑止のアプローチである。

パキスタンの政策決定者らの間では,この曖昧性が抑止上果たす重要性が,広く受け入れられてきた[23]。曖昧性の活用が最も顕著に表れているのが,先行核使用に訴える「核の敷居」,レッドラインの位置である。パキスタンは核兵器を「最後の手段」としつつも,レッドラインの位置は明らかにせず,一方で核兵器に明確に言及こそしないものの,早期の核使用を示唆しているととれる声明も出されている[24]。キドゥワイは2002年,核使用に至る事態として,領土の大部分が征服された場合,陸空軍の大部分が壊滅した場合,経済的窒息を引き起こす手段がとられた場合,政治的不安定化へと追いやられるか,国内で大規模な政府転覆活動が引き起こされた場合,の四つに言及したが[25],いずれもレッドラインとしては非常に曖昧である。また,ターゲティング面でも,先述のムシャラフの発言を除けば,公式なものと捉えうる詳細な言及はほとんどなく,他方で西側の専門家らが,パキスタンがインド軍部隊への核使用に訴える可能性を指摘しており[26],ここにも曖昧性があった。

こうした曖昧性を前に,インドは通常戦力の行使に際し,その後の展開に強

---

[22] Cotta-Ramusino and Martellini, "Nuclear Safety, Nuclear Stability and Nuclear Strategy in Pakistan." インタビュー報告の中では,この点について直接の言及はないものの,そうした戦術核兵器に関する発言が為されていたことを,インタビューに同席していた当時のSPD軍備管理・軍縮課長のサリクが後に明らかにしている。Naeem Salik, *Nuclear Learning in Pakistan since 1998*, thesis presented for the degree of Doctor of Philosophy, The University of Western Australia (2015), p. 124.

[23] Khan, *Pakistan's Nuclear Policy*, p. 41.

[24] たとえば, "Pervez Vows to Unleash a Storm'," *The Statesman*, May 30, 2002.

[25] Cotta-Ramusino and Martellini, "Nuclear Safety, Nuclear Stability and Nuclear Strategy in Pakistan."

[26] Stephen P. Cohen, *The Pakistan Army*, 1998 Edition (Oxford University Press, 1998), pp. 177-178.

い不確実性を感じざるをえない。インドにしてみれば、通常戦争の中でいつ、いかなる形でパキスタンの核使用が生じるかわからず、仮に核使用が発生すれば、その先には当然、全面核戦争という最悪の帰結が一定の現実性を持って立ち現れてくるのである。この不確実性を突きつけることで、本来であれば直面するはずの核抑止の信頼性の問題を一定程度克服し、インドに通常戦力の行使を思いとどまらせるのが、当時のパキスタンの抑止のアプローチであったと言えよう。

ただそれでも、この不確実性に基づくアプローチは、相対的にみれば、核戦争遂行の論理に立脚したものと比べて、抑止の信頼性の面で劣ることは否めなかったと思われる。インド側からすれば、レッドラインの位置が曖昧であろうと全面核戦争に至ればパキスタンも破滅を免れえない以上、同国は核の先行使用を躊躇する、との予測も成り立つためである。だからこそパキスタンは、並行して通常戦力面での能力整備を進め、核抑止に頼らざるをえない状況を、威嚇の信頼性が必然的に高まる「究極的に追い詰められた場合」に限定するような努力を進めていったのである。

(2) 全範囲抑止

以上のようなパキスタンの核政策にとって変化の契機となったのが、2004年のインドの限定通常戦争ドクトリン、コールド・スタート（Cold Start）の登場であった。

このドクトリンは、2001年のインド国会襲撃事件のようなパキスタン起源の深刻なテロが発生した際、パキスタン軍の防御態勢が整う前、かつ国際社会の介入よりも前に、師団規模の統合戦闘群（IBG）を同国領内に複数突入させ、領土を浅く占領したり、パキスタン軍に損害を与えたりといった、「核の敷居」を超えない限定的な懲罰を与えることを意図したものである[27]。当時インドは、

---

27 コールド・スタートの内容については、以下を参照した。Ali Ahmed, "Cold Start: The Life Cycle of a Doctrine," *Comparative Strategy*, Vol. 31, No. 5 (2012), p. 456; Walter C. Ladwig III, "A Cold Start for Hot Wars?: The Indian Army's Limited War Doctrine," *International Security*, Vol. 32, No. 3 (Winter 2007/2008), pp. 164-165; Gurmeet Kanwal, "India's Cold Start and Strategic Stability," *IDSA Comment*, June 1, 2010 (http://www.idsa.in/idsacomments/IndiasColdStartDoctrineandStrategicStability_gkanwal_010610).

第5章　インド・パキスタン

「安定・不安定の逆説（stability-instability paradox）」の形で，パキスタンが核抑止を盾にインドの通常戦力行使を抑止しつつ，テロ支援などの代理戦争を活発化させているとの懸念を強めており，核抑止のもとでも履行可能な限定通常戦争オプションを用意することで，パキスタンの行動を抑制させることを目指したのである。

このようなインド側の動きは，パキスタンの強い懸念を生んだ。それは，パキスタンが曖昧性によって手当してきたはずの，対通常戦力抑止の面での自国の核抑止の信頼性に係る問題を強く意識させるものにほかならなかったからである。さらに悪いことには，経済成長や米印関係の緊密化を背景としてインドの通常戦力が急速に拡張していったことで，パキスタンにとって，拡大する通常戦力不均衡を通常戦力面での防衛努力だけでは埋められなくなりつつある状況も生起していた。

そうしたなか，パキスタン側でも，2000年代後半から，核戦力構築面で二つの新しいトレンドが出始めた。一つはこの時期以降顕著になった，短射程の弾道ミサイルや巡航ミサイルの開発である。とくに，射程60キロメートルのナスル（Nasr），同180キロメートルのアブダリ（Abdali）の二つの短距離弾道ミサイルは注目を集めた。両ミサイルは2011年に飛翔実験が行われ，当局はこれらを「戦術核兵器」と明言しなかったものの，「即応システム」「作戦レベルの能力を提供するもの」と形容したことや[28]，その射程距離から，従来のパキスタンの核戦力にはなかった戦術核兵器の登場として注目された。また，高い命中精度ゆえ軍事目標への攻撃に適した戦争遂行用の兵器としての性格が強い巡航ミサイルについても，地上発射型・潜水艦発射型のバブール（Babur），航空機発射型のラード（Ra'ad）の2種類が順次試験されてきた[29]。

もう一つは，核弾頭数増強の動きである。パキスタンは2006年ごろ，前年に米印間での原子力協力の意向が発表されたことを受けて，核実験後に策定し

---

[28] ISPR, Press Release, No. PR94/2011-ISPR, April 19, 2011 (https://www.ispr.gov.pk/press-release-detail.php?id=1721); ISPR, Press Release, No. PR62/2011-ISPR, March 11, 2011 (https://www.ispr.gov.pk/press-release-detail.php?id=1689).

[29] Hans M. Kristensen and Robert S. Norris, "Pakistan's Nuclear Forces, 2016," *Bulletin of the Atomic Scientists*, Vol. 72, No. 6 (2016), pp. 369, 374. いずれも射程は350キロメートル程度と見られている。

た必要弾頭数の見積もりの改定を始めたと見られている[30]。2000年代後半からは，原子炉の増築による兵器級プルトニウムの製造能力の増強が目立つようになり，2025年時点での同国の核弾頭保有数見通しに関して，米国の専門家らは220〜250個という数字を提示した[31]。核弾頭数の増加は，核戦力の残存性向上のみならず，核戦争遂行の観点でも二つの意義を持つ。第1に，相手国の都市や産業基盤を標的とする対価値攻撃と比べ，敵核戦力や軍部隊・軍事施設などを標的とする対兵力攻撃はより多くの核弾頭を必要とする。第2に，パキスタンが核弾頭数増強にあたって注力するプルトニウム式の弾頭は，ナスルのような戦術弾道ミサイルや巡航ミサイルに搭載するための，小型化・軽量化に適している。

そして，2010年代に入ると，パキスタンは自国の核戦略・核態勢に言及する上で，「全範囲（full-spectrum）」という表現を用い始めた。2011年のナスルの実験は，「脅威の範囲のあらゆるレベルで戦略抑止を補強する」ものと形容され[32]，2013年9月にはNCAが，パキスタンは引き続き最小限の信頼性ある抑止に準拠するものの，域内安全保障環境の変化を踏まえ，「あらゆる形態の侵略を抑止するため，全範囲の抑止を維持する」と表明した[33]。

「全範囲抑止」標榜以前から，一部の専門家らは，これらの動きが，NATOの柔軟反応戦略に準ずる措置であるとの見方を提示していた[34]。すなわちそれは，インドのコールド・スタートによって対通常戦力面での核抑止の信頼性が損なわれるとの懸念が生じたために，戦術核兵器による限定的な核使用を導入することで抑止の信頼性を回復させることを意図したもの，との見立てである。そこへ2015年に，SPD長官を退いたキドゥワイや外務省が，ナスルの導入に

---

[30] Peter R. Lavoy, "Islamabad's Nuclear Posture: Its Premises and Implementation," in Henry D. Sokoloski, ed., *Pakistan's Nuclear Future: Worries beyond War* (Strategic Studies Institute, January 2008), p. 156 (http://www.strategicstudiesinstitute.army.mil/pubs/display.cfm?pubID=832).
[31] Kristensen and Norris, "Pakistan's Nuclear Forces, 2016," p. 368.
[32] ISPR, Press Release, No. PR94/2011-ISPR.
[33] ISPR, Press Release, No. PR133/2013-ISPR, September 5, 2013 (https://www.ispr.gov.pk/press-release-detail.php?id=2361).
[34] Rodney W. Jones, "Pakistan's Answer to Cold Start?," *The Friday Times*, May 13-19, 2011; Bruno Tertrais, "Pakistan's Nuclear and WMD Programmes: Status, Evolution and Risks," *Non Proliferation Papers*, No. 19, July 2012, p. 5 (https://www.files.ethz.ch/isn/151272/brunotertrais5010305e17790.pdf).

象徴される全範囲抑止への移行は、この論理に則ったコールド・スタートへの対処であると認めた[35]。これで、上記の理解が裏付けられたものと捉えられることになった。

2　インドの核戦略・核態勢

（1）公式ドクトリンと確証報復

インドの核兵器はしばしば「政治的な兵器」と形容される[36]。核政策上の決定権限を握ってきた政治指導部は、核兵器は抑止のための政治的道具であって戦争遂行の手段ではないと解釈し、核戦力の実運用を担う軍は、核の政策決定からかなりの程度外されてきた[37]。これは核戦力の運用面の発達の遅れにもつながった。1999年のカルギル紛争、2001～02年の危機を経て運用化の必要性が認識され[38]、2003年に公式ドクトリンが採択されたが、比較的最近でもなお、運用化の水準は望ましいレベルに達していないとの指摘が見られたほどである[39]。

インドの核戦略・核態勢は、正式には2003年1月の公式ドクトリンで示されたものの、それに先立つ1999年8月、政府の諮問機関の国家安全保障諮問会議（NSAB）が策定した核ドクトリン草案（DND）が公表された。DNDは、「信頼性ある最小限抑止」やNFUなど、後の公式ドクトリンの柱となる要素を備える一方、「充分で残存性があり、運用面で準備された戦力」の必要性や、

---

[35] *Transcript: A Conversation with Gen. Khalid Kidwai*, Carnegie Endowment for International Peace, March 23, 2015, pp. 8-9 (http://carnegieendowment.org/files/03-230315carnegieKIDWAI.pdf); "Tactical N-arms to Ward off War Threat, Says FO," *Dawn*, October 20, 2015.

[36] V. R. Raghavan, *Global Nuclear Disarmament: Geopolitical Necessities*（Vij Books India, 2012）, pp. 48-49.

[37] Arun Prakash, *India's Nuclear Deterrent: The More Things to Change...*, S. Rajaratnam School of International Studies, March 2014, p. 2 (https://www.rsis.edu.sg/wp-content/uploads/2014/07/PR140301_India_Nuclear_Deterrent.pdf); Verghese Koithara, *Managing India's Nuclear Forces* (Brookings Institution Press, 2012), p. 10.

[38] Gaurav Kampani, "Is the Indian Nuclear Tiger Changing its Stripes?: Data, Interpretation, and Fact," *The Nonproliferation Review*, Vol. 21, No. 3-4（2014）, p. 389.

[39] たとえば、Koithara, *Managing India's Nuclear Forces*, p. 10.

多様性・柔軟性などを重視した「核の3本柱」から成る核戦力の志向，戦略目標とターゲティングに基づく統合作戦計画を含む指揮統制機構の構築といった，運用化を意識した内容を含んでいた[40]。ただ，この文書は公式には採択されていない。

2003年の公式ドクトリンは，内閣安全保障委員会の会合を受けた首相府のプレスリリースとして公表された[41]。主な内容は，信頼性ある最小限抑止の構築・維持，インド領内またはインド部隊に対する核攻撃への報復としてのみ核攻撃を行うNFU，ただし大規模な生物・化学兵器での攻撃には核報復を行いうること，核報復では大規模で「耐えがたい損害」を与えるという大量報復原則，非核兵器国への核不使用がある。指揮統制の面では，核使用は核指揮本部（NCA）を通じて政治指導部のみが決定すること，全戦略戦力の管理等を担う戦略軍（SFC）司令官を指名すること，バックアップの指揮系統を承認したことが記述されている。

この他，核政策を明示したものとして，冒頭でも引用した通り，1999年11月にシン外相がインド紙に対し，DNDの非公式性を明確にするとともに，公式の核政策に関して語ったインタビューがある。その内容はおおむね公式ドクトリンに合致するが，そこでは明言のない原則にも触れており，核戦力の残存性を重視すること，即時の核報復は必要ないため，核戦力を警戒即発射のような即応態勢に置かないこと，軍拡競争には従事しないが，「最小限」は量的に固定できず可変的であること，そして核戦争遂行という概念を採用しないために，戦略的最小限をもって足ることである[42]。

公表以降，核ドクトリンの改訂は公には発表されていない。2013年には，近年で最も権威のある政府関係者の説明として，NSAB議長のサラン（Shyam Saran）が，インド政府は2003年以来，公式ドクトリンに沿う形で，穏当なペ

40　Ministry of External Affair, Government of India (GOI), "Draft Report of National Security Advisory Board on Indian Nuclear Doctrine," August 17, 1999 (http://mea.gov.in/in-focus-article.htm?18916/Draft+Report+of+National+Security+Advisory+Board+on+Indian+Nuclear+Doctrine).
41　Prime Minister's Office, GOI, "Cabinet Committee on Security Reviews Progress in Operationalizing India's Nuclear Doctrine," January 4, 2003 (http://pib.nic.in/archieve/lreleng/lyr2003/rjan2003/04012003/r040120033.html), accessed on January 1, 2017.
42　"India Not to Engage in a N-arms Race."

第5章　インド・パキスタン

ースではありながら，NFUを堅持し報復の形での核使用のみを念頭に置いた「核の3本柱」から成る戦力構築を進め，敵の第1撃に耐えうる残存性を持つ指揮統制機構を構築してきたと述べた[43]。

　これらの宣言政策からは，一貫してインドが，敵対国の核攻撃や核威嚇に対する信頼性ある抑止力の確保を意図して，確証報復に分類される核態勢をとってきたことが読み取れる。逆に言えばそれは，核戦争遂行の概念とは相容れない。NFUは，通常戦争の中での敵部隊等への戦術的な先行核使用や，敵核戦力に対する対兵力攻撃の形での先制核攻撃を排除するし，大量報復戦略は，限定核使用の余地を否定する。公式ドクトリンに明記はなくとも，インドの「核戦争遂行の拒否」というスタンスは，これら核態勢の諸側面から明白であり，それを裏付けるように，先述のシン外相のインタビューをはじめ，政府・軍関係者が折に触れて，核兵器は戦争遂行のための兵器ではないと言及してきたのである[44]。

　こうした核態勢を支えるべく，インドは長射程の弾道ミサイル戦力開発を進めてきた。同国では国産のアグニ（Agni）弾道ミサイルの開発の遅れゆえ，核実験後もしばらく核運搬手段として航空機への依存が大きかった[45]。しかし，パキスタンのほぼ全土に届くアグニ1が2007年に運用可能になって以降，2011年に2000キロメートル射程のアグニ2，2014年には3200キロメートル射程のアグニ3が運用可能となり，続く3500キロメートル射程のアグニ4も運用間近とみられ，5000キロメートル級かつキャニスター格納式ゆえに運用面でより優れたアグニ5の開発も進むなど，地上配備型弾道ミサイル戦力が次第に充実してきた。また，搭載可能な弾道ミサイルの射程は700キロメートルと短く，安全な距離からイスラマバード等を打撃するには不十分ではあるものの

---

[43] Shyam Saran, *Is India's Nuclear Deterrence Credible?*, April 24, 2013, p. 7 (http://www.armscontrolwonk.com/files/2013/05/Final-Is-Indias-Nuclear-Deterrent-Credible-rev1-2-1-3.pdf).

[44] 例として，"Army Chief Warns Pak against N-strike: "We are Ready for Full-scale War"," *The Tribune*, January 11, 2002; Rajat Pandit, "Nuclear Weapons Only for Strategic Deterrence: Army Chief," *Economic Times*, January 16, 2012; Shyam Saran, "The Dangers of Nuclear Revisionism," *Business Standard*, April 22, 2014.

[45] 以下，本段落でのインドのミサイル開発に関する記述は，Hans M. Kristensen and Robert S. Norris, "Indian Nuclear Forces, 2017," *Bulletin of the Atomic Scientists*, Vol. 73, No. 4 (2017), pp. 205-206 を参照した。

の，国産の戦略原子力潜水艦（SSBN）の1番艦が2016年8月に就役した[46]。

（2）兵器開発の方向性とドクトリン見直し議論

公式の核政策が，核戦争遂行の概念とは相容れない，確証報復の線で一貫してきた一方，インドの核政策や関連する動きの中には，そうした公式の核政策との関係で議論を呼ぶようなトレンドも存在してきた。

一つは兵器開発の方向性である。インドが早い段階から開発してきた核運搬用の弾道ミサイルには，前述のアグニと，これに先行する短射程のプリトビ（Prithvi）があるが，いずれも精確性に欠けるため軍事目標の打撃には適さず，後者は液体燃料式で発射準備に時間を要し，戦術核兵器としての運用にはとくに不向きであった[47]。他方，明確に核運搬手段と位置づけられてはいないものの，これらと別系統の，精確性の高いミサイルが存在する。巡航ミサイルでは，1998年から印ロが共同開発し，2010年に対地と対艦型が導入，さらに派生型の開発が進む短射程で超音速のブラーモス（BrahMos）と，開発中の射程1000キロメートル級のニルベイ（Nirbhay）があり，ともに潜在的には核弾頭の搭載が可能と見られる[48]。また2011年7月に実験された短距離弾道ミサイルのプラハール（Prahaar）も注目を集めた。射程150キロメートルで車両移動式のプラハールは，開発当局が，即応性と精確性に優れ，「異なる種類の弾頭を搭載可能」と形容したことで[49]，戦術核兵器として運用される可能性が指摘された[50]。

くわえて，理論上，核戦争遂行へのシフトと解釈しうるものとして，先制対

46　Franz-Stefan Gady, "India Quietly Commissions Deadliest Sub," *The Diplomat*, October 19, 2016（http://thediplomat.com/2016/10/india-quietly-commissions-deadliest-sub/）.

47　Toby Dalton and George Perkovich, *India's Nuclear Options and Escalation Dominance*（Carnegie Endowment for International Peace, May 2016）, p. 23（http://carnegieendowment.org/files/CP_273_India_Nuclear_Final.pdf）.

48　Project Alpha, *India's Strategic Nuclear and Missile Programmes: A Baseline Study for Nonproliferation Compliance*（Kings College London, 2017）, pp. 17-18, 21（http://projectalpha.eu/wp-content/uploads/sites/21/2017/06/India-Alpha-in-Depth-Public-Release-final-1.pdf）.

49　"Prahaar Hits the Target," *DRDO Newsletter*, Vol. 31, No. 8, August 2011, p. 1,（http://drdo.gov.in/drdo/pub/nl/2011/NL_Aug_web_25_8.pdf）.

50　Vipin Narang, "Five Myths about India's Nuclear Posture," *The Washington Quarterly*, Vol. 36, No. 3（2013）, pp. 145-146.

兵力攻撃で敵核戦力の大半を無力化し，破壊しきれなかった戦力での相手国の報復を迎撃する，冷戦期の損害限定（damage limitation）のような核戦略を支える MIRV やミサイル防衛の開発といった動きも存在してきた。核実験後に加速したインドのミサイル防衛開発は，2006 年ごろから迎撃実験に成功し始め[51]，2016 年末の配備予定が遅れているが，国防省は導入を急いでいる[52]。現在の焦点は，それぞれ高度 85 キロメートル超，高度 20～40 キロメートルで迎撃を行う二層システムの構築にあり[53]，次段階として 5000 キロメートル級までの長射程のミサイルを迎撃可能なシステムの開発も視野にある[54]。MIRV の開発は，2012 年に，ミサイル開発を担う国防研究開発機構（DRDO）長官が言及したことで注目を集め[55]，2016 年にも DRDO 関係者が，ミサイル開発の次の焦点が MIRV 化に置かれるとの見通しを示した[56]。今までのところ，MIRV 技術に関する実験の情報はないものの，主に対中想定の長射程のアグニ 5 などについて，MIRV 化が想定されていると言われる[57]。

　もう一つの重要なトレンドは，2010 年ごろから，専門家や元当局者から成る戦略コミュニティを中心に，核ドクトリンの見直しに関する議論が活発化していった点である。この種の論争は必ずしもこのとき初めて出てきたものではなかったが，それ以前の同種の議論と異なっていたのは，それがパキスタンの戦術核兵器導入に触発されている点であった[58]。こうした議論は，2014 年の総選挙時に現政権与党の BJP がマニフェストで核ドクトリンの再検討を掲げ

51　"India Successfully Tests Ballistic Missile Shield," *Jane's Defence Weekly*, May 16, 2016; R. Rajaraman, "Battlefield Weapons and Missile Defense: Worrisome Developments in Nuclear South Asia," *Bulletin of the Atomic Scientists*, Vol. 70, No. 2 (2014), p. 72.
52　"India's MoD Demands Early Induction of Ballistic Missile Defense System," *Defense News*, May 18, 2017.
53　"India Successfully Tests Ballistic Missile Shield."
54　"India's AAD Crashes Following a Test Launch," *Jane's Missiles & Rockets*, April 10, 2015.
55　"India Launches 5,000- km Range Agni-5 Missile Successfully," *Business Standard*, April 20, 2012.
56　"DRDO Gears Up for Canister Launch of Agni-V," *The New Indian Express*, February 1, 2016.
57　Joshua T. White and Kyle Deming, "Dependent Trajectories: India's MIRV Program and Deterrence Stability in South Asia," in Michael Krepon, Joshua T. White, Julia Thompson, and Shane Mason, eds., *Deterrence Instability and Nuclear Weapons in South Asia* (Stimson Center, April 2015), p. 188.
58　Dalton and Perkovich, *India's Nuclear Options and Escalation Dominance*, p. 9.

たことや59、2016年に現役の国防相が、私的意見としながらも NFU の合理性に疑問を呈したことで、盛り上がりを見せた60。

議論の焦点となったのは、NFU と大量報復原則である。NFU は今日でこそインドの核政策の柱となっているが、以前から反対論はあり、たとえば 2002 年には NSAB が、他の核保有国が同様の施策をとらないことを理由にその廃止を推奨していた61。2010 年代の NFU 見直し論は、その理由として、敵の先行核使用の受容を前提とする NFU は、正当化しえない犠牲を国民に強いる上、相手国がこちらの核戦力を毀損させるのを許してしまい、その防止には広範なミサイル防衛が必要になるし、逆に相手国の核戦力への先制攻撃を敢行できず、またパキスタンを、インドがパキスタンの支援するテロ攻撃などへの反撃として核攻撃に訴えるかもしれないとの不安から解放してしまっている、といった点を挙げる62。これらの理由から、NFU を「曖昧政策」に置き換えるべきとする提案などが為された63。

相手国のいかなる核使用にも大規模な核攻撃で報復するという大量報復原則も、今日では核政策の柱の一つになっているが64、これは公式ドクトリンで初めて採用されたものである。DND では、報復の形態に柔軟性を持たせうる

---

59 "BJP Puts 'No First Use' Nuclear Policy in Doubt," *Reuters*, April 7, 2014.
60 "Manohar Parrikar Questions India's No-First-Use Nuclear Policy, Adds 'My Thinking'," *Indian Express*, November 11, 2016.
61 Praful Bidwai, "Nuclear South Asia: Still on the Edge," *Frontline*, Vol. 20, No. 2 (January 18-31, 2003) (http://www.frontline.in/static/html/fl2002/stories/20030131007211600.htm).
62 B. S. Nagal, "Checks and Balances," *Force*, June 2014 (http://forceindia.net/guest-column/guest-column-b-s-nagal/checks-and-balances/); P. R. Chari, "India's Nuclear Doctrine: Stirrings of Change," Carnegie Endowment for International Peace, June 4, 2014 (http://carnegieendowment.org/2014/06/04/india-s-nuclear-doctrine-stirrings-of-change-pub-55789); Amit R. Saksena, "Why New Delhi Should Revise its Nuclear Doctrine," *The Diplomat*, July 30, 2016 (https://thediplomat.com/2016/07/why-new-delhi-should-revise-its-nuclear-doctrine/).
63 Nagal, "Checks and Balances."
64 元 NSA のメノンは、2016 年発表の著作の中で、現行の核ドクトリンは、報復の形態を必ずしも大規模報復に限定しているわけではないと述べている。これは一見、大量報復原則が維持されているのかという疑問を持たせるものであるが、メノン自身、政策判断として、敵対国の限定的な核使用に対し、大規模報復か、それと相反する比例的な限定核使用で応じるのかに関しては、明確に前者の合理性を述べており、厳密な意味での制約かはともかく、政策上の志向性として大量報復原則が採用されていることは間違いないと考えられる。Shivshankar Menon, *Choices: Inside the Making of India's Foreign Policy* (Brookings Institution Press, 2016), pp. 110-111, 117.

第 5 章　インド・パキスタン

「懲罰的報復（punitive retaliation）」との表現であったところ，理由は定かでないが，公式ドクトリンで「大規模（massive）」に差し替えられた[65]。近年の見直し議論で主に問われてきたのは，パキスタンの戦術核使用に対し，同原則が履行可能なのかという点である[66]。大規模報復は，戦術核使用のような被害の限定的な核攻撃への反撃としては均衡性を欠き，かつ確実にパキスタンから同様の大規模再報復を招来するため，そうした威嚇に立脚した抑止は信頼性に乏しいと言われる[67]。また，報復とはいえ一般市民を大規模核攻撃の標的にすることに伴う倫理的問題やそれが国際的孤立を招くリスク，大規模核攻撃がもたらしうる環境リスクを挙げる向きもある[68]。これらの懸念から，報復形態の表現を DND のものに戻すなどして，限定核使用を含む柔軟な核使用の余地を導入すべきとの声があがった[69]。

　もっともこれまでのところ，そうした議論がドクトリンの変更に結実した形跡はない。2014 年に BJP のマニフェストが議論を呼んだ際，当時 BJP の首相候補であったモディ（Narendra Modi）は，NFU を「われわれの文化的遺産の反映」として修正を否定し[70]，首相就任後にも重ねて，現時点で核ドクトリンの見直しに関する作業はいっさい行われていないと明言した[71]。大量報復原則についても，これと矛盾するような公式・準公式の声明はなく，政府がドクトリンを改訂してこれを放棄した兆しもない[72]。直近では，大量報復原則は

---

[65] Dalton and Perkovich, *India's Nuclear Options and Escalation Dominance*, p. 12.
[66] Satish Chandra, "Revisiting India's Nuclear Doctrine: Is It Necessary?," *IDSA Issue Brief*, April 30, 2014, p. 5 (http://www.idsa.in/system/files/ib_nucleardoctrine.pdf).
[67] Ali Ahmed, "Tit for Tat: A Nuclear Retaliation Alternative," *IDSA Comment*, October 3, 2011 (http://www.idsa.in/idsacomments/TitforTatANuclearRetaliationAlternative031011); Chari, "India's Nuclear Doctrine"; Gurmeet Kanwal, "India's Nuclear Doctrine: Reviewing NFU and Massive Retaliation," Institute of Peace and Conflict Studies, January 7, 2015 (http://www.ipcs.org/comm_select.php?articleNo=4798).
[68] R. Rajaranaman, "Minimum Deterrent and Large Arsenal," *The Hindu*, July 2, 2014: IPCS Task Force on India's Nuclear Doctrine, *India's Nuclear Doctrine: An Alternative Blueprint*, IPCS, 2012, p. 7 (http://www.nuclearsecurityproject.org/uploads/publications/Indias_Nuclear_Doctrine.pdf).
[69] Kanwal, "India's Nuclear Doctrine"; Chari, "India's Nuclear Doctrine."
[70] "Modi Says Committed to No First Use of Nuclear Weapons," *Reuters*, April 17, 2014.
[71] "India Not Revisiting its Nuclear Doctrine, Modi Assures Japan," *Times of India*, August 30, 2014.
[72] Arka Biswas, "Incredibility of India's Massive Retaliation: An Appraisal on Capability, Cost,

2015年、NFUは2017年に、それぞれ政府文書の中で確認されている[73]。

3　「核戦争遂行」との距離

（1）パキスタンの戦術核兵器の役割

では、以上見てきた両国の動きは、印パがそれぞれ、実際に核戦争遂行の要素を受容してきたか、少なくともその方向に向かいつつあることを意味するのだろうか。

パキスタンに関しては、2011年のナスルの実験以降、同国が全範囲抑止のもとで、以前より核使用の敷居を下げており、インドがコールド・スタートに沿ってIBGなどをパキスタン領内に突入させれば、パキスタンはそのインド部隊等に対して、戦術核兵器を用いるものとの見方が次第に定着してきた[74]。こうした戦術核使用が、それに対するインドの大規模核報復を戦略核戦力で抑止して全面核戦争へのエスカレーションを回避しつつ、インド側の通常戦力での侵攻を物理的に食い止める拒否的なモードで為されるのならば、それはパキスタンの核戦争遂行、厳密には限定核戦争遂行への傾倒を意味し、実際そう見る向きも多い[75]。一方で米国の専門家の一部からは、パキスタンの戦術核兵器が、戦場での使用を目的とした、純粋な意味での核戦争遂行を念頭に置くものではないとの見方も提示されてきた[76]。

---

and Intention," *Comparative Strategy*, Vol. 36, No. 5 (2017), p. 447.

73　Ministry of Defence (Navy), *Ensuring Secure Seas: Indian Maritime Security Strategies*, October 2015, p. 48 (https://www.indiannavy.nic.in/sites/default/files/Indian_Maritime_Security_Strategy_Document_25Jan16.pdf); Ministry of Defence, *Joint Doctrine Indian Armed Forces*, April 2017, p. 37 (http://ids.nic.in/dot/JointDoctrineIndianArmedForces2017.pdf).

74　Jaganath Sankaran, "Pakistan's Battlefield Nuclear Policy: A Risky Solution to an Exaggerated Threat," *International Security*, Vol. 39, No. 3 (Winter 2014-2015), p. 118; Zafar Nawaz Jaspal, *Tactical Nuclear Weapon: Deterrence Stability between India and Pakistan*, Naval Postgraduate School, 2012, p. 9 (https://www.hsdl.org/?view&did=709853).

75　Evan Braden Montgomery and Eric S. Edelman, "Rethinking Stability in South Asia: India, Pakistan, and the Competition for Escalation Dominance," *Journal of Strategic Studies*, Vol. 38, No. 1-2 (2015), p. 171; Narang, *Nuclear Strategy in the Modern Era*, pp. 19-21, 76-91.

76　Christopher Clary, "The Future of Pakistan's Nuclear Weapons Program," in Ashley Tellis, Abraham M. Denmark, and Travis Tanner, eds., *Strategic Asia 2013-14: Asia in the Second Nu-*

第 5 章 インド・パキスタン

　後者の見解の背景にあるのは，次のような事実が指摘されてきた点であろう[77]。戦術核兵器による核戦争の遂行を念頭に置くならば，通常戦力運用との調整を確保するために，戦術核使用の権限を前線の部隊司令官にあらかじめ授権しておくことが望ましいはずだが，パキスタンの当局者は，NCA が戦術核兵器の配備・使用を集権的に統制しており，使用権限の事前授権はなく，前線への核兵器の事前配備の必要もないと強調してきた。ナスルなど核弾頭を搭載可能な短距離ミサイルは，陸軍の軍団や砲兵師団ではなく，NCA-SPD ラインの指揮下で，核戦力を管轄する陸軍戦略軍（ASFC）に導入されており，元 SPD 軍縮・軍備管理課長のサリク（Naeem Salik）は，2015 年の論文で，通常戦力と核戦力の指揮系統が分離されている点に言及している[78]。また，戦術核使用を組み込むための通常戦力面での部隊の再編成が行われた形跡も確認できない。

　あわせて注目すべきは，パキスタンの戦術核兵器が注目を集めるにつれて，戦術核使用による核戦争遂行に際して同国が直面すると思われる障害に関し，インドや米国の専門家から多くの指摘が上がってきた点である。第 1 に，パキスタンの戦術核兵器の軍事的有効性を論じた議論は一様に，機甲部隊への直接の核攻撃の有効性の乏しさを指摘する[79]。ある計算によれば，300 メートル超の間隔で並ぶ主力戦車 1000 輛を無力化するためには，15 キロトンの核弾頭で 80〜100 発が必要となり，2〜4 キロトン出力と見られるパキスタンの戦術核兵器ではさらに多くの弾頭が必要になる[80]。ただ，分裂物質製造能力の限界から，

---

clear Age（The National Bureau of Asia Research, 2013), p. 153.
[77] Mansoor Ahmed, "Pakistan's Tactical Nuclear Weapons and Their Impact on Stability," *Regional Insight*, June 30, 2016 (http://carnegieendowment.org/2016/06/30/pakistan-s-tactical-nuclear-weapons-and-their-impact-on-stability-pub-63911); Adil Sultan, "South Asian Stability-Instability Paradox: Another Perspective," *IPRI Journal*, Vol. 14, No. 1 (Winter 2014), p. 35.
[78] Salik, *Nuclear Learning in Pakistan since 1998*, p. 139.
[79] たとえば，A. H. Nayyar and Zia Mian, "Pakistan and the Nasr Missile: Searching for a Method in the Madness," *Economic and Political Weekly*, Vol. 50, No. 39 (September 26, 2015); Ryan W. French, "Pakistan's Tactical Nuclear Weapons: Implications for Strategic Stability in South Asia," *Luce.nt: A Journal of National Security Studies*, Vol. 6, No. 1 (Winter 2015), pp. 13-14; Surya Bhanu Rai, "Have Pakistan's Tactical Nuclear Weapons (TNWs) Served its Policy of Full Spectrum Deterrence?," *CLAWS Issue Brief*, No. 75, March 2016, p. 3 (http://www.claws.in/images/publication_pdf/2040774266_IB-74-NKBhatia10-03-16.pdf).
[80] A. H. Nayyar and Zia Mian, "The Limited Military Utility of Pakistan's Battlefield Use of Nu-

予見しうる限りの将来において，同国が有効な戦術核戦争の遂行に必要な数百発の核弾頭を配備できる可能性は小さいとも言われる[81]。さらに，機甲部隊に対するターゲティングに必要なリアルタイムの偵察能力の面での限界もある[82]。

2点目は，望まない全面核戦争へのエスカレーションをいかに防止するかという問題である。戦術核使用に際しパキスタンが望むのは，同国自身の戦略核抑止力ゆえに，大量報復原則を掲げるインドがいっさいの核報復を自制し，結果として全面核戦争へのエスカレーションを回避したまま，自身は戦術核兵器を用いてインドの通常戦力を駆逐できる，限定核戦争が展開されることである。だが，数発の使用に対しては大規模報復が履行されないとしても，戦術核兵器の有効性の乏しさを埋め合わせるためにパキスタンがこれを多数使用すれば，インドの大規模報復を招くリスクは高まる。くわえて，印パ間では基地や飛行場など軍事施設が都市に近く，それらへの戦術核使用でも付随被害が拡大しやすいという事情や[83]，意図せざる核エスカレーションの危険もあろう。ところが，これらに由来したエスカレーション制御の難しさにもかかわらず，パキスタン国内の戦略言説においては，自身は限定核使用オプションを行使しつつ，望まない全面核戦争へのエスカレーションを回避するための具体的側面に係る議論が乏しい状態が続いてきた。SPDとの関係が深いカイデ・アザム大学防衛・戦略学部のタズリーム（Sadia Tasleem）は，2016年の論考で，同国の元軍当局者やアナリストらは，そうしたエスカレーションの制御に係る計画は用意されていないと認めていると指摘している[84]。

---

clear Weapons in Response to Large Scale Indian Conventional Attack," *Pakistan Security Research Unit Brief*, No. 61, November 11, 2010, p. 4 (https://www.princeton.edu/sgs/faculty-staff/zia-mian/Limited-Military-Utility-of-Pakistans.pdf); French, "Pakistan's Tactical Nuclear Weapons," p. 13.
81 Ahmed, "Pakistan's Tactical Nuclear Weapons and Their Impact on Stability."
82 Krepon, "Pakistan's Nuclear Strategy and Deterrence Stability," pp. 51-52.
83 Khan, *Pakistan's Nuclear Policy*, p. 99. パキスタン領内での戦術核使用のほうが，インド領内への攻撃よりもエスカレーションのリスクは小さいが，サンカラン（Jaganath Sankaran）によれば，印パ間で想定される戦場での戦術核使用は，甚大な文民の付随被害が予想され，パキスタン指導部にとって相当な躊躇が伴うものになるという。Sankaran, "Pakistan's Battlefield Nuclear Policy," pp. 140-146.
84 Sadia Tasleem, "Pakistan's Nuclear Use Doctrine," *Regional Insight*, June 30, 2016 (http://carnegieendowment.org/2016/06/30/pakistan-s-nuclear-use-doctrine-pub-63913).

第 5 章　インド・パキスタン

そして 3 点目は，パキスタンが直接向き合う障害ではないが，冷戦期の米国ですら，通常戦争の遂行に，戦術核使用を有効な形で統合することが困難であったという事実である。欧州で，戦術核兵器によってソ連の通常戦力優位を相殺しようとした米国は，戦術核兵器の使用計画と通常戦力の作戦機動の統合や，核使用環境下での指揮系統の維持，通信設備の防護などの難しさを認識し，結局，純軍事的には戦術核兵器がないほうが良いとの結論に至ったのである[85]。パキスタンよりはるかに大きなリソースを持ち，長期間核兵器の運用に向き合ってきた米国・NATO が克服できなかった課題を，パキスタンがこれまでに解決できているとは考えにくい。

これら三つの問題の含意は，実際のところパキスタンが，戦術核兵器による核戦争の遂行が可能かという点以上に，それに依拠した抑止の面で見出される。2010 年代半ばごろから，これらの指摘を受けたパキスタンの戦術核兵器の軍事的有効性への疑問は，インドではほとんどコンセンサスとなった[86]。それが意味するのは，抑止の成立に必要な非抑止側の認識の形成という面で，パキスタンの全範囲抑止と戦術核兵器の導入が，核戦争遂行の論理に則った抑止力の担保に成功していないという事実である。もちろん，表からは見えずとも，パキスタンが実際にはこれらの課題を克服している，もしくはその克服が視野に入っている可能性は排除できないが，抑止の観点で言えば，そうした有効な核戦争遂行能力の存在が被抑止側に認識されなければ意味を為さないし，抑止力強

---

[85] Jeffrey D. McCausland, "Pakistan's Tactical Nuclear Weapons: Operational Myths and Realities," in Krepon, White, Thompson, and Mason, eds., *Deterrence Instability and Nuclear Weapons in South Asia*, pp. 154-163.

[86] Menon, *Choices*, p. 111; Gurmeet Kanwal, "Pakistan's Tactical Nuclear Warheads and India's Nuclear Doctrine," *IDSA Issue Brief*, September 22, 2016, pp. 4-5 (http://www.idsa.in/system/files/issuebrief/ib_pakistan-tactical-nuclear-india-nuclear-doctrine.pdf); Rai, "Have Pakistan's Tactical Nuclear Weapons (TNWs) Served its Policy of Full Spectrum Deterrence?," p. 4; Raj Chengappa, "Pakistan's New Nuke Threat: Why India has to Worry," *India Today*, June 9, 2016. パキスタンの戦術核兵器の軍事的有効性の乏しさを背景に，それが使用される可能性があろうともインドは通常戦争を遂行する用意があり，そのために通常戦力部隊に核・生物・化学（NBC）防護の措置を導入してきたことを強調する向きも散見される。Arun Kumar Sahni, "Development of Tactical Nuclear Weapons by Pakistan and Implications for India," *U.S.I. Journal*, No. 604 (April-June 2016), pp. 147-148; Debalina Ghoshal, "The Case against Tactical Nuclear Weapons in India," *Delhi Policy Group Issue Brief*, August 2015, pp. 7-8 (http://www.delhipolicygroup.com/uploads/publication_file/1088_The_Case_Against_Tactical_Nuclear_Weapons_in_India.pdf).

化を諦めてまで，そうした能力をあえて隠す合理性もない。

　興味深いのは，このような状況に対し，パキスタンの現役・非現役の政府・軍関係者や専門家らが，戦術核兵器が生む抑止力を強調はするものの，戦術核兵器の核戦争遂行上の軍事的有効性への疑問を払拭する形での反論を，ほとんど提起してこなかった点である。この姿勢は，前述した，戦術核兵器の指揮統制に関して，核戦争の遂行上本来必要なアレンジメントの不在を強調するスタンスにも通じるものがある。ここから浮かび上がるのは，パキスタンが少なくとも抑止の面において，核戦争の遂行が可能であることを発信することで抑止力強化を図る，核戦争遂行の概念に基づく抑止のアプローチを採用してこなかったという点である。

　パキスタン側のこの種のスタンスは，一見すれば，まだ導入後間もない戦術核兵器の面での能力が不十分であり，核戦略・核態勢におけるその位置づけが模索中である状況の反映に過ぎないようにも見える。しかし，元SPD長官のキドゥワイの2015年の発言に代表されるように，そうした状況でも，パキスタンでは全範囲抑止のもとでのナスル導入により，インドのコールド・スタートを成功裡に抑止してきたとの認識がある[87]。同時に，同国の軍当局者らはそもそも，戦術核兵器の導入後も，核戦争遂行の概念の導入を否定してきた。SPDのスルタン（Adil Sultan）によれば，同国の当局者らは折にふれて，全範囲抑止は戦争遂行を意図したドクトリンではないと強調してきた[88]。元SPDのカーン（Feroz Khan）も，パキスタン軍当局から，同国は戦場での核使用に向かう意図はないとの説明を受けたとし，ナスルは伝統的な意味での「戦術核兵器」とは捉えられていないとの見解を示している[89]。これらの点からすれば，パキスタンが戦術核兵器に，核戦争遂行とは別の論理に則った抑止力を見出してきたと考えることに，それほど飛躍はないように思われる。

　では，その論理とは何か。この点を考える上では，カイデ・アザム大学のアフメド（Mansoor Ahmed）が2016年の論考で指摘する，戦術核兵器の導入以

---

[87] Carnegie Endowment for International Peace, *Transcript*, pp. 8-9.
[88] Adil Sultan, "NCA's 'Full Spectrum' Response," *The Express Tribune*, November 7, 2013.
[89] Feroz Khan, *Eating Grass: The Making of the Pakistani Bomb*（Stanford University Press, 2012), pp. 395-396.

降も、パキスタン軍当局の間で、戦術核兵器を含め戦場でのいっさいの核兵器の使用は戦略的帰結をもたらすとの基本的理解が受け入れられているとの指摘は示唆に富むものがある[90]。元 SPD のサリクも、核兵器は戦場で直接的な効果を生むよう戦術的に使われることがありうるものの、最も小さな核兵器の使用であっても、それは戦略的な影響を持つと明言しており[91]、同じく SPD のカズミ（Zahir Kazmi）も同趣旨のことを述べていた[92]。そしてこの理解は、論理的には、相対的に影響の「小さい」戦術核兵器でも、戦略核兵器と同様、戦略的な影響を生むがゆえに核戦争のエスカレーションの回避は望みがたく、結果として戦略核攻撃の応酬が行われる全面核戦争に発展するという形で、核戦争の限定不可能性へとつながる。だがこれは本来、戦術核使用を含む、限定核使用による核戦争遂行の論理とは相容れない理解といえる。この理解を強調する場合に想起される戦術核兵器の使用の帰結は、全面核戦争への制御不能なエスカレーションであって、望まざるエスカレーションが抑制された限定核戦争の遂行ではないのである。

実は、この理解と抑止を結び付けた論理が、ナスルの初実験からそれほど経たない段階で、ASFC の参謀長と SPD の作戦・計画課長を務めたクレシ（Qasim Qureshi）によって提示されている。クレシは、戦術核兵器の配備には多大なリスクが伴い、手違いで核攻撃の応酬に発展する可能性を孕むが、パキスタンから見れば、その危険と不確実性こそがインドの通常戦力行使に対する抑止を確立していると主張した[93]。

この主張と、上述の核戦争の限定不可能性という理解、そしてパキスタンが全範囲抑止以前に準拠してきた核抑止の方向性をあわせて鑑みるとき、同国が、軍事的に有効な限定核戦争の遂行が困難な中でも戦術核兵器に見出してきたであろう、核戦争遂行とは別の、抑止を担保する論理が浮かび上がってくる。全

---

90 Ahmed, "Pakistan's Tactical Nuclear Weapons and Their Impact on Stability."
91 Naeem Salik, *Tactical Nuclear Weapons and Deterrence Stability*, Naval Postgraduate School, 2012, p. 1（https://www.hsdl.org/?view&did=709866）.
92 Zahir Kazmi, "Nothing Tactical about Nuclear Weapons," *The Express Tribune*, May 17, 2014.
93 Qasim Qureshi, *Deterrence Stability in South Asia*, paper presented to US-Pakistan Strategic Partnership: A Track II Dialogue, Phuket, Thailand, September 18-19, 2011, Naval Postgraduate School, September 2011, p. 5（https://www.hsdl.org/?view&did=709864）.

範囲抑止導入以前のパキスタンの核抑止は，核使用の態様，とくにレッドラインを曖昧にすることで，通常戦争が始まればインドが意図せずパキスタンのレッドラインを踏み越えるなどしてパキスタン側からの核使用が生じ，両国間の全面核戦争に至る可能性が排除できない，という不確実性を梃にしたものであった。だが，そもそもパキスタンも全面核戦争は本来避けたい以上，そう簡単に通常戦争からの核エスカレーションには踏み切らないとの読みのもとで，限定通常戦争を追求するのが，インドのコールド・スタートである。

　これに対し，より信頼性の高い威嚇として，限定通常戦争には，インドが直ちに大規模核報復に訴える気を起こさないような限定核使用での反撃を掲げたのが全範囲抑止である。全範囲抑止のもとでも，引き続きレッドラインは明確にされておらず，通常戦争がどこまで拡大すればパキスタンの「核の敷居」を踏み越えるかわからない曖昧性が，抑止の基盤となっている。ただ，問題はその先である。核使用の形態が限定的になったがゆえに，従前と同様の不確実性に立脚して抑止力を担保するには，パキスタンの最初の限定的な戦術核使用と，印パ双方が忌避する全面核戦争の間をつなぐものが必要になる。

　けれども，核戦争の限定不可能性を前提とすれば，その間をつなぐ上で，特段の措置は必要なくなる。パキスタン側のきわめて限られた核使用からでさえも，全面核戦争への制御不可能なエスカレーションが生じうるという不確実性が生まれ，それによってインド側が限定通常戦争を躊躇する抑止力を生じさせることが可能なのである。もちろんこれは，核戦争が限定不可能であるとの理解が，被抑止側のインドに受け入れられていなければならないが，次項で見るように，インド側の戦略思考にはさらに深く，核戦争の限定不可能性が根付いてきた。このとき，パキスタンの戦術核兵器の役割は，核戦争遂行というよりもむしろ，全範囲抑止の採用以前と同様に，曖昧性・不確実性に立脚した核抑止のアプローチを引き続き機能させることを可能にするツールとして，明確に説明がつくのである。そして，この不確実性に立脚する限り，戦術核兵器を用いて有効に核戦争を遂行し，自国に有利な軍事的成果を達成できる態勢は，抑止を担保する上で重要ではなくなる。これは，戦術核兵器の核戦争遂行の文脈での軍事的有効性を積極的に主張してこなかった，パキスタンの政府・軍関係者らや専門家の姿勢と符合する。

第5章　インド・パキスタン

　同時に，抑止のアプローチの上でのこうした戦術核兵器の役割は恐らく，その実際の使用の面でも，敵通常戦力による侵攻作戦の物理的排撃など純粋な戦争遂行のモードより，「警告射撃」のような使用との親和性が高い。これには先例がある。パキスタン同様に不確実性に依拠した核抑止のアプローチを採用した冷戦後期のフランスは，戦術核兵器の実運用の主眼を，戦闘での相手国の打倒よりも，その後に戦略核攻撃が生起する切迫性をシグナルし，相手国を怯えさせて軍事行動を停止させることに置き，それゆえ戦術核兵器の量は穏当なもので足りたとされる94。上述した，戦術核兵器による核戦争遂行に当たり直面する問題点に鑑みれば，これまでのところパキスタンが同様の選択をしてきたと推論することには合理性があろう。

　以上を踏まえれば，全範囲抑止のもとでの戦術核兵器の導入により，パキスタンが核戦争遂行の概念に立脚した核戦略・核態勢へと転換した，もしくは明確にその路線に移行しつつあると見るのは早計である。少なくともこれまでのところ，同国の戦術核兵器は，不確実性に依拠した抑止アプローチの中で，全面核戦争への制御不可能なエスカレーションの可能性を提起する，リスク操作のツールと位置づけられてきたのであり，抑止が破れた場合には，「警告射撃」の形で用いられる可能性が高いものと考えられる。

　もちろん，現段階では，たとえば今後大幅に戦術核兵器の保有数が増加した場合に，パキスタンが核戦略・核態勢の中で，戦術核兵器の位置づけを変化させる可能性は排除できない。ただ，前述のとおりパキスタンには，現在のような抑止のアプローチでも，コールド・スタートを含め，インドの通常戦力行使の抑止に成功してきたとの認識がある。この認識と，財政面・技術面で大きく優るインドを相手に，軍事的に有効な形で核戦争を遂行可能な態勢を整える負担の大きさ，そしてパキスタン自身が抱く，核戦争の限定不可能性という認識に鑑みるならば，こうした核戦争遂行の論理とは異なるパキスタンの抑止のアプローチが今後も残り続けることも，想定しうるのではないだろうか。

94　Avery Goldstein, *Deterrence and Security in the 21st Century: China, Britain, France, and the Enduring Legacy of the Nuclear Revolution* (Stanford University Press, 2000), p. 201.

(2) インドの限定核使用オプションと損害限定
(a) 限定核使用オプション

インド側での核戦争遂行への傾倒の有無を判断する上でトリッキーなのは，前節で触れた，核戦争の遂行が可能な態勢の実現に理論上つながりうる兵器の開発が，実際はそうした明確な意図のもとで進められてきたわけではない点である。

核保有国一般に，兵器開発が戦略上の要請と無関係に進むことはあるが，インドはとくにその傾向が強い。政治指導部は，将来実際に配備するのか明確にしないまま兵器の開発計画を承認し[95]，DRDO は政治指導部との十分な調整を経ずに，新兵器の意義を喧伝する[96]。軍の側では退役軍人が兵器の用途に言及するが，軍と DRDO の間では相互不信が強く，軍は戦略兵器開発の計画・編成から外されてきた[97]。そのため，たとえば MIRV やミサイル防衛の開発は，科学者の組織利益や技術開発モメンタムに駆り立てられていると評価されてきた[98]。

もっとも，当初の目的は何であれ，兵器開発による能力整備が先行し，それが核戦略・核態勢の変化を促すことも考えられる。この観点からは，インドでは，精確性の高いミサイル戦力の充実と，とくに 2010 年ごろからの大量報復原則撤廃論の高まりが，限定核使用オプション導入による核戦争遂行へと帰結する兆候があるのかがまず論点となろう。

---

[95] Kampani, "Is the Indian Nuclear Tiger Changing its Stripes?," p. 387.
[96] Frank O'Donnell and Harsh V. Pant, "Evolution of India's Agni-V Missile: Bureaucratic Politics and Nuclear Ambiguity," *Asian Survey*, Vol. 54, No. 3 (May-June 2014), pp. 596, 602.
[97] Ibid., p. 595; Prakash, *India's Nuclear Deterrent*, p. 2.
[98] Sumit Ganguly, "The Road from Pokhran II," in Bhumitra Chakma, ed., *The Politics of Nuclear Weapons in South Asia* (Ashgate, 2011), p. 36; Koithara, *Managing Indian Nuclear Forces*, p. 223. なお，ミサイル防衛システム追求の目的に関して，歴代政権は政府として明確な説明を公に提示したことは一度もなく，また MIRV 開発は既存のミサイル開発の延長と位置づけられているため，ミサイルの MIRV 化に政治指導部からの明示的承認が必要と考えられてさえこなかった。Rajesh Basrur and Jaganath Sankaran, "India's Slow and Unstoppable Move to MIRV," in Michael Krepon, Travis Wheeler and Shane Mason, eds., *The Lure & Pitfalls of MIRVs: From the First to the Second Nuclear Age* (Stimson Center, May 2016), p. 126, (http://www.stimson.org/sites/default/files/file-attachments/Lure_and_Pitfalls_of_MIRVs.pdf); Balraj Nagal, "India and Ballistic Missile Defense: Furthering a Defensive Deterrent," *Regional Insight*, June 30, 2016 (http://carnegieendowment.org/2016/06/30/india-and-ballistic-missile-defense-furthering-defensive-deterrent-pub-63966).

第5章 インド・パキスタン

　事実としては，現時点で，インドが大量報復原則を放棄し，限定核使用による核戦争遂行の追求に舵を切ったことは確認できない。戦略コミュニティ内で大量報復原則の見直しへの支持が強かったのは事実であるが[99]，それが政府のドクトリン改訂にまでつながった形跡はない。また，精確性の高い一連のミサイルに関しても，DRDO関係者の示唆以外に，核弾頭の搭載に係る明確な公式の言及が為されてきたわけでもない。逆に，元SFC司令官のシャンカール（Vijay Shankar）は2011年の時点で，ブラーモスが通常弾頭でのみ運用されていると明言していたし[100]，プラハールについては，物理的なサイズの問題ゆえにインドの既存の核弾頭の搭載は困難と見られてきた[101]。

　インドの核戦略・核態勢に関しては，それが核戦争遂行の方向へ傾倒することを押し止める要因を挙げるのはたやすい。最たるものは，核兵器を「政治的兵器」と見る政治指導部の理解と，関連して，核戦争遂行の追求に伴う核政策上の軍の影響力増大に，従来の主要アクターの政治指導者や科学者，官僚機構が抱いてきた抵抗感である。時を経るにつれ核政策上の軍の発言権は拡大してきたが[102]，近年でも，そうした抵抗感の存在を示唆する事実には事欠かない。3軍を統括しSFCを隷下に置く参謀総長ポストの創設は，核戦力の運用上必要との指摘が常々あり[103]，政府の委員会の提言でも言及されたが[104]，それでも，軍種間対立に加え，軍の権限拡大への反発から頓挫したままである[105]。核戦力を管轄するSFCは，通常戦力面での統合調整を担う統合参謀本部（IDS）との組織的連携をほとんど持たず，軍の指揮系統を事実上バイパスし，首相府の下の国家安全保障顧問（NSA）と直接やり取りしていると言われてき

99　Rajesh Rajagopalan, "India's Nuclear Doctrine Debate," *Regional Insight*, June 30, 2016 (http://carnegieendowment.org/2016/06/30/india-s-nuclear-doctrine-debate-pub-63950).
100　ナランの2011年のインタビューによる。Narang, *Nuclear Strategy in the Modern Era*, p. 99.
101　Dalton and Perkovich, *India's Nuclear Options and Escalation Dominance*, p. 24.
102　Kampani, "Is the Indian Nuclear Tiger Changing its Stripes?," p. 394; Basrur and Sankaran, "India's Slow and Unstoppable Move to MIRV," p. 135.
103　Koithara, *Managing India's Nuclear Forces*, pp. 154-156; Manoj Joshi, "The Credibility of India's Nuclear Deterrent," in Krepon, White, Thompson, and Mason, eds., *Deterrence Instability and Nuclear Weapons in South Asia*, pp. 55-56.
104　Arun Prakash, "India's Higher Defence Organizations: Implications for National Security and Jointness," *Journal of Defence Studies*, Vol. 1, No. 1 (2007), pp. 20-25.
105　Koithara, *Managing India's Nuclear Forces*, p. 189, n. 14.

た[106]。

　外交上の配慮もあろう。限定核使用オプションの導入は，弾頭数の増加や，核兵器が使用されるシナリオの拡大につながる。だがそれは，1998年の核実験後の国際社会の制裁解除を実現し，さらにはNPT外の核保有国でありながら，国際的な核の秩序への漸進的な受け入れをもたらしてきた，抑制的な核保有国としてのインドのイメージを毀損しかねない[107]。

　ただ，近年のドクトリン見直し議論の高まりの中で，インド政府をはじめ，大量報復原則の維持を唱える側は，その選択を，単にこれら制約要因によるものというより，彼らの戦略思考上で，合理的なものと位置づけてきた節がある。その論理が最も明確に読み取れるのは，2013年のサランの演説である。この演説は，建前上は非公式としつつも，当局の承認のもとで行われた，大量報復威嚇の信頼性を回復させるためのシグナリングであったと見られている[108]。

　この演説でサランは，大量報復原則に言及した上で，核兵器の戦略／戦術といった区別には意味がないこと，核戦争が限定不可能であることに触れ，戦術核兵器の開発・配備に際してパキスタンは幻想を抱くべきではないと警告した[109]。重要なのは，核戦争の限定不可能性と大量報復原則との関係性である。前者を前提にする限り，相手国の限定的な核使用に対する後者の履行に，信頼性の問題は生じない。サランが別の場でも述べているように，「始まりが比較的低出力の戦術核使用でも，戦略核戦争へのエスカレーションは事実上不可避」[110]ならば，反撃を比例的・限定的にしようと，戦略核攻撃の応酬が行われる全面核戦争への発展は免れえない。そうなると，相手国の第1撃に，敵戦略戦力への攻撃を含む文字通りの大量報復で応じ，相手国の壊滅や報復核戦力の破壊を狙うことは，自国がこうむる損害をより限定しうる，相対的に合理的

106　Gaurav Kampani, "India's Evolving Civil-Military Institutions in an Operational Nuclear Context," *Regional Insight*, June 30, 2016 (http://carnegieendowment.org/2016/06/30/india-s-evolving-civil-military-institutions-in-operational-nuclear-context-pub-63910).
107　Chandra, "Revisiting India's Nuclear Doctrine," p. 5. 他に同様の指摘を行うものとして，Arka Biswas, "Pakistan's Tactical Nuclear Weapons: Deconstructing India's Doctrinal Response," *Strategic Analysis*, Vol. 39, No. 6 (2015), p. 688.
108　Biswas, "Incredibility of India's Massive Retaliation," pp. 446, 451.
109　Saran, *Is India's Nuclear Deterrence Credible?*, p. 16.
110　Saran, "The Dangers of Nuclear Revisionism."

第5章　インド・パキスタン

な選択肢なのである。

　この論理に立脚すれば，パキスタンの戦術核使用の威嚇に対するインドのあるべき対応は，核戦争の「区分」「限定」を試みる姿勢こそが誤りであるとの認識と，インドは核戦争に関する「正しい」理解に基づき，いかなる規模の核攻撃にも大規模に報復するとの意思を，パキスタンに伝達していくというものになる。このとき，核戦争の限定可能性に係るパキスタンの理解はあまり重要ではない。インド自身が，限定不可能性とそれに基づく大量報復の合理性を確信しているとパキスタンに認識させれば，全面核戦争を避けたい以上，同国も戦術核使用を躊躇せざるをえないためである。逆に，インド自身の限定核使用の検討は，限定不可能性へのインドの確信の揺らぎを感じさせたり，核戦争が限定可能との誤った認識を相手方に抱かせたりするといった帰結につながる111。大量報復原則と核戦争の限定不可能性を並べて強調したサランの演説は，明らかにこの論理に立脚したシグナリングであったし，そうした論理に基づけば，同原則の維持派が提示してきた，シグナリングを工夫し，いっさいの核兵器の使用が確実に大規模報復を招くと知らしめることで抑止の信頼性を補強すべきとの主張も112，空虚な威嚇を繰り返すだけではない，合理性を帯びたものといえるのである。

　注目すべきは，その核戦争の限定不可能性が，大量報復原則支持派に限らず，インドの戦略思考に深く根付いてきた理解であること，かつそれが，前項でも触れたように，限定核使用による核戦争の遂行というアイディアと相容れないことである。この理解は，当局者と専門家，文民と軍人を問わず，広く共有されてきた。たとえば元SFC司令官のシャンカールは，「エスカレーション制御の不在が，いかなる観念的な利得も無に帰するため，インドの政策担当者らには限定核戦争の遂行という選択肢は存在しない」とする113。著名な戦略家で，

111　Sahni, "Development of Tactical Nuclear Weapons," pp. 145-146.
112　Chandra, "Revisiting India's Nuclear Doctrine," p. 5; Ghoshal, "The Case against Tactical Nuclear Weapons in India," p. 8; Sethi, "Responding to Pakistan's Tactical Nuclear Weapons: A Strategy for India," *IPCS Debate*, January 2014 (http://mail.ipcs.org/comm_select.php?articleNo=4263).
113　Vijay Shankar, "Jihadi Aggression and Nuclear Deterrence," *The Strategist*, September 15, 2015, (http://www.ipcs.org/comm_select.php?articleNo=4912).

大量報復原則の撤廃を支持していたチャリ（P. R. Chari）も，「全面戦争へのエスカレーションなしに，戦場での低出力の戦術核兵器の使用や，軍事・経済標的への対兵力攻撃が可能との考えは，無益である」と述べていた114。限定的な核使用からでも，相互作用のダイナミズムの結果，全面核戦争へのエスカレーションが不可避との前提に立てば，そこに核戦争を限定して遂行する余地は存在せず，それに立脚した抑止の追求も不可能である。

　パキスタンの戦術兵器導入に触発された，2010年代のインド国内の大量報復原則撤廃・限定核使用導入論は，この点で行き詰まった感がある。そもそも，パキスタンがすでに，限定的な核使用オプションを持つ以上，インドが同じく限定核使用オプションを持つことは，必ずしも抑止力向上に直結しない。パキスタンの戦術核使用にインドが限定核使用で応じたとして，事態がそこで収束するわけではなく，続く限定核使用の応酬が，インド側が望む形で終わる保証もないためである。冷戦期の議論を援用すれば，そこでインド側が限定核使用オプションを梃にパキスタンの戦術核使用を抑止するには，エスカレーションを制御し全面核戦争を回避しつつ，限定核使用の応酬の中で望ましい成果を獲得する，すなわち限定核戦争を遂行し勝利する能力が求められる115。だが，核戦争の限定不可能性が根付くインドの戦略思考では「望まざるエスカレーションを制御した限定核戦争の遂行」という概念が受け入れられがたい。

114　P. R. Chari, *Nuclear Crisis, Escalation Control, and Deterrence in South Asia* (Stimson Center, August 2003), p. 9 (http://www.stimson.org/sites/default/files/file-attachments/escalation-control-nuclear-option-south-asia.pdf), accessed on November 29, 2008. 他の例として，Jayant Prasad, "For a Clear Nuclear Doctrine," *The Hindu*, May 6, 2014; Nagal, "India's Nuclear Strategy to Deter," pp. 17-19; Saran, "The Dangers of Nuclear Revisionism."

115　この点は限定核オプションに関する冷戦期の議論でも論じられてきた。冷戦期の米国は，米ソの相互確証破壊（MAD）のもとでも同盟国への拡大抑止を維持するための手段として，限定核使用を追求したが，ソ連も同じことが可能である以上，単に幅広い限定核使用オプションを持つだけで済むわけではなかった。エスカレーションを制御し，かつ有効な抑止を機能させるには，それらの限定核使用オプションを行使して核戦争を遂行し勝利するとの威嚇を，信頼性の伴う形で発出できることが必要と考えられ，それに必要なものとして定義されたのが，エスカレーション・ドミナンス，すなわち全面核戦争未満のあらゆるレベルでソ連の侵略を打倒できる能力を保有した状態であった。Kerry M. Kartchner and Michael S. Gerson, "Escalation to Limited Nuclear War in the 21st Century," in Jeffrey A. Larsen and Kerry M. Kartchner, *On Limited Nuclear War in the 21st Century* (Stanford University Press, 2014), p. 157. エスカレーション・ドミナンスの定義は，Robert Jervis, *The Illogic of American Nuclear Strategy* (Cornell University Press, 1984), p. 59による。

第5章 インド・パキスタン

　実際，大量報復原則の廃止を求める議論の中では，より核兵器の運用面に留意しているはずの退役軍人の議論を含めても，パキスタンの戦術核使用に対し，限定核使用オプションを具体的にどう行使して，全面核戦争を回避しつつ限定核戦争を遂行し，自国の望む形でそれを終結させるのかという点は，ほとんど明確に語られずにきた。元インド陸軍大佐で，国防省傘下のインド防衛研究所（IDSA）研究員であったアフメド（Ali Ahmed）も，2014年の論考で，同原則の撤廃論が，限定核使用を掲げはするものの，望まない全面核戦争への拡大をどう回避しつつ，核使用の応酬をいかに終結させるのかを検討していないと批判した[116]。米国の専門家からも，パキスタンの戦術核使用にインドが限定核使用で応じたとして，「その後に何が起こるのか」という問いかけが，インド政治指導部にとって限定核使用オプション推進派への有効な反論となってきたとの指摘が上がっている[117]。

　要するに，大量報復原則を撤廃し限定的な核使用を含む柔軟な核使用を可能にすべきとのインド国内の議論には，核戦争が限定不可能であるという支配的な理解と矛盾するため，冷戦期に見られたような，核戦争遂行の概念に立脚した議論へ昇華する余地がなかったのである。さらに言えば，理論上，限定核使用オプションが抑止力向上につながる，核戦争遂行とは別の論理が発案される可能性は否定こそできないものの，戦略コミュニティでの議論を見る限り，そのような論理が提示され，それを反映した形態の限定核使用が支持を集めた様子も見られない。

　以上からすれば，2010年代の限定核使用オプションの導入に係る主張の高まりはあれども，それらはインドの核戦略・核態勢が現に核戦争遂行へと傾倒してきた，もしくはその方向へシフトしつつあることを意味しない。そうした主張は，そもそも核戦争遂行の概念に基づくものではないし，その性質を度外視したとして，限定核使用オプションを導入すべく核ドクトリン上の大量報復原則が撤廃された形跡もなければ，近い将来に撤廃される兆候もない。大量報

---

[116] Ali Ahmed, "India's Nuclear Doctrine Review: Don't Leave It to the Hawks!," *Foreign Policy Journal*, July 11, 2014 (http://www.foreignpolicyjournal.com/2014/07/11/indias-nuclear-doctrine-review-dont-leave-it-to-the-hawks/).

[117] Dalton and Perkovich, *India's Nuclear Options and Escalation Dominance*, p. 28.

復原則は，彼らの戦略思考の上で合理的な論理に基づいて維持されてきたのであり，宣言政策上，そこへ限定核使用の要素が入り込むことは，むしろその論理に立脚した抑止の信頼性を棄損しかねないものなのである。もちろん，抑止が破れた場合の次善の策として，宣言政策とは離れた運用政策面で，大規模報復とは異なる限定的な核使用が用意されてきた可能性は，完全には排除されないだろう。だが，核戦争の限定不可能性に係る理解が軍にも通底していることと，政治指導部などが持つ，核政策上の軍の権限拡大への抵抗感にも鑑みれば，それがインド政府にとって好ましいオプションと位置づけられることや，広範な限定核使用に基づく，限定核戦争遂行のプランニングのようなものにまで発展してきたことは，やはり考えにくいと言えよう[118]。

(b) 損害限定

他方で，核戦争の限定不可能性に基づいた大量報復原則の正当化は，限定核戦争とは別の形の核戦争遂行の様態として，大規模な対兵力攻撃の形での先制核攻撃で敵核戦力を無力化し，あわせて，破壊しきれなかった戦力での相手国の報復に迎撃システムで対処する，冷戦期に提唱された損害限定のような核戦略に，論理的にはつながりうる。

この文脈では，2017年3月に米国の専門家であるナラン（Vipin Narang）が提起した，インドがパキスタンに対し，厳格なNFUから離れて，同国の核戦力を完全に武装解除する対兵力攻撃の形での，大規模な先制核攻撃オプションを採用する兆候が見られる，との議論が大きな注目を集めた[119]。ナランが主な根拠としたのは，2010～2014年にNSAを務めたメノン（Shivshankar Menon）の2016年の著作である。具体的には，敵対国の核使用が差し迫った場合にこれを先に叩くことが，現行のドクトリンのNFUが明確に排除していない「グレーエリア」と形容されている点，「当初は」対価値攻撃のターゲティング

---

[118] 核兵器の実使用に係る計画への軍の関与の程度は定かでないが，ナランは元SFC司令官のシャンカールに対し2011年に行ったインタビューの中で，SFCは核報復の履行に際して核戦力のコントロールと標的を与えられるのみで，具体的標的さえ発射指令とあわせてしかSFC司令官に降りてこないとの示唆があったと記述している。Narang, *Nuclear Strategy in the Modern Era*, pp. 107-108.

[119] "NUKEFEST 2017 Hot Takes: Potential Indian Nuclear First Use?," South Asian Voices, March 21, 2017 (https://southasianvoices.org/sav-dc-nukefest2017-potential-indian-nuclear-first-use/).

第5章　インド・パキスタン

が合理的であったと過去形で記述されている点、そして、パキスタンによるインド軍部隊への戦術核兵器の使用が、対パキスタンの「包括的な大規模先制攻撃を行う自由」をインドに与えるものであると述べられている点をナランは引いている[120]。

　ナランの主張は、インドの核政策の大きな転換を指摘したものとして論争を呼んだが、その根拠である、大規模な先制核攻撃に関するメノンの議論は、上述の、核戦争の限定不可能性を前提とした大量報復原則の合理性に係る論理に照らすと、実はそれほど目新しくはない。限定的な核使用に対する大規模報復が合理性を持つのは、いずれにせよ全面核戦争へのエスカレーションが避けられないのなら、大規模攻撃により、早い段階で相手国の壊滅やその核戦力の破壊を図るほうが、相対的には自国の被害を限定できるためである[121]。メノン自身、「包括的な大規模先制攻撃」オプションを提示したのは、パキスタンの戦術核使用に対して、核戦争の限定不可能性に基づき大規模報復が合理的であると主張する文脈においてであった[122]。ここからすると、たしかに従来のインドのNFUのイメージとの関係で先制核攻撃という選択肢は新奇に映るが、この種の先制核攻撃が現行のNFUの「グレーエリア」ならば、メノンの主張を根拠に、インドが導入する兆候があるものとしてナランが提起し議論を呼んだ、大規模な先制核攻撃オプションとは、現行ドクトリンの範疇を出ない形での、大量報復原則の自然な延長に過ぎないものということになる。言うなればそれは、同原則に基づく大規模な、相手国の核使用が差し迫った場合の先制も含む広義の「報復」の、形態選択の問題でしかないのである。

　もっとも、現在に至るまで、そうした大規模な先制核攻撃オプションの採用やその検討が進行中であることを示す公式の声明等は何もなく、インドの戦略コミュニティは、ナランの議論に強く反発した[123]。とはいえ、この種のオプ

120　メノンの著作上の該当箇所は、Menon, *Choices*, pp. 108, 110, 117.
121　こうした損害限定の観点での大量報復原則の合理性は、元SFC司令官のナガル（Balraj Nagal）が指摘している。Nagal, "Checks and Balances."
122　Menon, *Choices*, p. 117.
123　たとえば、Arun Sahgal, "India's Nuclear Doctrine is Robust and Requires No Review," *DPG Policy Note*, Vol. 2, Issue 3, March 24, 2017（http://www.delhipolicygroup.org/uploads_dpg/publication_file/dpg-policy-note-vol-ii-issue-3-indias-nuclear-doctrine-is-robust-and-requires-no-review-1041.pdf）.

ションが従来の核政策の大きな転換ではなく，その自然な延長であるのなら，なおのことその導入の可能性を完全に否定するのは困難であるし，現行ドクトリンに何ら修正を要さない以上，仮に運用政策面でそれが実際に採用されていたとしても，外部からはわからないことも考えられ，将来の展開まで含め，インドがこの種の先制核攻撃オプションへと傾倒する可能性について，断定的に判断することは難しい。

　ただ，この文脈でのインドの核戦略・核態勢の変化に関して，いくつか推定できることがある。冷戦期に提唱された，いわゆる損害限定の核戦略は，対兵力攻撃の形での先制攻撃による破壊とミサイル防衛での迎撃により，敵の報復能力を深刻に毀損することで，相互確証破壊（MAD）から脱却して自国の被害を許容可能な最小限に抑えて核戦争に勝利することを可能にしようとするものであった[124]。この観点では，現時点での能力不足は言うまでもなく，インドがパキスタンの全戦略核戦力の捕捉・破壊を可能にするような，情報・監視・偵察（ISR）面を含む能力を獲得できることなど，今後も想定しがたいとの指摘がある[125]。たしかに，パキスタンが現行の保有弾頭数に加え，兵器級の分裂物質生産能力を踏まえた弾頭製造のポテンシャルでもインドを上回っている点を勘案すると[126]，たとえミサイル防衛システムの伸長を加味しても，この指摘には一理ある。まして，被害の限定的な「警告射撃」としてのパキスタンの戦術核使用に対し，あえて実使用を待たず，その兆候しかない段階で先制核攻撃を履行することがより好まれる選択肢になるほど，高い水準の損害限定能力が獲得されることは，恐らくありそうもないし，その困難さを考えれば，

---

[124] Charles L. Glaser, *Analyzing Strategic Nuclear Policy* (Princeton University Press, 1990), pp. 50–55.

[125] Basrur and Sankaran, "India's Slow and Unstoppable Move to MIRV," p. 140.

[126] インドの弾頭保有数は2017年時点の推計で120〜130個に対し，パキスタンは2016年時点の推計において130〜140個で，2025年までに220〜250個に増大すると見られている。Kristensen and Norris, "Indian Nuclear Forces, 2017," p. 205; Kristensen and Norris, "Pakistani Nuclear Forces, 2016," p. 368. 弾頭製造のポテンシャルについては，Zia Mian and Alexander Glaser, *Global Fissile Material Report 2015: Nuclear Weapon and Fissile Material Stockpiles and Production*, presentation at NPT Review Conference, May 8, 2015, United Nations, New York, p. 22 (http://fissilematerials.org/library/ipfm15.pdf); Toby Dalton and Michael Krepon, *A Normal Nuclear Pakistan* (Carnegie Endowment for International Peace, 2015), pp. 18–22 (http://carnegieendowment.org/files/NormalNuclearPakistan.pdf).

第 5 章　インド・パキスタン

そのような水準の能力が明確に追求される目標となることも考えにくい。
　一方で，明確な損害限定の戦略が達成困難ゆえに追求されないとしても，そのことは，インドの大規模核報復の内容が，MIRV や精確性の高いミサイル，ISR 能力といったハード面の整備に伴い，対兵力攻撃の色が濃いものへと漸進的に振れていく可能性を必ずしも排除するものではない。損害限定戦略を掲げずとも，結局のところ，現行の核ドクトリンは何らターゲティングに制約を課しておらず，大量報復原則の中には，100 パーセントの軽減は実現不可能でもせめて相対的に自国がこうむる損害を低減するというアイディアが存在し，そこでは相手国の核戦力や指揮統制機構を標的に，対兵力攻撃能力が果たしうる役割があるのである。
　もちろん，核兵器を「政治的兵器」と見る政治指導部の理解や，核政策上の軍の権限拡大への抵抗感が，本質的には核戦争遂行の要素である対兵力攻撃の側面の伸長の程度やペースに一定の制約を課す可能性は高い。それでも，従来の確証報復の核態勢の一部であった大量報復原則のもとで，新たなハードウェアの導入により可能になったことを取り入れる形で，対兵力攻撃のウェイトが増していくという流れは，明確な損害限定戦略や限定核戦争遂行の追求と比べれば，よほど受け入れられやすいはずである。
　ここからすれば，今後インドの核政策がたどる展開は，核戦争遂行への傾倒という観点で，中途半端なものになる可能性が比較的高いのではないだろうか。運用政策上，パキスタンとの全面核戦争でこうむる損害を許容範囲に抑えられるほどの損害限定能力と，それに立脚した損害限定の戦略は，明確に追求されることも，達成されることもないだろう。しかし，どの程度のペースで進むのかはともかく，ハード面の能力整備に伴い，漸進的に，大量報復原則に沿った大規模報復の中で，対兵力攻撃の要素の比重が増大することは十分想定しうる。ただし，パキスタンの核使用が差し迫った場合の先制核攻撃オプションは，内々には留保されるかもしれないが，損害限定能力の水準ゆえ，それは同国の戦術核使用の兆候に対し積極的に履行されるようなオプションにはならない。そして，そうした運用面の状況と，外交的な配慮をあわせて鑑みるならば，宣言政策上，現行の NFU は引き続き維持されるとともに，抑止を向上させるために，敵対国の核使用が差し迫った場合の先制核攻撃オプションがありうるこ

とがあえて積極的に打ち出されることも、考えにくいであろう。

おわりに——抑止の安定性をめぐって

　核兵器はその存在自体が抑止効果を生むのか、それとも単に存在するだけでなく、それが使用されることを前提としなければ抑止効果が生じないのかという論点は、冷戦期から盛んな議論が為されてきた。このうち、本章が主題とする核戦争遂行は、後者の立場に連なるものである。印パ間における核戦争遂行の概念の受け入れられ方を主題とした本章は、冷戦を離れた核保有国間の紛争の中で、この論点がどのように捉えられるのかを考察した、一つのケース・スタディとして位置づけられる。

　本章から明らかになったのは、核実験から20年を経てもなお、かつて彼らが拒否した核戦争遂行の概念は、両国の核政策の上で、いわば「微妙な」ものにとどまっている点であった。パキスタンがすでに戦術核兵器による限定核使用のオプションを導入し、潜在的にはインドも限定核使用に向かう可能性が指摘されるが、両国がともに有する、核戦争の限定不可能性という理解もあり、これまでのところ、パキスタンのそうしたオプションは限定核戦争の遂行を志向したものにはならなかったし、インドのほうでは、そもそも限定核使用オプションが導入されず、今後もその公算は小さい。パキスタンに関しては、今後限定核使用オプションが、核戦争遂行を志向するようになる可能性を排除はできないが、核戦争遂行の概念に拠らない、不確実性に立脚した現行の抑止アプローチの有効性に関する同国の認識と、軍事的に有効な限定核戦争の遂行を可能にする態勢を整える負担などに鑑みれば、現行の路線が残り続けることもありうる。

　一方、インドの今後に関しては、運用政策の面で対兵力攻撃の比重が増す可能性があり、これは限定核使用とは離れたところで、核戦争遂行の要素の一部受容として注目に値する。とはいえその受容が起こるとしても、それは明確に核戦争遂行の論理に則った、損害限定戦略の追求を意味せず、かつそうした動きが、もともとインドが核戦争遂行の概念を拒否して採用した核態勢である確

第5章 インド・パキスタン

証報復を構成してきた，大量報復原則の延長として為されるという，客観的にはトリッキーな形をとると予想される。

以上を踏まえ，核実験から20年を経た印パ間の抑止の状況を，どう評価すべきか。端的に言えば，両国間の総体的な抑止関係は，純軍事的に見ると，しばしば指摘されるほどに不安定ではない[127]。パキスタンが，戦術核兵器による限定核戦争の遂行と勝利が可能と考えていれば，同国には通常戦争の比較的早い段階でその使用に訴える誘因が生じるが，あくまで全面核戦争へのエスカレーションを威嚇する「警告射撃」にとどまる可能性が高い以上，その使用は通常戦争の中で相当程度に追い詰められないと出てこないであろう。他方，本章では触れられなかったが，インド側では，通常戦力面で，パキスタンの戦術核兵器導入を駆り立てたはずの，複数のIBGによるコールド・スタートの限定通常戦争アプローチが，今日までの検討の中でおおむね排除され，従来型の大規模な攻勢戦力のより有効な活用を追求する方向で落ち着いたとされる[128]。コールド・スタートの履行でも，本当にエスカレーションを招来しないのかについては議論があったが，こうしたインドの通常戦力面での選択は，なおさらパキスタンの核使用を招く危険性が大きいことから，インドが実際の通常戦力行使に踏み切るハードルは高いままである。要するに，最悪の展開としての，パキスタン起源のテロ攻撃に対して，インドがパキスタンの核攻撃はないとの前提で限定通常戦争に踏み切り，パキスタンはインドの戦略核報復を招かないとの予測のもとで早期の戦術核使用に訴え，インドはパキスタンの戦略核報復を回避できると考えて限定核使用で反撃し，結果エスカレーションが抑制されず相互の破滅に至る，というシナリオの蓋然性は，あまり大きくないと考えられる。付け加えれば，今後，インドの大規模核報復のターゲティングが対兵力攻撃に振れていくとしても，パキスタンとの全面核戦争での被害を許容範囲に軽減できる水準の損害限定能力が達成されそうにないのなら，インドが拙速な先制核攻撃に走るリスクも大きくはならないであろう。

通常戦争レベル以上での安定性とあわせて注目すべきは，エスカレーショ

127　この点についての詳細な議論は，拙著『核のリスクと地域紛争』第6章を参照。

128　Christopher Clary and Vipin Narang, "Doctrine, Capabilities, and (In) stability in South Asia," in Krepon and Thompson, eds., *Deterrence Stability and Escalation Control in South Asia*, p. 97.

ン・ラダーのより低い，低強度紛争レベルでの状況である。核保有以降の印パの状況については，「安定・不安定の逆説」の一つの表象として，パキスタンが，核抑止力を盾に通常戦力で優るインドの報復を封じ込め，核保有以前から従事してきた対印代理戦争を激化させているとの指摘がしきりに為されてきた。だが実態は，2008年のムンバイ同時多発テロ事件以降，同事件や2001年のインド国会襲撃事件に匹敵する水準の，パキスタン起源の重大なテロ事件は発生していないし，そうした代理戦争の主戦場であるインド側カシミールの治安状況は，2002年を境におおむね改善トレンドに入り，直近の同地の混乱はあれども，それは1990年代から2000年代初頭の水準には遠く及ばない。この点は，ムンバイ同時多発テロ事件以降の印パ関係が政治面で不安定であったことに鑑みれば，特筆すべきである。結果，インド側ではもはやパキスタンの代理戦争はインド国家の生存への深刻な脅威と捉えられなくなり，また同国のそうした行為への対処にあたっては，かつてのような通常戦争での報復の明確な威嚇よりも，2016年9月と2017年12月に実施されたような特殊作戦や，国際社会も巻き込んだ政治・外交的な圧力が有力視されつつあるとの見方も提示されている[129]。こうした状況は，低強度紛争レベルからそれ以上へのエスカレーションを招く火種そのものが多くないことを意味し，前述の核レベル・通常戦争レベルでの安定とあわせて，両国間の総体的な抑止関係の安定を支えている。

以上のような印パ間の総体的な抑止の状況は，より広く「安定・不安定の逆説」をめぐる現実を考える上で示唆的でもある。大まかには，戦略核レベルでの相互抑止の安定がより低いレベルでの暴力の発生を促進するというこの現象が，実際いかなるメカニズムで，どのような暴力につながるのかは議論があるが[130]，これを広く捉えれば，印パの経験はある意味，さまざまな形態の「安

---

[129] Gaurav Kampani and Bharath Gopalaswamy, *Asia in the "Second Nuclear Age"* (Atlantic Council, November 2017), p. 9 (http://www.atlanticcouncil.org/images/Asia_in_the_Second_Nuclear_Age_web_1115.pdf).

[130] たとえば，印パ間の文脈では一般に，「逆説」の効果としては低強度紛争レベルでのパキスタンのテロ支援の激化が挙げられるが，冷戦期にスナイダー（Glenn H. Snyder）が提示した「逆説」に関する初期の議論では，「逆説」の結果生じやすくなる暴力の形態として，通常戦争や限定核使用を挙げていた。Snyder, "The Balance of Power and the Balance of Terror," p. 199. なお，「逆説」の具体的メカニズムに踏み込んだ研究として，S. Paul Kapur, *Dangerous Deterrent: Nuclear Weapons Proliferation and Conflict in South Asia* (Stanford University Press, 2007), pp. 34-55;

定・不安定の逆説」が,理論的に想定しうるはずの形では成立しなかったか,作用しなかった過程と見ることができる。本章が主眼として論じたように,程度の差はあれ,両国は,戦略核レベルと戦術核レベルを切り離せない,言い換えれば両者の間の「逆説」を信じきれなかったからこそ,限定核使用による核戦争遂行を追求してこなかった。パキスタンの動きに関して言えば,印パの文脈で最も一般的に指摘される,パキスタンのテロ支援を促進し激化させるはずの「安定・不安定の逆説」の効果が,現実には抑え込まれていったことは,先に述べたとおりである。一方,インドが限定通常戦争アプローチを放棄し,従来型の大規模な攻勢戦力の有効な活用に舵を切ったことも,「逆説」に関する同様の文脈に位置づけられうる。コールド・スタートに関しては,大規模通常戦争オプションとの程度の差はあれ,核エスカレーションのリスクをはらむとの批判があった一方[131],インド陸軍の中ではそもそもこの種の限定通常戦争アプローチが持つ軍事的な有効性を疑う向きが強いとの指摘もあった[132]。仮にこれらの懸念からインドが限定通常戦争アプローチを放棄したのだとすれば,それは,戦略核レベルから大規模通常戦争までのレベルと限定通常戦争以下のレベルの間での「逆説」を確信できない中で,結局はエスカレーションの危険を逃れられず,軍事的にもさほど有効でない限定通常戦争が,インドにとって,あえて旧来型の通常戦争ドクトリンを転換してまで追求するほどでもない,中途半端な選択肢になってしまった構図と言えるのではないだろうか。

　他方で,以上述べてきた点は,現在の印パ関係が必ずしも好ましい状態にあることを意味するわけではない。パキスタンの支援するインド国内でのテロは,「逆説」による激化は抑え込まれ,ゆえに低強度紛争レベルでの応酬を越えたエスカレーションにつながる見込みは小さくとも,完全に停止する気配はないし,それに関連して,近年,両国のカシミール実効支配線を挟んだ停戦協定違反の砲撃の応酬は激化する傾向にある。そうした低強度の暴力の応酬が,解消

Philipp C. Bleek, *Nuclear Weapons and Sub-Nuclear Conflict: Revisiting the Stability-Instability Paradox*, paper presented at 2008 Annual Meeting of the International Studies Association in San Francisco, CA (March 29, 2008) を挙げておく。

[131] Ladwig, "A Cold Start for Hot Wars?," pp. 169–175.

[132] Gurmeet Kanwal, "Military Dimensions of the 2002 India-Pakistan Standoff: Planning and Preparation for Land Operation," in Davis, ed., *The India-Pakistan Military Standoff*, p. 76.

されることもエスカレーションを起こすこともなく継続される状況下では、いたずらに相互不信のみが蓄積され、両国間のイシューの政治的解決や、冷戦期に見られたハード面での軍備管理が難しいのはもちろん、信頼醸成を核としたソフト面での軍備管理が機能する余地にも限界がある。さらに言えば、核レベルでの安定性も、必ずしも保証されたものではない。とくに、インドが対兵力攻撃への傾倒を強める状況は、同国が実際には先制核攻撃を積極的に履行可能なオプションだと思っておらず、またそのオプションの存在を宣言政策上で掲げることがなくとも、パキスタンをして核戦力の警戒態勢引き上げに向かわせ、事故や授権のない核使用のリスクを増大させよう。要するに、印パ関係は引き続き、かつてテリス（Ashley Tellis）が呼んだ「醜い安定（ugly stability）」[133]の状況に固定されており、総体的な抑止関係にはおおむね安定が見られるとしても、その状況が、リスク・フリーな望ましいものであるかと言えば、それは別問題なのである。

　追記：本章脱稿後に生じた、印パ間の総体的な抑止関係に影響しうる二つの事象につき補足しておきたい。第1に、2018年12月発表のインド陸軍のドクトリンは、軍の公式文書として初めてIBGの活用に言及、前年1月の陸軍参謀長による「コールド・スタート」への言及とあわせ、同ドクトリンの再浮上ではないかとの見方を呼んだ。ただ、これらが2000年代半ばに提起された限定通常戦争アプローチへの回帰なのかは現時点で定かでない。その2018年のドクトリン文書に、地上部隊による限定通常戦争というアプローチへの明確な言及がない点にも留意が必要であろう。第2に、2019年2月にインド側カシミールで生じたテロ事件への報復として、インドは限定的な対パ空爆を実施、国際社会の懸念を呼んだ。インド政府はそれを「非軍事的措置」と形容したが、これは印パ間の抑止関係における新しい現象を示唆している可能性がある。すなわち、こうしたインドの対応は、かつてコールド・スタート発表へとつながった、核抑止を盾に激化するパキスタンの代理戦争に追い詰められる中で、可能な通常戦争の様態を模索するという志向性の帰結ではなく、実効支配線を挟

133　Ashley J. Tellis, *Stability in South Asia* (RAND, 1997), p. 5.

第5章　インド・パキスタン

んだ砲撃の強化や特殊作戦といった形で，通常戦争とは切り離したまま低強度の反撃措置を現に行使できることに自信を深めてきたインドが，そうした措置を徐々にエスカレートさせるというダイナミズムの上にあると考えられる。これが今後の印パ間の抑止の安定性にどう影響するのかは，注視していく必要があろう。

第6章
核管理とサイバーセキュリティ

土屋 大洋

はじめに——サイバー戦場の霧

　1997年10月，米国のクリントン（Bill Clinton）政権下において，「重要インフラストラクチャ保護に関する大統領委員会（President's Commission on Critical Infrastructure Protection）」の報告書が発表された。そこでは以下のように指摘された。

> 核時代の恐ろしい長距離兵器が，20世紀後半の安全保障についてわれわれに違う考え方を強いたように，情報時代の電子技術は，いまやわれわれを守るための新しい方法を発明するようわれわれに挑んでいる。われわれは新しい地理を乗り越えなければならない。そこでは国境は重要ではなくなり，距離は意味がなくなり，われわれの軍事力に立ち向かうことなく，われわれが依存している不可欠なシステムを敵は傷つけることができる[1]。

　この記述は，10年後の2007年にサイバー攻撃が急増する前のものであり，

---

[1] President's Commission on Critical Infrastructure Protection, "Critical Foundations Protecting America's Infrastructures," President's Commission on Critical Infrastructure Protection, available at Federation of American Scientists web site (https://www.fas.org/sgp/library/pccip.pdf), published in October 1997, accessed on June 17, 2016.

サイバー攻撃がこの頃から始まっていたことにほとんどの人は気づいていなかった。

しかし、米国政府内でこうした問題が政策論議として始まったのは、さらにさかのぼり、ハリウッド映画『ウォーゲーム（WarGames）』が公開された1983年のことである。この映画では、米軍の核ミサイル・システムに外部の少年がハッキングすることで、米ソ間であわや第三次世界大戦が起きるというストーリーが展開される。同年6月4日、レーガン（Ronald Reagan）大統領は、別荘のキャンプ・デービッドでこの映画を観た。そして、その4日後、ホワイト・ハウスに戻った大統領は、軍の統合参謀本部議長に「こんなことは可能なのか」と尋ねた。1週間後、統合参謀本部議長は答えを持って戻ってきた。「大統領、問題はお考えになられているよりもいっそう深刻です」と議長は大統領に告げた[2]。

レーガン大統領の問いかけは、翌1984年9月17日にNSDD-145と番号の振られた文書に大統領が署名することで一応の決着を見た。それは「電気通信と自動情報システムのセキュリティに関する国家政策（National Policy on Telecommunications and Automated Information Systems Security）」と題するもので、米国政府が情報セキュリティないしサイバーセキュリティに関する政策を考える最初のきっかけとなった[3]。

NSDD-145から約10年後の1995年にマイクロソフトからウィンドウズ95が発売され、インターネットの一般利用者が爆発的に増え始めた。その直後に本章の冒頭のクリントン政権時代の報告書が出され、重要インフラストラクチャに対するサイバー攻撃の懸念が始まる。それでもIT（Information Technology：情報技術）産業のバブルは膨らみ、そして2001年7月にはじける。直後の2001年9月11日の対米同時多発テロ（9.11）においては、テロリストたちはインターネットを活用してテロの準備を進め、中東の仲間たちと連絡をとった。2007年にエストニアに対する最初の「ウェブ・ウォー」が行われ、2010

---

[2] Fred Kaplan, *Dark Territory: The Secret History of Cyber War* (New York: Simon & Schuster, 2016, Kindle version), Location No. 35.

[3] The White House, National Security Decision Directive Number 145: National Policy on Telecommunications and Automated Information Systems Security, September 1984 (http://fas.org/irp/offdocs/nsdd145.htm).

第6章　核管理とサイバーセキュリティ

年にはイランの核施設に対するサイバー攻撃が明らかになった。2015年には「IoT（Internet of Things：モノのインターネット）」がIT業界の新たなバズワードとなり，多様なモノがネットワークに接続されるようになるとされているが，一方でIoTはモノではなく「脅威のインターネット（Internet of Threats）」にもなり，サイバー攻撃の被害範囲を広げ，深刻化させるのではないかと懸念されている。

はたして本当にサイバー攻撃は安全保障の基盤を揺るがすような威力を持っているのだろうか。たとえば，核ミサイルを勝手に発射させたり，迎撃ミサイルを不能にしたり，レーダーに何も映らないようにしたり，偵察衛星のセンサーを無能にしたり，深海の原子力潜水艦を探知したり，民間の原子力発電所を爆発させたりすることはできるのだろうか。あるいは，サイバー攻撃は大国間の抑止をもたらすのか，あるいは密かな第1撃として使われるのか。

そうした試みの一部はすでに行われており，必ずしも夢物語ではない。しかし，映画や小説が描くほど簡単でもない。『戦争論』で知られるカール・フォン・クラウゼヴィッツ（Carl von Clausewitz）は戦場の不確定要素のことを戦場の霧と呼んだ。本章では，いまだ晴れない，むしろますます濃くなるサイバー戦場の霧をかき分けてみたい。

1　サイバースペースと情報技術

（1）サイバースペース

サイバースペースは第5の作戦領域（operational domain）ともいわれる。2010年に発表された米国の「4年ごとの国防見直し（QDR: Quadrennial Defense Review）」において，従来の作戦領域は陸，海，空だったが，それらに加えて第4の作戦領域として宇宙，第5の作戦領域としてサイバースペースが加わっていると指摘された[4]。しかしながら，第1から第4の作戦領域が自然空

---

[4] United States Department of Defense, Quadrennial Defense Review, February 2010 (http://www.defense.gov/qdr/). 土屋大洋「作戦領域の拡大と日本の対応——第四と第五の作戦領域の登場」『国際安全保障』第41巻1号（2013年6月），1-11頁。

間であるのに対し，第5の作戦領域とされるサイバースペースは人工空間である。

　サイバースペースの実態は，世界中に散らばる無数といっていい情報通信機器と記憶装置が通信チャンネルによって相互接続されている状態にほかならない。2021年にインターネットにつながるモノの数は348億7000万個になると推計されている[5]。サイバースペースは1960年代に作られたアーパネット（ARPANET）と呼ばれる実験的なネットワークから徐々に進化し，拡大してきた。いずれその進化・拡大も止まるかもしれないが，現在ではますます多くのものが接続されるようになっている。

　サイバースペースが，記憶装置の中に保存されている情報を通信ネットワークを通じて出し入れしているに過ぎないとすれば，宇宙空間や南極大陸といった従来から「グローバル・コモンズ（global commons）」と呼ばれているものとは性格を異にする。サイバースペースは人工的に作られた仮想的な空間であり，それを破壊するのは自然空間に比べてはるかに容易である。サイバースペースを部分的に破壊するには，たとえば電波のジャミングや有線ケーブルの切断によって途絶するだけで良い。あるいは記憶装置を物理的に破壊すれば，保存されていた情報を取り戻すのは困難になる。インターネット全体がその機能を停止したことはないが，部分的な不具合は時折起きている。

　しかし，注意しなくてはならないのは，インターネットとサイバースペースは同じものではないという点である。インターネットにはつながっていないが，インターネットと同様の技術を用いたサイバー・システムは拡大を続けている。かつては重要インフラストラクチャを制御するシステムは「作り込みシステム」と呼ばれ，独自の仕様のものが個別に開発され，用いられていた。しかし，近年ではできるだけシステムを汎用化し，個別に必要な機能を付加する方向に変わってきている。

　その結果，インターネットに常時つながっているわけではないが，同様の技術を用いるシステムが各所で使われるようになっている。道路の信号制御システムや航空管制システム，高速取引を可能にする金融システム，医療情報シス

---

[5] 総務省「平成29年版　情報通信白書のポイント」総務省（http://www.soumu.go.jp/johotsusintokei/whitepaper/ja/h29/html/nc133100.html），2018年4月3日アクセス。

第6章　核管理とサイバーセキュリティ

テム，ガスや電気といったエネルギー・システムなどである。

(2) 軍事システムと情報技術

　無論，そうしたサイバー・システムは，軍事システムの中にも多く用いられるようになっている。コンピュータが最初に軍事目的で利用されるようになったのは，第二次世界大戦中の暗号解読であった。英国では，チューリング（Alan Turing）をはじめとするチームが世界最初のコンピュータの開発に成功し，ドイツ軍の暗号の解読に成功する。ところが，英国が解読に成功したことを秘匿するために，英国のコンピュータ開発の事実は1970年代まで公にされることはなかった。

　他方，米国でも第二次世界大戦後に独自にコンピュータの開発が行われ，英国がコンピュータ開発の事実を隠していたため，長らく米国が開発したエニアック（ENIAC: Electronic Numerical Integrator and Computer）が世界最初のコンピュータだと理解されてきた。米国の場合は，コンピュータは核ミサイルとともに生まれたといってもよい。当初は主としてミサイルの弾道計算に応用されたからである。最初のコンピュータは真空管を使っていたが，やがて半導体の集積回路（IC: Integrated Circuit）が多用されるようになった。

　1984年にアップル・コンピュータがパーソナル・コンピュータ（パソコン）を大々的に宣伝し始めると，家庭にコンピュータが普及し始めた。

　1992年の大統領選挙においてクリントン候補が勝利し，1993年に政権が成立すると，ゴア（Albert Gore）副大統領が「情報スーパーハイウェー構想」，「国家情報基盤（NII: National Information Infrastructure）構想」を打ち出し，全米の，とくに教育研究機関をネットワークでつなごうとする。しかし，この構想は民間主導のインターネット革命に飲み込まれていく[6]。軍事部門ではクリントン政権下においてハイテク装備による軍事革命（RMA: Revolution in Military Affairs）が唱道され，ITもまた軍事システムに次々と組み込まれていく[7]。

6　アルバート・ゴアほか（浜野保樹監修・訳）『GII 世界情報基盤』（ピーエヌエヌ，1995年）。
7　RMAについては以下を参照。アニー・ジェイコブセン（加藤万里子訳）『ペンタゴンの頭脳――世界を動かす軍事科学機関DARPA』（太田出版，2017年）。アンドリュー・クレピネヴィッチ，

そうした軍事革命が進められていた背後で，一つの演習と二つの事件が米国政府を揺さぶることになる。1997年6月9日，米国政府のインテリジェンス機関の中で通信傍受や暗号解読，つまりシギント（SIGINT: Signal Intelligence）を担う国家安全保障局（NSA: National Security Agency）がレッド・チーム（組織の効率性を改善することを目的として意図的に組織を攻撃する独立のチーム）を組織し，太平洋軍（PACOM: Pacific Command）と国防総省の電話，ファックス，そしてコンピュータ・ネットワークにサイバー攻撃をかけた。

「エリジブル・レシーバー97（Eligible Receiver 97）」と呼ばれた演習は，当初2週間の予定で開始された。しかし，演習は，軍の中枢のネットワークが乗っ取られたことで，たった4日で終了した。戦時の大統領の命令を発する国軍指揮センター（National Military Command Center）は演習の初日に陥落していた。多くの軍のコンピュータがパスワードすら設定されておらず，設定されていても「password」，「12345」といった容易に推測されるパスワードが使われていた。すべての電話回線はつながらなくなり，ファックス回線は鳴りっぱなしになった。レッド・チームが最も苦労したのが統合参謀本部のインテリジェンス部門（J-2）のサーバーだったが，チームの一人が国防総省のIT部門職員のふりをして電話をかけ，「技術的な問題からすべてのパスワードをリセットする必要がある」と担当者に告げると，まんまとパスワードを電話口で聞き出すことに成功した[8]。

エリジブル・レシーバー97演習の翌年の1998年2月3日，本物のサイバー攻撃がアンドリューズ空軍基地の州兵（National Guard）のコンピュータに対して行われた。ソフトウェアのよく知られた脆弱性を突いて，国防総省のネットワークをウロウロと探り，データを集めるためのプログラムを仕込み，集めたデータを回収するために再度侵入するといった行動を繰り返していた。この攻撃は「ソーラー・サンライズ（Solar Sunrise）」と名付けられた。

国防副長官のハムレ（John Hamre）は，エリジブル・レシーバー97演習に衝撃を受けていたが，ソーラー・サンライズは本物のサイバー攻撃の幕開けか

バリー・ワッツ（北川知子訳）『帝国の参謀——アンドリュー・マーシャルと米国の軍事戦略』（日経BP社，2016年）。

[8] Kaplan, *Dark Territory*, Kindle version, Location No. 957.

もしれず，イラクによるものかもしれないとクリントン大統領に警告した。なぜならNSAの当初の分析では，攻撃はアラブ首長国連邦のISP（Internet Service Provider）からによるものという証拠を見つけており，中東と言えばイラク大統領のフセイン（Saddam Hussein）を思い起こさせたからである。しかし，攻撃発見から7日後の2月10日，本物の攻撃者はサンフランシスコ郊外の16歳の高校生二人だとわかった[9]。

　ソーラー・サンライズ事件が片付いたと思われたとき，次の攻撃が始まった。翌月の1998年3月，オハイオ州のライト・パターソン空軍基地のシステムに侵入があり，戦闘機のコックピットのデザインやマイクロチップの回路図といった，機密ではないが機微な情報が盗まれた。その後，数カ月にわたって侵入が相次ぎ，事件は「ムーンライト・メーズ（Moonlight Maze）」と名付けられた。こちらの侵入者はきわめて洗練された技能を持っており，ログファイルから自らの侵入の痕跡を消去するということもしていた。エリジブル・レシーバー97演習やソーラー・サンライズ事件がなければ気づけなかったほど高いレベルの攻撃である。ようやくNSAは侵入者をロシア科学アカデミーまで追跡することができたが[10]，国家レベルのサイバー攻撃が始まっていることが，米国政府首脳に衝撃を与えた。ロシアができるならば他国ができてもおかしくない，そして，米国ではどんどんオンライン化が進んでおり，他国よりも脆弱だという認識が政府部内で広がることになった[11]。

　2001年に成立したブッシュ（George W. Bush）政権においては，「トランスフォーメーション」がキーワードになり，軍の部隊の再編成だけでなく，ハイテク技術をいっそう導入するなどして軍の変質を伴う改革が追求された[12]。それに伴い，無人機（ドローン）や人工知能，精密誘導兵器（PGM: Precision Guided Munitions），ネットワーク中心の戦い（NCW: Network-Centric Warfare）といったキーワードが次々と現れた。

　イラクやアフガニスタンにおける戦争，そしてリーマン・ショックと呼ばれ

9　Kaplan, *Dark Territory*, Kindle version, Location No. 1059.
10　Kaplan, *Dark Territory*, Kindle version, Location No. 1078.
11　Kaplan, *Dark Territory*, Kindle version, Location No. 1258.
12　Donald H. Rumsfeld, "Transforming the Military," *Foreign Affairs*, Vol. 81, No. 3（May/June, 2002）, pp. 20–32.

る経済的混乱の中で行われた2008年の大統領選挙でオバマ（Barack Obama）候補が当選すると、新大統領就任の数日前にブッシュ大統領からオバマ新大統領に二つの秘密作戦が引き継がれた。第1に、パキスタンのアルカイダ系民兵に対するドローン攻撃であり、第2に、イランの核兵器開発プログラムを妨害するための「オリンピック・ゲームズ作戦（Operation Olympic Games）」と名付けられたサイバー攻撃である[13]。

後者のイランに対するサイバー攻撃は、2010年春になって外部に知られるところとなり、セキュリティ・アナリストたちによって「スタックスネット（STUXNET）」攻撃と名付けられた[14]。スタックスネットは、従来のマルウェアに比べて巨大ともいえる大きさ（コードの行数が多い）であり、複雑さと洗練度において飛び抜けたものであったため、発見当初から国家規模の関与が疑われていた。感染したコンピュータのマップを作ってみると、イランが中心となっており、イランのナタンツの核施設が標的であろうと容易に疑われた。2012年6月1日、ニューヨーク・タイムズ紙は、オバマ政権関係者からのリークに基づき、スタックスネットが米国政府とイスラエル政府の共同作戦だったと報じた[15]。

スタックスネットはワームと呼ばれる自己増殖型のマルウェアであるとともに、核施設の中の遠心分離機を制御するシーメンス社のプログラムだけに感染するようにデザインされていた。そこから金銭的に価値のある情報が得られるはずはなく、目的は核開発の妨害以外にないと見込まれ、実際に、不具合が生じたことをイラン政府は認めた。物理的な設備に対するサイバー攻撃としては最大規模のものだった。

イラン政府は、核施設は平和目的のものであると主張していたが、各国は核兵器開発を疑っており、スタックスネット攻撃は軍事施設に対する攻撃と認め

---

[13] Kaplan, *Dark Territory*, Kindle version, Location No. 2735.

[14] Kim Zetter, *Countdown to Zero Day: STUXNET and the Launch of the World's First Digital Weapon* (Crown Publishers, 2014).

[15] David Sanger, "Obama Order Sped Up Wave of Cyberattacks Against Iran," *New York Times*, June 1, 2012 (http://www.nytimes.com/2012/06/01/world/middleeast/obama-ordered-wave-of-cyberattacks-against-iran.html); David E. Sanger, *Confront and Conceal: Obama's Secret Wars and Surprising Use of American Power* (Crown Publishers, 2012).

られなくもない。しかし、それを公式に認めれば、自身に対するサイバー攻撃を呼び込みかねないとして公にすることを望まず、いまだに公式には米国とイスラエルの両国政府は認めていない。

スタックスネットがそれ以前のサイバー攻撃と違ったところは、物理的な施設に影響を与える攻撃であり、その規模と洗練度もさることながら、インターネットには直接つながっていない施設に対する攻撃ということだった。システムをインターネットから切り離すことは「エア・ギャップ（空隙）」と呼ばれるが、そのギャップを、たとえばUSBメモリなどによって人間のスパイや何も知らない従業員などが媒介すれば乗り越えられることをこの攻撃は示した。つまり、サイバースペースのうち、インターネットにつながっていない部分もまたサイバー攻撃の対象になりうることが示されたことになる。

もう一つ、エア・ギャップを乗り越えた事例として知られているのが、アフガニスタンの米軍基地で行われたサイバー攻撃である。2008年にアフガニスタンの米軍基地の駐車場でUSBメモリが落とされており、それを拾った人が基地内の端末に差し込んだことからマルウェアに感染し、米軍のネットワークが乗っ取られるという事態に陥った。この作戦にはロシアが関わっていたと疑われている[16]。

この攻撃に対して米軍は危機感を強め、ゲイツ（Robert Gates）国防長官は戦略軍（USSTRATCOM: United States Strategic Command）のもとにサイバー軍（USCYBERCOM: United States Cyber Command）の創設を指示した。初代司令官は、引退間近と見られていたNSA長官のアレグザンダー（Keith Alexander）が兼任することになった[17]。従来、NSA長官は三つ星の中将のポストだったが、アレグザンダーは四つ星の大将へと昇進している。

サイバー軍の使命は、第1に、米軍の戦闘部隊（combatant command）の支

---

[16] William J. Lynn III, "Defending a New Domain: The Pentagon's Cyberstrategy," *Foreign Affairs*, September/October 2010, pp. 97-108.; Kaplan, *Dark Territory*, Kindle version, Location No. 2492.

[17] 軍事作戦は米国法のタイトル10によって規定されており、NSAを含むインテリジェンス活動はタイトル50によって規定されている。両者を混同するような形での兼任に対しては強い疑義が呈されている。タイトル10は軍事力の行使が認められているが、タイトル50では認められていないからである。なお、サイバー軍は2018年5月に戦略軍の下から独立し、10番目の最上位の統合軍になった。

援であり，第2に，米軍のネットワークの防衛であった[18]。アレグザンダー司令官は着任すると，40のサイバー防衛チームを発足させた。そのうち27は太平洋軍や中央軍（CENTCOM: Central Command）などの戦闘部隊支援であり，残り13は米軍ネットワークの防衛のためだった[19]。

やがて，サイバー軍（そしてそれを支援するNSA）には，第3の使命が加わる。それが民間の重要インフラストラクチャ防護である。

（3）狙われる民間の重要インフラストラクチャ

1992年，バルト3国の一つリトアニアのイグナリナ（Ignalina）原子力発電所で技術者が意図的にコンピュータ・ウイルスを制御システムに感染させるという事件が起きた。同発電所は，1986年に事故を起こしたソ連のチェルノブイリ原子力発電所と同型で，以前から危険性が指摘されていた。技術者はサイバーセキュリティの脆弱性を示すために行ったと主張したが，逮捕された。この事件はインサイダーがいれば簡単にサイバー攻撃が行われることを示した[20]。

2003年1月には，米国オハイオ州のデイビス・ベッセ（Davis-Besse）原子力発電所において，SQLスラマーというワームによって安全監視が5時間機能しなくなった。ワームは自己増殖を繰り返すタイプのマルウェアで，まずマイクロソフトのSQL2000というデータベースに感染した。その後，ワームは同原発のコンサルタントのネットワークに感染し，それから原発の運用を行っていたファースト・エネジー・ニュークリア（First Energy Nuclear）という会社のネットワークに広がった。そしてこの会社のネットワークが，リモートコントロールを行うために同原発のスキャダ（SCADA: Supervisory Control And Data Acquisition）システムに直接つながっていた。このネットワークにはセキュリティ対策が全くされておらず，大量の通信を発生させたワームがシステム

---

18 2014年にこの防衛は国防情報システム局（DISA: Defense Information Systems Agency）に移されている。

19 Kaplan, *Dark Territory*, Kindle version, Location No. 2870.

20 Caroline Baylon with Roger Brunt and David Livingstone, "Cyber Security at Civil Nuclear Facilities Understanding the Risks," Chatham House Report, September 2015, p. 3 (https://www.chathamhouse.org/sites/files/chathamhouse/field/field_document/20151005CyberSecurityNuclearBaylonBruntLivingstone.pdf).

第6章　核管理とサイバーセキュリティ

を占拠してしまい，監視システムが使えなくなってしまった。事件当時，同原発の原子炉は稼働していなかったため大事には至らなかったが，事件の半年前にこの脆弱性に対するパッチがリリースされていたにもかかわらず，そのパッチが使われていなかったためにこうした事件が起きてしまった。インサイダーと並んで人為的怠慢もまたセキュリティ・リスクを大きくする[21]。

　2007年3月，米国国土安全保障省（DHS: Department of Homeland Security）は，「オーロラ発電機テスト（Aurora Generator Test）」と呼ばれるサイバー攻撃の実験を行った[22]。これは船舶で使われる大きな2.25メガワットのディーゼル発電機を実験施設に設置し，それを制御するソフトウェアに21行のプログラムを書き加えて細工をした場合，どのような影響が出るかを解明しようとした実験である。後に公開されたビデオによれば，ブレーカーを数回，通常とは異なるやり方で開け閉めしただけで27トンもある発電機が揺らぎ，黒い煙を吐き出した。後の検証では，あらゆる部品にダメージが出ていたことがわかった。これはスタックスネット攻撃が知られるようになる3年前の実験であり，物理的な装置にサイバー攻撃が威力を持つことを証明した実験となった。

　2007年9月，シリアで建設中の核兵器開発が疑われる施設が見つかったが，この核施設はまもなくイスラエルによって空爆されてしまう。しかし，シリア側は何も対抗策をとれなかった。事前にシリアのレーダー網に対してサイバー攻撃が行われており，飛来するイスラエルの戦闘機が見つけられなかったからである[23]。この事例は，サイバー攻撃と物理的な攻撃を組み合わせると非常に効果的であることを示した。

　2014年12月には，韓国の韓国水力原子力発電（KHNP: Korea Hydro & Nuclear Power）に対する情報抜き取りのサイバー攻撃が行われ，原子力発電所の図面などが盗まれ，金銭を要求する事件が起きた。金銭支払いに応じなかったため，一部の書類が流出している。韓国政府の調査は，深刻な攻撃ではなく，直ちに物理的な破壊につながるものではなかったとしているが，民間の核施設

---

[21] ibid.
[22] Kaplan, *Dark Territory*, Kindle version, Location No. 2289.
[23] リチャード・クラーク，ロバート・ネイク（北川知子・峯村利哉訳）『世界サイバー戦争』（徳間書店，2011年）。

がサイバー攻撃の対象になっていることをあらためて認識させることになった。

その他，核施設に対するものではないが，2015年12月23日にはウクライナ西部で大規模な停電が起こり，ロシアからのサイバー攻撃によるものと見られている。同じ頃，米国ニューヨーク州の小さなダムがイランに関連すると見られる勢力に乗っ取られていたという報道も出た。スタックスネットに対する報復の一部と見られている。乗っ取られたのは報道より数年さかのぼると見られるが，発電に関わる重要インフラストラクチャは標的になりやすい。

2　ハイブリッド戦争と戦略的安定性

（1）アクティブ・ディフェンスとハイブリッド戦争

　実際に重要インフラストラクチャが狙い，狙われる事例が出てくるにつれ，米国政府は，サイバー軍／NSAの三つ目の使命である民間の重要インフラストラクチャ防護はきわめて困難であるとの認識に至った。

　サイバーセキュリティに関する手法は大別して三つある。第1に，コンピュータ・ネットワーク攻撃（CNA: Computer Network Attack），第2に，コンピュータ・ネットワーク防衛（CND: Computer Network Defense），そして第3に，コンピュータ・ネットワーク・エクスプロイテーション（CNE: Computer Network Exploitation）である。攻撃と防衛はわかりやすいが，三つ目のエクスプロイテーションは「ワイルドカード（不確実だが重要な要素）」とされてきた。エクスプロイテーションはもともと，「(1)開発，開拓，売り込み，宣伝，(2)利己的な利用，搾取」といった意味である。しかし，CNEの文脈では，敵方のネットワークにおける脆弱性を発見・利用し，それに侵入し，それを悪用することだとされている。CNEは将来的なサイバー戦争への準備として正当化されてきた[24]。

　そして，それは「アクティブ・ディフェンス（積極的な防衛）」の一形態であるともされた。アクティブ・ディフェンスとは，敵方のネットワークに侵入

24　Kaplan, *Dark Territory*, Kindle version, Location No. 2451.

第 6 章　核管理とサイバーセキュリティ

し，敵方がどんなネットワークを企図しているかを探ることであり，NSAがそれをすばやく妨害，低下，挫折させることであるという。サイバー軍司令官のアレグザンダーは，サイバー戦争においてはマジノ線も万里の長城も長持ちはせず，なし崩しに戦争が始まるとし，それに備えておかなければ防衛もおぼつかなくなると証言した。そして，それを追求していけば，攻撃としてのCNAとエクスプロイテーションとしてのCNEはどんどん近づいていき，アクティブ・ディフェンスがサイバー攻撃と同義になる可能性も示された[25]。

サイバー的な手法は，単独で用いられるのではなく，既存の兵器や手法と組み合わせて用いられる。つまり，ハイブリッド戦争である。ハイブリッド戦争は多種多様な意味合いで用いられているが，総じて言えば，従来まで使われていなかった手法を既存の兵器や手法と組み合わせて用いるということであろう。

新しい手法の一つとして注目されているのがサイバー攻撃であり，CNA，CND，CNE，アクティブ・ディフェンスである。2008年にロシアがジョージアと紛争状態に陥った際には，ジョージアに対するサイバー攻撃が同時に始まり，ジョージアの大統領府のホームページが改ざんされるに至った。

歴史をさかのぼれば，1991年の湾岸戦争では，米国のNSAがイラクの光ファイバー・ケーブルを破壊し，指揮統制を混乱させた[26]。1990年代のユーゴスラビア紛争の際には，NATOは電子メール・システムなどにサイバー攻撃を受けたが，逆にユーゴスラビアのミロシェビッチ (Slobodan Milosevic) 大統領側が使用していた通信網に侵入し，指揮系統を混乱に陥れた[27]。先述のシリアの核施設に対する空爆は，レーダーを不能にさせるサイバー攻撃を行った後，戦闘機による空爆を行ったという点では典型的なハイブリッド攻撃である。

2003年のイラク戦争後，イラクで各種の暴動 (insurgence) が米軍に対して行われるようになると，NSAは要員を現地に派遣し始めた。道路に置かれた爆弾が米軍にとっては大きな脅威になっていたが，NSAはイラクの通信を監視することによってその情報をいち早くつかみ，現場の米兵たちに知らせることによって被害を減らすことに成功した。その後の数年で延べ6000人のNSA

25　Kaplan, *Dark Territory*, Kindle version, Location No. 2460.
26　Kaplan, *Dark Territory*, Kindle version, Location No. 332.
27　Kaplan, *Dark Territory*, Kindle version, Location No. 1571.

要員がイラクとアフガニスタンに派遣され，そのうち20人が戦死している[28]。NSA長官のアレグザンダーは，「干し草の山から針を探さなければならないなら，干し草の山全体にアクセスできなければならない」とも述べている[29]。つまり，大量に流れるデータの中からテロリストやサイバー攻撃者のデータだけを抜き出して保存するのは不可能であり，データ全体を押さえておかなくてはならないということである。

NSAによるテロ対策の名目での通信データへのアクセスは，やがて米国内でも行われるようになり，2013年6月にNSAのために働いていた民間人契約職員のスノーデン（Edward Snowden）がNSAのトップシークレット文書を暴露するという事態に発展する[30]。スノーデンや，プライバシーを重視する人たちにとって見れば，NSAの活動は行き過ぎであり，プライバシーを含む市民的自由の侵害とみなされる。しかし，中東での紛争を何とか鎮めようとし，米国を防衛しようとしている人たちから見れば，スノーデンの行為こそが米兵や協力者たちの命を危険にさらす行為であり，スノーデンは裏切り者ということになる。

いずれにせよ，スノーデンの告発をもってしても，国際政治におけるハイブリッド戦争の進展を止めることは難しいだろう。

(2) サプライチェーン攻撃

2018年10月，「ブルームバーグ・ビジネスウィーク」は，中国の人民解放軍が米国企業に侵入するために極小ICチップをサーバーの基盤に埋め込んでいると報じた[31]。記事によれば，米国西海岸サンノゼに拠点を置くスーパー・

---

28 Shane Harris, *@War: The Rise of Cyber Warfare* (Headline Publishing Group, 2014, Kindle version), Location No. 1555.
29 Kaplan, *Dark Territory*, Kindle version, Location No. 2671.
30 ルーク・ハーディング（三木俊哉訳）『スノーデンファイル——地球上で最も追われている男の真実』（日経BP社，2014年）；グレン・グリーンウォルド（田口俊樹・濱野大道訳）『暴露——スノーデンが私に託したファイル』（新潮社，2014年）。
31 Jordan Robertson and Michael Riley, "The Big Hack: How China Used a Tiny Chip to Infiltrate U.S. Companies," Bloomberg Businessweek, October 4, 2018 (https://www.bloomberg.com/news/features/2018-10-04/the-big-hack-how-china-used-a-tiny-chip-to-infiltrate-america-s-top-companies).

第 6 章　核管理とサイバーセキュリティ

マイクロ・コンピュータ（Super Micro Computer）の基盤を組み込んだエレメンタル・テクノロジーズ（Elemental Technologies）のサーバーを調べたところ、本来の設計図に入っていない極小 IC チップが見つかった。極小 IC チップは第三者がサーバーの中に侵入し、データの流れを変えられるようにしていたという。

エレメンタル・テクノロジーズのサーバーは、アップルやアマゾン・ウェブ・サービス（AWS: Amazon Web Services）で使われていた。アップルは iPhone や Mac などの製品で使われるシリ（Siri）と呼ばれる音声サービスの向上にこのサーバーを使い、AWS は他社や政府機関にクラウド・サービスを提供していた。そして、AWS の顧客には米国国防総省、米国海軍、米国中央情報局（CIA: Central Intelligence Agency）が含まれていた。軍やインテリジェンス機関のデータが外部に漏れていたことになる。

台湾のエンジニアによって設立されたスーパー・マイクロ・コンピュータは台湾と中国との密接なつながりを持ち、サンノゼの同社での主たる使用言語は北京語だったという。下請けの製造工場は台湾と中国にあり、そこで中国の人民解放軍が IC チップを埋め込んだのではないかと疑われている。

記事は、アップルや AWS を含めて米国の 30 社が被害に遭っている可能性を指摘しているが、両社は被害を否定するコメントを発表している。しかし、記事は、両社や政府からあわせて 17 人の証言を得ているという。

この記事で報じられた事案の真偽は今後検証されるだろうが、中国が IT 製品を製造する多くの工場を持ち、米国企業の製品の大半もそこで製造されているため、そうしたサプライチェーンを狙ったサイバー攻撃の可能性はかねてから論じられてきた。たとえば、中国の人民解放軍出身者が創設した華為（ファーウェイ）は、ZTE とならび、米国議会からリスクの高い企業として名指しされ、米国政府の調達から閉め出されてきた。

ハードウェアだけでなく、ソフトウェアにおけるサプライチェーン・リスクもある。ロシアのカスペルスキー・ラボが提供するアンチウイルス・ソフトウェアもまた、2016 年の米国大統領選挙へのロシアの介入が報じられた後、米国政府の調達から閉め出された。日本では 2015 年に、防衛省に納入されたセキュリティ・ソフトウェアの作成に、北朝鮮と密接な関係のある企業が関与し

ていたことが明らかになり、防衛省が入札基準を厳格化することになった[32]。

　核施設や軍事システムのハードウェアやソフトウェアにこうした脆弱性があらかじめ仕込まれていれば、それを除去するのはきわめて難しい。データを漏洩させるだけでなく、システム自体を機能不全に陥らせたり、破壊したりすることも可能になる。グローバルに展開されているITのサプライチェーンにおいては、リスクを完全に取り除くことはできない。仮にすべてを国産化したとしても、下請け、孫請けで外国勢力と関係する業者が入ってこないようにするには多大な管理コストがかかり、調達金額を押し上げることになるだろう。

(3) サイバー攻撃に対する抑止

　「サイバー攻撃（cyber attack）」という言葉がすでに広く使われるようになっているが、その意味合いは広い（表6-1）。国際法の世界で議論されているサイバー攻撃は、「攻撃的にせよ、防衛的にせよ、人を傷つけたり殺したり、あるいは物体に損害や破壊をもたらしたりすることが合理的に期待されるサイバー作戦」とされており[33]、より広いサイバー作戦（cyber operation）の一部とされている。こうした狭義のサイバー攻撃に合致するサイバー攻撃の例はほとんどない。

　史上最も深刻なサイバー攻撃とされているスタックスネットでさえ、死傷者は出していない。スタックスネットはサイバーエスピオナージを超えるものであることはまちがいないが、サイバー武力使用、サイバー武力行使（use of force）、サイバー武力攻撃（armed attack）、サイバー武力紛争・戦争のいずれに含めるかは、論者によって差がある。

　民間の重要インフラストラクチャに対するサイバー攻撃もまた、結果を見てみなければ、表6-1のどれに該当するのかははっきりしない。たとえば、韓国の首都ソウルの地下鉄の制御システムに対する侵入が行われていたことがわかっている。しかし、まだ何も被害がない状態で発覚しており、これは一般的な

---

32 「防衛省　入札基準を厳格化」『読売新聞』2015年10月3日;「サイバー諜報　高まる脅威」『読売新聞』2015年10月3日。

33 Michael N. Schmitt, ed., *The Tallinn Manual on the International Law Applicable to Cyber Warfare* (Cambridge University Press, 2013), Rule 30.

第6章 核管理とサイバーセキュリティ

表6-1 サイバー手法を用いた行為

行　為	意　味
サイバー犯罪	サイバー手段を用いた犯罪行為
サイバーエスピオナージ	サイバー手段を用いた情報の窃取
サイバー武力使用	殺傷能力のあるサイバー兵器や装備を使うこと
サイバー武力行使 (use of force)	軍などの組織が殺傷能力のあるサイバー兵器や装備を使うこと
サイバー武力攻撃 (armed attack)	軍などの組織が他国を攻撃するために殺傷能力のあるサイバー兵器や装備を使うこと
サイバー武力紛争・戦争	国家間でのサイバー手段を用いた戦争行為

用語ではサイバー攻撃だが、国際法上の狭い定義ではサイバー攻撃とは言えず、不正侵入のサイバー犯罪にとどまっている。

　サイバー攻撃は時に遅発性のものになるという点にも注目しなければならない。通常のテロ攻撃は、爆発物や銃などを使って瞬時に結果を出し、その衝撃によって恐怖を引き起こす。ところが、サイバー攻撃やサイバー・テロの場合には、マルウェアを送り込んでから効果が出るまでに時間がかかったり、徐々に効果が現れたりする。効果が出てきた頃には攻撃者の痕跡を探すのが困難になっていることも多い。その効果も高烈度のものから低烈度のものまで幅広い。攻撃されていることに気づくのに時間がかかったり、全く気づかなかったりすることもある。

　なお、核抑止との関係については、サイバー手段の使用者が特定できない限り、表6-1のような整理は難しい。大きなサイバー戦争が起きていないということをもって、サイバー抑止は実際に機能しているという見方がある一方で、サイバー攻撃者が特定できない限りにおいては、サイバー抑止は不可能であるという見方もある[34]。しかし、サイバー攻撃が指揮統制の確実性を脅かし、危機の安定性が脅かされる危険は重大である。ITとデジタル・システムは、弾道ミサイル・システム、地上監視システム、航空機と地上管制基地、核の指揮システムの不可欠の分野を構成している。「サイバー攻撃の最も深刻な帰結は、生命の甚大な損失につながるようなミサイルの不注意な発射や弾頭の爆発」[35]

34　サイバー抑止については以下を参照。川口貴久「米国におけるサイバー抑止政策の刷新──アトリビューションとレジリエンス」『KEIO SFC JOURNAL』第15巻2号, 2015年, 78-96頁。

にほかならない。

(4) アトリビューション[36]

　サイバー攻撃とは誰がやっているのかがわからないものだとされてきた。つまり、アトリビューション問題である。アトリビューション（attribution）とは本来、「所属」や「帰属」といった意味だが、サイバーセキュリティの文脈では誰がサイバー攻撃を行っているのかを特定することを意味する。

　サイバー攻撃者はインターネットの雲の向こうに隠れており、何段にもわたって踏み石と呼ばれる第三者のシステムを経由して攻撃してくるので、誰が本当の攻撃者かわかりにくい。まして国境を越えてしまうと、その先の攻撃者に関する情報をつかむのはきわめて困難になり、相手国の政府が協力してくれる可能性は低かった。したがって、サイバー攻撃が犯罪行為であれ、戦争行為に近いものであれ、首謀者の特定・拘束よりも、とにかく自分のシステムを護ることが重要とされてきた。反撃するにしても、相手が誰だかわからないのだから、防戦一方にならざるをえないとも考えられてきた。

　サイバー攻撃の手法がますます高度になるにつれ、そもそも攻撃されていることにすら気づかないことが多い。あらゆる攻撃を想定してすべてに対応しておくことも困難になってきている。100パーセントのセキュリティはもはや期待できない。しかし、それでも、自分のシステムの脆弱性を知り、誰がそれを狙っているのか、何をどうしようとしているのかを理解することは、サイバーセキュリティ対策を行う上で不可欠になりつつある。

　リッド（Thomas Rid）とブキャナン（Ben Buchanan）によれば[37]、アトリビューションとは白か黒か、1か0かというはっきりとした問題ではない。それは、戦術レベル、作戦術レベル、戦略レベルの三つのレベルで行われる一連の

35　Beyza Unal and Patricia Lewis, "Cybersecurity of Nuclear Weapons Systems: Threats, Vulnerabilities and Consequences," Chatham House, January 2018, pp. 18-19 (https://www.chathamhouse.org/publication/cybersecurity-nuclear-weapons-systems-threats-vulnerabilities-and-consequences).

36　本項は以下の一部を再構成している。土屋大洋「サイバー攻撃のアトリビューションは魅力的な仕事である」『Newsweek日本版』2016年4月22日（http://www.newsweekjapan.jp/tsuchiya/2016/04/post-14.php）。

37　以下に翻訳されている。トマス・リッド、ベン・ブキャナン（土屋大洋訳）「サイバー攻撃を行うのは誰か」『戦略研究』第18号、2016年5月、59～98頁。

第6章　核管理とサイバーセキュリティ

プロセスであり，不確実性を最小化することである。

　そして，アトリビューションを解明するプロセスは複雑であり，一人ではできない。さまざまな専門家による分業を要する。犯罪科学をフォレンジック（forensic）と呼ぶが，それに見合う証拠を戦術レベルでは収集する。さまざまなログを解析し，IPアドレスをたどり，その利用者を特定し，証拠隠滅工作を暴く。しかし，それだけでは必ずしもアトリビューションにはつながらない。他のさまざまな情報源と照らし合わせる作戦術のレベルが必要になる。政府機関であれば，ヒューマン・インテリジェンス（HUMINT）やオープン・インテリジェンス（OSINT）とつきあわせることになる。各種のソーシャルメディアから漏れてくる情報も重要になるだろう。マルウェアに残された自然言語のかけらから推測することもある。

　そして，政治的なリーダーたちによる戦略レベルでは，さまざまな地政学的な動向の分析と突き合わせ，下から上がってくる分析を検証する。100パーセントの確証が得られることはまずない。しかし，さまざまな情報をつきあわせ，分析していくことで，ほぼ間違いないという段階に達することができる。

　分析の結果をうまく大衆に伝えることもアトリビューションのプロセスの一部だとリッドとブキャナンは指摘する。米国政府や米国のセキュリティ会社はこれまで何度もアトリビューションに言及してきた。有名なところではプロジェクト2049研究所やマンディアントによる中国人民解放軍61398部隊についての報告書[38]，米国政府司法省による中国人民解放軍の5人の将校の訴追，2014年に起きたソニー・ピクチャーズに対するサイバー攻撃の実行者としての北朝鮮の名指しなどの事例をあげられるだろう。

　おそらく他にも数多くのサイバー攻撃者たちが，各国政府やセキュリティ会社の中でアトリビュートされている。しかし，それを明らかにすることは，自分たちの能力をさらすことにもなるし，攻撃者たちに警告を与え，手法を変えさせることにもなってしまう。攻撃されていることに気づかないのは最悪だが，

---

[38] Mark A. Stokes, Jenny Lin and L. C. Russell Hsiao, "The Chinese People's Liberation Army Signals Intelligence and Cyber Reconnaissance Infrastructure," Project 2049 Institute, November 11, 2011（http://project2049.net/documents/pla_third_department_sigint_cyber_stokes_lin_hsiao.pdf）; Mandiant, "APT1: Exposing One of China's Cyber Espionage Units," Mandiant, March 2, 2013（http://intelreport.mandiant.com/Mandiant_APT1_Report.pdf）.

気づいたとしてもすぐに対応してしまえば次のさらに高度な攻撃を招くことにもなりかねない。アトリビューションを公開するかどうかは戦略的な判断である。

　2015年5月，日本年金機構がサイバー攻撃に遭っていたことが明らかになった後，日本政府の内閣サイバーセキュリティセンター（NISC: National center of Incident readiness and Strategy for Cybersecurity）は詳細な報告書を発表した[39]。それはNISCの調査能力の高低を示すことにもなる。実際，NISCの報告書には，「本文書には，NISCの対処能力を推知しうる情報が含まれるが，今般発生した事案の重大性に鑑み，可能な限り実態解明のための情報開示を行い，説明責任を果たす観点から取りまとめたものである」と書かれている。攻撃者に対する警告を発するとともに，潜在的な被害者に対する警鐘にもなる。

　その後のNHKの調査では，日本年金機構に対するサイバー攻撃時に約1000の組織が日本でサイバー攻撃にさらされていたという。NHKは抜き出されたデータの転送先として中国国内の二つの会社までたどっている[40]。中国政府の関与を証明するには至らなかったが，こうした調査は，うまくいけば将来のサイバー攻撃の抑止にもなる。

　2015年9月の米中首脳会談の際，米国のオバマ大統領は，中国によると考えられるサイバー攻撃についてアトリビューションの証拠を積み上げて中国の習近平国家主席に対応を迫った。習主席はその場では中国の関与を認めなかったものの，政府間対話の設置で両首脳は合意した。

　実際に米中間の対話が開かれると，米国政府の人事局（OPM: Office of Personnel Management）に対するサイバー攻撃について，中国政府は中国人の悪玉ハッカーの関与を認めるに至った[41]。中国政府がやったとは認めなかったものの，積み上げられたアトリビューションに関するフォレンジックの証拠は，中国人の関与を否定できないものにしたということになる。

　アトリビューションは簡単ではない。しかし，完全に不可能というわけでも

39　サイバーセキュリティ戦略本部「日本年金機構における個人情報流出事案に関する原因究明調査結果」2015年8月20日（http://www.nisc.go.jp/active/kihon/pdf/incident_report.pdf）。
40　「NHKスペシャル──CYBER SHOCK」2016年2月7日放映。
41　秋田浩之「中国が認めた『罪』，米にサイバースパイ」『日本経済新聞』電子版，2015年12月11日。

第6章　核管理とサイバーセキュリティ

ない。そして，リッドとブキャナンは，サイバー攻撃もまた簡単ではなくなったという。たった一つのミスが致命傷になり，分析者たちはアトリビューションをいっきに進め，攻撃者たちの正体を暴くかもしれない。サイバー攻撃者たちはもはやミスを犯せなくなっている。そして，アトリビューションに投入できる資金と人員と技術がある国が，サイバーセキュリティにおいては最終的に有利になるかもしれない。非対称戦の好例とされるサイバー攻撃も，アトリビューションから見れば，大国のゲームになっている。

しかし，仮にアトリビューションを確定させることができたとしても，それに対してどんな対抗措置がとれるのかも難しい政策課題である。国際法上の均衡性（proportionality）を満たした適切な対抗措置は，サイバー攻撃をやり返すことなのか，あるいは別の手段を用いても良いのか，まだ合意はない。サイバー攻撃に対して核ミサイルで対抗するのは現実的ではなく，多くの場合は経済制裁にとどまるだろう。逆に，経済制裁にとどまらないとすれば，緊張をエスカレートさせることになりかねない。

3　堅牢なシステムの追求

2015年5月，米国の政府説明責任局（GAO: Government Accountability Office）は，米国の核システムがいまだに8インチのフロッピーディスクを使っていると指摘する報告書を発表した[42]。1970年代に開発された8インチフロッピーディスクが収められるデータ容量は80キロバイトしかない。現在なら1ギガバイト（100万キロバイト）のUSBメモリが数百円で手に入るが，8インチフロッピーディスクの入手は困難になりつつある[43]。しかし，考えように

---

[42] United States Government Accountability Office, Information Technology: Federal Agencies Need to Address Aging Legacy Systems, GAO-16-468, May 2016 (http://www.gao.gov/assets/680/677436.pdf).

[43] 2016年7月11日にamazon.co.jpで検索したところ，「住友3M 8インチ フロッピーディスク FD/2D 256 10枚紙箱入」という商品が1万6800円で入手可能であった。しかし，ドライブは販売されていない（もともと8インチフロッピードライブはコンピュータ本体に組み込まれていた）。3.5インチのフロッピーディスクおよび外付けドライブはまだ多く入手可能である。

よっては，そうしたレガシーな（新しいものが出現したが，長年使われ，いろいろな事情で完全に捨てることができない古い技術）システムは，サイバー攻撃には強いともいえる。差し込まれていないフロッピーディスクの中身を見るには現場に忍び込むしかない。ネットワーク機能のないマシンであればどうやってもネットワーク越しに侵入することはできない。

　米国の戦闘機史上，最強といわれるF-22戦闘機のシステムも堅牢だとされている[44]。1981年から87年までレーガン政権時代に海軍長官を務めたレーマン（John Lehman）は以下のようにウォール・ストリート・ジャーナル紙に書いた。

　　［F-22戦闘機を］動かしている1983年のヴィンテージもののIBMソフトウェアをプログラムする方法は中国の誰もが知らないだろうから，少なくとも，［F-22戦闘機は］サイバー攻撃からは安全だ[45]。

　ここでいう「1983年のヴィンテージもののIBMソフトウェア」についてレーマン長官は詳しくは述べていないが，DO-178Bに準拠したINTEGRITY-178B RTOSのことではないかと指摘されている。DO-178Bとは，F-22が採用している基幹ソフトウェアのベースになったソフトウェア開発技術仕様のことであり，NSAが策定した。INTEGRITY-178B RTOSとはそれにそって作られたリアルタイムOSとなる。このソフトウェアは，近年のOSで使われている最新機能を徹底的に排除し，脆弱性が発生する余地を極小化しているという。INTEGRITY-178Bは，F-22だけではなく，F-16や，これから量産化が始まるF-35といった戦闘機のほか，エアバスA380やボーイング787といった民間の最新航空機にも用いられている。

　F-22の開発は1980年代から始まったが，運用開始になったのは実に2005

44　Gerald Byrd「中国がF-22をハッキングすることは無理，リーマン海軍長官が明かしたその理由とは？」『Business Newsline』2015年9月17日（http://www.businessnewsline.com/news/201509170119190000.html）。Mark Thompson, "Defense Secretary Gates Downs the F-22," *Time*, July 22, 2009 (http://content.time.com/time/nation/article/0,8599,1912084,00.html).

45　John Lehman, "Wasteful Defense Spending Is a Clear and Present Danger," *Wall Street Journal*, Eastern edition, July 18, 2009: A. 13.

第6章 核管理とサイバーセキュリティ

年であり，すでにその後継機としてF-35の開発が進められている。そのF-35の技術は，スノーデンが暴露した文書によれば，中国のサイバー攻撃によって盗まれている[46]。F-35のソフトウェアは750万行にもなるが[47]，中国の次期戦闘機として登場したJ-31は，米国のF-35にきわめてよく似ていると指摘されている[48]。

ネットワーク化され，分業化された情報時代においては，情報や技術を完全に秘匿しておくことは難しい。核ミサイルの冷戦時代にもスパイ合戦は日常茶飯事だったのであり，人間によるスパイ重視から，サイバー手法を使ったインテリジェンス活動重視へと変化が見られるが，その本質は変わらないと見るべきだろう。

核ミサイル時代の抑止理論が確立するのには数十年を要した。ITの世界は7倍で進むというドッグイヤーという言葉がかつて使われたが，それがいまだに当てはまるなら，もうそろそろサイバーセキュリティをめぐる定番理論が出てきても良いはずである。しかし，議論はいまだ錯綜しており，サイバー戦場の霧は晴れていない。サイバー攻撃がゲーム・チェンジャーであり，戦略的安定を崩すものであるとする懸念が強くある。しかしその一方で，そうしたサイバー攻撃は簡単ではなく，そうした能力を持つのは十分な資源を確保できる国家に限られており，国家が物理的な戦争を望まない限り，サイバー戦争は限定的なものにとどまるとする見方もまた根強い。

46　Pierluigi Paganini, "Snowden Reveals that China Stole Plans for a New F-35 Aircraft Fighter," *Security Affairs*, January 19, 2015（http://securityaffairs.co/wordpress/32437/intelligence/china-stole-plans-f-35-aircraft.html）.

47　Shane Harris, *@War: The Rise of Cyber Warfare*（Headline Publishing Group, 2014, Kindle version）, Location No. 117.

48　Marcus Weisgerber, "China's Copycat Jet Raises Questions About F-35," *Defense One*, September 23, 2015（http://www.defenseone.com/threats/2015/09/more-questions-f-35-after-new-specs-chinas-copycat/121859/）.

第7章
「秩序の兵器」としての核と分裂する世界

秋山 信将

はじめに——核と国際政治を考えるための枠組み

　これまでの章では、各国の安全保障および核政策や、地域の安全保障力学の中での核兵器の役割について評価・議論してきた。本章では、冷戦後の国際安全保障環境の変化や技術革新に伴う核兵器の軍事的な役割とその定義の変化、国際政治における秩序形成や国家間の関係性を規定する政治的役割という、核兵器が持つ二つの側面に着目し、とりわけ後者に注意を払いながら、現在の国際政治における核兵器の役割と存在意義について理解を深めるための概念的な基盤を提供することを目的とする。

　国際社会の秩序形成における核兵器の役割とは、第1に、マクロな構造のレベルにおいて核兵器が国家のパワーとして（とくに2極構造を基盤とする）国際秩序の形成においてどのような役割を果たしてきているのか（すなわち核兵器が「秩序の兵器」としての役割を果たしているのか）という論点と、第2に、核兵器の存在をめぐる二つの相対立する考え方、すなわち、安全保障を重視する立場と道義性を強論する立場が、どのように交錯し、核兵器の存在をめぐる政治がどう展開したか（つまり核兵器をめぐり分裂する世界がどのように形成されてきたのか）を論じる。

　道義性や倫理の要素は、核戦略の理論や現実主義的国際政治観の中では、時にそれらの思考形態が依拠する「合理性」とは相反する価値を提供するがゆえ

にノイズとして扱われるか，もしくは軽視されがちである。しかしながら，核政策をめぐる国内外の政治過程の現実に鑑みれば，これらは多分にして政策決定者に影響を与える要因であると考えられる。事実，核兵器の非人道性を強調しつつ，核兵器禁止条約（TPNW）の成立にまでこぎつけた国際的な運動の高まりは，その背景はどうあれ，倫理や規範の論理が核をめぐる国際政治の中で無視できないことを示唆している。

核廃絶への議論が国連や核兵器不拡散条約（NPT）など多国間のアリーナにおいて高まる一方で，この数年，米国とロシアの間では核を含む戦略的関係において利害の相違が顕在化し対立を深めている。米ロは，新START条約（2021年失効予定）の後継条約をめぐる交渉のアジェンダをめぐり意見の隔たりがあり，交渉の席に着くことができていない。また，米国のトランプ（Donald Trump）政権は，2018年11月，中距離核戦力全廃条約（INF条約）について，ロシアが同条約に違反し中距離ミサイルの実験を行う一方，米国だけが条約によって規制されることは不当であると条約からの脱退を宣言し，翌年2月に条約の破棄を通告した。また，米中の間でも，中国による核戦力の近代化や接近阻止・領域拒否（A2/AD）能力の獲得，サイバーや宇宙などにおけるマルチ・ドメインでの競争の激化が両国の対立をより先鋭的な状況に追いやっている。これらは，大国間の新たな戦略的競争の再開を示唆するものであり，そうしたなか，序章が示唆するように，「核の復権」が言われるようになっている。

また，核不拡散の面においても，イランや北朝鮮の問題が深刻化し，NPTや国際原子力機関（IAEA）などから構成される多国間の核不拡散レジームの限界を露呈させた（ただし，後述するように，それは核拡散の防止においてレジームの必要性・有用性が低下していることを意味するわけではない）。また，既存の多国間の核不拡散制度とは別にアド・ホックな枠組みの協議として，イランの「包括的共同行動計画（JCPOA）」（2016年）や北朝鮮の非核化に向けた米朝間の協議などの取り組みがあるものの，米国のJCPOAからの離脱や非核化交渉の停滞など，核拡散の脅威の削減という観点からは必ずしも望ましい方向に進んでいるわけではない。国際的な核不拡散レジームの脆弱性と地域の戦略的・地政学的ダイナミクスが結合した，複合的リスクが顕在化していると

第7章 「秩序の兵器」としての核と分裂する世界

いえよう。

核兵器が, 各国の安全保障政策を通じてのみならず, その存在そのものが作り出す政治力学によって国家間関係を規定し, また逆に, 米ロの軍備管理レジームを通じた「戦略的安定性」や核不拡散レジームが核兵器の意義を規定し, 一定程度の枠にはめ込むことによって国際秩序を維持しようとするなか, 核兵器をめぐり世界の分断が拡大している。そのような現状の国際政治をいかに構造的に理解すべきか, 以下ではそのための論点整理を行っていきたい。

1 核兵器の存在を規定する要因

(1) 核の登場と国際政治の変容

クラウゼヴィッツ (Carl von Clausewitz) によれば, 「戦争は一種の強力行為であり, その旨とするところは相手に我が方の意志を強要するにある」。すなわち, 「戦争とは, 異なる手段をもってする政治の継続にほかならない」のであり, 何らかの利得を獲得するための手段の一つという位置づけであった[1]。しかし, 第二次世界大戦末期の核兵器の登場は, 従来の戦争観や国際秩序を規定するダイナミズムを変革した (核革命)。歴史をたどれば, 科学技術の革新は, つねに戦争の形態を変化させてきた。たとえば, 鉄の登場は戦闘のあり方を変え, 銃の登場は軍隊のあり方を変え, そして飛行機の登場は戦略を大きく変えた。その中でも, 核分裂という科学現象を兵器として利用することを可能にした技術革新は, 国際政治と戦争の関係を変革するゲーム・チェンジャーとして, 最もドラスティックなものといえよう。

核兵器によってもたらされた戦争観そして国際秩序観の変化は, ブロディ (Bernard Brodie) の議論によって象徴される。ブロディは, 核兵器の登場による軍の任務の変化を, 戦争に勝利することから戦争を回避することになったと言い表している[2]。戦争が自国の利益を実現する, もしくは守るための手段の

---

1 クラウゼヴィッツ『戦争論』上巻（岩波文庫, 1968年）29頁, 58頁。
2 Bernard Brodie, "Implications for Military Policy," in Brodie, ed., *The Absolute Weapon: Atomic Power and World Order* (Harcourt Brace, 1946), p. 76.

一つであるという点は核兵器が国際政治に登場する前も後も不変であるが，核兵器が変えたのは，戦争がエスカレートした末の終着点（エンド・ゲーム）の想定であるといえよう。

　核兵器保有国同士の戦争では，いったん核兵器が使用されれば，相手が核兵器によって報復する間もなく（あるいは意思がなく）戦争が終結するものでない限り，戦争当事者の双方に壊滅的な損害がもたらされ，それによって戦争の「目的」が達せられないどころか，国家そのものの消滅にもつながりかねない。国益の追求の手段として戦争を選択するとするならば，そのような終着点を想定してゲーム・プランを練る必要が出てこよう。であれば，国家を合理的に運営するという観点からは，戦争に勝利することと同等か，それ以上に，戦わずして相手の行動を抑制し，自らの望むように相手の行動の選択肢を規定すること，すなわち，相手をいかに「抑止」するかが重要になってくる。その影響は，戦争遂行の戦術の変化にとどまらず，国家戦略そのもの，そして国際政治における国家間関係のあり方そのものにも及ぶ。

　一方，こうした，核兵器使用によって行きつく究極の状態（全面核戦争による世界の終焉）への恐怖に依拠した核抑止論の議論とは異なり，限定的，もしくは段階的な核兵器の使用（エスカレーション・ラダー）を想定しつつ，戦争に勝利する理論の構築が可能であり，そのような戦略こそが抑止の信憑性を強化することになると主張するウォールステッター（Albert Wohlstetter）のような議論もある[3]。ウォールステッターらによるエスカレーション・コントロールが可能であるとの議論は，米国において冷戦期に，破滅を招かずに核戦争に勝利し，政治的な目標を達成するための核戦略の精緻化の流れを方向付けるものであった。また，ソ連（ロシア）においても，核戦争に勝利する，すなわち破滅的な結末に至らない想定の核戦略が構築されてきた。また近年も，いわゆる「エスカレーション抑止のためのエスカレーション（escalate to de-escalate）」ドクトリンに象徴されるような，核兵器の使用後を想定した戦略が注目され，米国側の核戦略および核戦力の構成の考慮にも影響を及ぼしている。

　ただし，それでも，モーゲンソー（Hans Morgenthau）のように，このよう

---

[3] Albert Wohlstetter, "The Delicate Balance of Terror," *Foreign Affairs*, Vol. 37 (1959), pp. 211-234.

第7章 「秩序の兵器」としての核と分裂する世界

な思考を「核戦略のパラドクス」と呼び懐疑的な見方を示すものもあり[4]，また，近年の「核の非人道性」を強調する核廃絶の動きは，誤解や誤算，あるいは想定外の事態，もしくはテロリストなど「非合理的」なアクターなどが関与することで破滅的な結末がもたらされるリスクを強調し，合理的なエスカレーション・コントロールがつねに可能であるわけではないという点を強調する。

核兵器の世界史への登場と相前後して，米国や英国では，核兵器の存在そのもののインパクトの大きさに着目し，それ以前とは全く異なるあり方の国際秩序になることを予見する論考が出されていた。1945年8月12日に米陸軍省に提出された『スマイス報告』は，核の拡散は「技術的問題ではない。それは政治的，社会的問題」と評価し，核兵器の登場が国際政治のあり方を変える可能性があることを示唆した。同報告書はまた，「それらに対し与えられる答えによっては，全人類は何世代にもわたりその影響を受けることになるかもしれず」，核兵器の存在をどのように位置づけるか困難であることを予見している[5]。

英国のキング＝ホール（Stephen King-Hall）は，核兵器が登場（広島，長崎における核兵器の爆発）し，今後，米英ソさらには他の先進国も核を保有するようになれば，政治目的の継続としての物理的暴力，すなわち大規模な国民戦争を終わらせ，今後の暴力の形態は，暴動や大規模な警察行動に限られるようになると予言した[6]。第二次世界大戦後，国家間の戦争がなくなることはなかったが，その一方で，インドとパキスタンの紛争を除けば，核保有国同士の争いは国民戦争の形態をとったことがなく，また冷戦後には内戦やテロの数が増加する一方で国家間の紛争は減少している。さらに言えば，印パ間の紛争においても，それらがより大規模な国家間の全面戦争にまでエスカレートしたことがないことを考えれば，キング＝ホールの見立てはそれほど間違ってはいない。

また，このような変革が，米ソの対立という国際秩序の構造を規定する2極対立と密接に関連していたという政治的な文脈も看過されるべきではない。米

4　Hans Morgehthau, "The Four Paradoxes of Nuclear Strategy," *The American Political Science Review*, Vol. 58, No. 1 (March 1964), pp. 23-35.

5　"Smyth Report," Henry D. Smyth, *Atomic Energy for Military Purposes: A General Account of the Development of Methods of Using Atomic Energy for Military Purposes* (Princeton University Press, 1945), p. 226.

6　Stephen King-Hall, *Defense in the Nuclear Age* (Victor Gollancz, 1958).

ソの権力闘争を評価する上で過度にイデオロギー対立の側面を強調すべきでないという議論もあるが，単なる利害関係を超えた社会の原理原則に係る，ある種妥協困難な対立の渦中にあった米ソの間では，全面戦争を回避するための何らかの関係性を構築する必要があった。その関係性とは，相互の核抑止を通じた「戦略的安定性」であり，これは，両者の異なる価値を交換可能，取引可能なモノへと変換することを核兵器の存在が可能にしたとも言える。その意味では，核兵器の「政治的な通貨」としての役割にも着目すべきであろう。また同様に米ソの対立が他国を巻き込む形で展開するなか，核兵器は，拡大（核）抑止の提供という形で大国とその同盟国の間の紐帯ともなった。

（2）核兵器の価値の規定要因——国家戦略における目標と手段

核兵器の価値を評価するためには，単に軍事的な効用に焦点を当てるだけでは不十分である。国家の目標の実現においてどのように核兵器が関与するのかという問題は，核兵器が他の兵器に比較してより高い政治性を伴うゆえ，多面的に検討をする必要がある。

ある国家にとっての核兵器の役割を評価するには，国家の戦略目標（あるいは実現すべき価値）と，その国家の置かれた戦略的環境や与件（endowment）が，目標実現のために選択される手段と適合しているか否かが判断の材料となる。そこでは，他の手段と比較して，核兵器が相対的に有用であるかどうかが判断されるべきである。

国家の目標を実現させるための政策の手段は，（2国間，多国間を問わず）対話や交渉といった非強制的な手段と，経済的・政治的制裁といった非軍事的強制手段，軍事力の行使による強制に分類される。また，強制的な手段については，そのような強制力の実際の行使のみならず，強制力の行使・実施の意図を示すことによる威嚇という選択肢もあり，さらには戦力の存在によって自らが望まない行動を相手がとらないようにさせる（すなわち抑止），という手段もある。核兵器に限らず，これらの多様な選択肢の中から国家の政策遂行において政策（戦略）目標を実現するための手段を選択する場合，効果（の現れ方と規模），合目的性，他の手段との代替可能性が判断要素となる。

最適手段の選択における「効果」とは，軍事的効用，政治的効用の両面があ

り，そうした「効果」の現れ方には，技術的制約，社会的制約が要因として影響を及ぼす。

軍事面での合目的性については，核戦力の能力がどのような態様の戦争（武力行使がなされる状況）において有効な武器となりうるのか，また，どのような脅威を除去するのに効果的なツールであるのかが評価されよう。核兵器が担う「抑止」の役割とその信頼性，さらに言えば抑止の機能そのものも，この両者の総合的な作用として存在するといえよう。

代替可能性とは，別の手段を採用するとして，核兵器を使用した場合と同等の価値の実現（目標の達成）が可能かどうか，当該手段へのアクセス（物理的，財政的）が容易であるかどうか，直面する国内外の政治環境において法的，倫理・規範的に受容されうるものなのかを総合して判断される。また同じような効果をもたらすにしても，軍事的な手段と非軍事的な手段の効果の現れ方に象徴されるような，遅効性・即効性の違いについても考慮する必要があろう。

代替可能性は意思決定時の政治的，社会的環境にも影響を受ける。通常兵器と核兵器の代替可能性を検討する際に両者の効果を比較評価するにあたっては，核兵器によって実現可能な政策目標がどのように定義されるのかが評価の結果に影響を与える。そこでは，国家の守るべき価値と，核兵器を使用した際に相手からの報復によって失われるであろうと想定される価値の間のトレードオフをどのように設定するか，という論点がポイントとなる。が，あわせて，エスカレーションを自律的にコントロールできるか否か[7]，つまりエスカレーションの主導権を失うことによって（とりわけ相手側の予期せぬ行動により）制御不能に陥り，最終的には破滅的結末を迎えるリスクをどの程度見積もり[8]，そのリスクと，他の手段によって追加的に負荷されるであろうコストとどう比較するかという確実性に関わる論点も想定されよう。このような不確実性は，逆説的ではあるが対立が先鋭化している状況では，双方が破滅的結末を回避する

---

[7] エスカレーション・コントロールについては，Herman Kahn, *On Escalation: Metaphors and Scenarios* (Penguin Books, 1968) を参照。

[8] 戦争のエスカレーションの原因やコントロールの困難さについては，Richard Smoke, *War: Controlling Escalation* (Harvard University Press, 1977) や Desmond Ball "Can Nuclear War Be Controlled?," in Charles W. Kegley, Jr. and Eugene R. Wittkopf, eds., *The Nuclear Reader: Strategy, Weapons, War* (St. Martins' Press, 1985) など。

ことを望む限りにおいて核戦略および抑止戦略の構築・実行を阻害するほどの齟齬にはならない。しかし，対立の状況が緩和し，それに伴って国家としての戦略目標が変化すれば，当然ながらそうした戦略の実現に向けた手段の選択や目標実現の過程の管理に変化が生じることになる。そのような変化は，状況によっては核兵器の役割の再定義にもつながることになる。

　手段の選択を論じる上で，とくに冷戦後顕著になってきた状況の変化に，脅威として認識する対象が多様化したことが挙げられよう。それを受け，安全保障戦略においては，抑止効果を出すために多様な手段を活用するようになったことに留意する必要がある。それは，抑止の対象となるアクターが多様化したことに加え，その中の一部のアクターに対しては，抑止が効かず，逆に非軍事的手段が有効であるということもある。

　たとえば，経済制裁は，国民経済を維持する上で不可欠な財を海外からの供給に依存し，しかも代替性がない場合，その供給の途絶は国家にとって致命的な影響をもたらす可能性もある。他方で，経済制裁は，遅効性ゆえに，差し迫った脅威に対して，あるいは抑止の対象となる側が自らの安全保障環境において差し迫った脅威に直面していると認識し，あらゆる手段をとると決意している場合には有効ではない。その意味では，非軍事的な手段はたしかに抑止の効果を持ちうる場合もあるが，脅威やリスクの対象によって軍事的とりわけ懲罰的抑止とは明確に使い方が区別される必要がある。

　また，テロリストのような，自らが防衛すべき「価値」，すなわち「国民」や「領土」を基本的に持たず対価値攻撃への耐性という点で非対称的な相手に対しては，核攻撃による報復という懲罰的抑止の効果に関する疑問もある。通常戦力（特殊部隊等含む）による対テロ作戦や，ミサイル防衛や攻撃による被害を最小限にとどめるための結果管理などによって敵からの攻撃の効果を低下させる拒否的抑止の能力向上を追求するほうが合理的との見方も存在する。

　その他，最近の国際安全保障環境において，核兵器の役割についてより精緻な整理が必要になるであろう展開としては，新しい秩序破壊的技術（disruptive technology）の広がり，いわゆる「グレーゾーン」あるいは「ハイブリッド型」と呼ばれる，通常の武力行使とは異なる軍事的，非軍事的手段による圧力が混在するような新たな脅威の形態への対処――これは，エスカレーション・ラダ

ーの想定の非対称性という視点からもきわめて重要な問題を提起する——などがある。

他方で、国家の戦略は利用可能な政策手段によって規定されることもある。米国の外交政策が抑止戦略に過度に依存してきたというジョージ（Alexander George）とスモーク（Richard Smoke）の指摘は[9]、核への依存が米国の戦略に硬直性をもたらしたことを示唆する。つまり、「いったん抑止が教義（doctrine）となってしまえば、それは、戦略的関係に関するより一般的な理論へと昇華」し、より上位に位置する国家戦略が本来従属的な位置にあるはずの核抑止の戦略を通じて演繹的に導出されることになるのである。核兵器の存在そのものが非常に強力であるがゆえに、その存在に立脚する抑止論はきわめて強力な論理を提供する。そのため、「戦略の核心でもある、政治的な文脈と、パワーのための道具（抑止）との間にあるダイナミックな相互作用の感覚」が排除されることにつながりかねない[10]。

(3) 制度的制約——核不拡散体制と力の分布

核兵器の軍事的、政治的価値と並んで国際社会における核兵器の意義を規定する要因としては、核を管理する国際的な制度について言及すべきであろう。核兵器の存在が国家間の関係を規定するものであるとすれば、国際社会における核兵器の分布は、パワーの分布を規定する要因として国際秩序のあり方に大きな影響を及ぼすことは明らかである。核拡散を管理する現在の国際制度は、グローバルなレベルにおけるパワーの分布、すなわち国際政治の構造を一定程度固定化する要因の一つとしてみることが可能である。

現在、核を管理する国際体制は、1970年発効の核兵器不拡散条約（NPT）と1957年設立の国際原子力機関（IAEA）が中核となっている。NPTには191カ国（含北朝鮮）が加入しており、NPTの提供する価値規範体系はかなりの程度普遍性を獲得しているといえよう。核保有国を増加させないという核不拡散体制の原則は、核兵器の拡散は国際秩序を不安定化させるという前提に立ち、

---

9 Alexander L. George and Richard Smoke, *Deterrence in American Foreign Policy* (Columbia University Press, 1974).
10 Lawrence Freedman, *The Evolution of Nuclear Strategy* (St. Martin's Press, 1981).

そのような核に係るリスクを管理することを目指すことにある。他方で，この原則は，核兵器を保有する国を限定することにより，核兵器の安全保障上および政治的な価値を維持し，パワーの分布を固定化する基盤ともなっている。

NPT は，国際体制の原則と価値規範を提供している。体制の根底にある基本的な原則は，核兵器を保有する国をこれ以上増加させない（不拡散）ということである。非核兵器国による核兵器不拡散の義務は，IAEA の提供する保障措置を受けることによって担保される。非核兵器国が不拡散義務を果たすのと引き換えに，原子力の平和利用の「奪いえない権利」を認め，その権利の行使を促進するために原子力技術へのアクセスを支援すること，および核兵器国を含むすべての国が核軍縮に向けて誠実な交渉を行うことが，NPT には規定されている。しかし同時に NPT は核兵器の保有を一部の国（1967年1月1日より前に核爆発を起こしたことがある国）に限定しており，安全保障上はきわめて不平等性の強い条約ともいえる。これらの規定のパッケージは，NPT の交渉過程において，条約によって核保有の途を閉ざされることになる非核兵器国が，核保有の地位をめぐる不平等性を受け入れる際の「グランド・バーゲン」として合意されている。

これまで，IAEA の保障措置協定の不遵守が問題になった例（すなわち，NPT 上の危機）は，1990年代初めのイラク，1990年代以降の北朝鮮，それに最近のイランなど数えるほどしかない。それは，比較的技術的ハードルが高く，核兵器開発のための技術の獲得や運用が困難であることも一因であるが，同時に核不拡散体制が果たしてきた役割も大きい。とりわけ，1991年の湾岸戦争後にイラクにおける秘密裏の核開発が暴露され，また北朝鮮における核開発問題の暴露なども相まって強化された保障措置（従来の包括的保障措置協定に加えて，IAEA のアクセス・査察権限を強化することを盛り込んだモデル追加議定書の策定）は，加盟国が平和利用向けの核物質や施設を秘密裏に軍事転用したり，外国から獲得するなどの核兵器開発につながる行為をより困難にするものであった。

ただし，このような核の管理を目的とした国際制度がどこまで国家の行動や政策選択を規定するかについては，いくつかの留保条件を検討する必要がある。第 1 に，NPT に加入せずに核兵器を保有するインド，パキスタン，イスラエ

ル，さらに NPT からの脱退宣言を行い，核保有宣言を行った北朝鮮はこの枠組みからは外れている。同枠組みの主たる目的である核拡散の管理という観点からは，核保有国の数が限定されたという意味で有用であるとの結論も導出されうる。しかし，核兵器が国際社会全体の秩序の形成に与える影響という面を考えると，重要なステークホルダーが含まれないことで「普遍性」が，それらの国との間で安全保障上の関係が存在する国々に対しては「実効性」が失われる点での評価は，厳しいものになろう。

　第 2 に，NPT の成立，IAEA の保障措置強化，さらには原子力供給国グループ（NSG）などの輸出管理レジームの成立を見てみると，それぞれ安全保障環境上の要請およびそれらの形成過程が置かれた国際安全保障情勢下における脅威認識が参加国間で共有されていたことが背景にあったことも指摘されねばならない。たとえば，IAEA の設立や NPT の成立には米ソという対立する核大国同士の協調が不可欠であったが，それが可能になったのは核兵器の拡散（核保有国の増加）が国際安全保障環境をさらに悪化させる，もしくは両国の国際政治上の地位を相対的に低下させるという懸念を両国が共有していたからである。いうまでもなく，成立した制度は，制度に参加する国々の行動を制約し，そのような制約は大国に対してもかかってくる。しかしながら，各国の脅威認識の乖離が大きくなれば，各国の政策や行動を規定するレジームのパワーは減退し，またレジーム参加国間の期待の収斂も困難になる。

　さらに，IAEA の追加議定書の普遍化の過程を見ると，1997 年のモデル追加議定書の策定の背景にはイラク，北朝鮮の問題があり，また現在に至る過程で普遍化は進捗を見せてはいるもののいくつかの国が同議定書を検証の「標準」とすることに根強く反対するのは，普遍化を迫るだけの共通の脅威認識が欠如しているか，もしくは，核拡散の防止以上に優先すべき国家の政策目標があることを意味する。すなわち，国際制度は各国の行動を規制するものであるのと同時に，各国の政策選択の結果でもあり，その時々の各国の政策ニーズに従って変容を遂げるという意味では，従属変数でもある。そのため，核をめぐる秩序を考察するにあたっては，制度の存在を静的な所与の要素とせず，国際安全保障環境の変化と制度の形成・維持・変容との間のダイナミズムにも着目する必要がある。

第3に，現在の核の管理のための国際制度は元来，非国家主体の核拡散への関与を想定したものではない。非国家主体の拡散活動の規制については，各国の輸出管理の厳格化や国連安保理決議1540を通じた各国の国内法制の整備などを通じて強化しているが，供給元やルートの多元化などにより拡散リスクを完全に抑え込むことは不可能に近い。

　NPT締結加入国が190を超え，NSGの参加国も約50カ国に上りほとんどの技術保有国をカバーしているなか，少なくとも普遍性という点において現在の核管理の国際制度は，国際秩序の安定化装置として一定程度の有効性を持っていると評価することも可能である。他方で，このような安定化が現在のパワーの分布の固定化を意味するものであるとするならば，核兵器の保有をめぐる「持てる者」と「持たざる者」の間の不平等性の固定化（すなわち，パワーの源泉となる核兵器の希少性の維持）というNPTの特徴，そしてNPT体制外の核保有国の存在がゆえに，「持たざる者」側からの現状変更の圧力というストレスをつねに受けている状態にあるともいえよう。つまり，核不拡散体制（レジーム）には，普遍性と，比較的に良好な遵守状況[11]がみられるとは言え，その状態は自律的に維持可能であるとは必ずしも言えない。次節で触れる，米ロの軍備管理レジームを中心とした，大国間の核抑止関係を通じたパワーの分布に関する相互了解の維持と，米国から同盟国等への安心供与（reassurance）の提供との間の補完的な関係の中で核不拡散の秩序は保たれているともいえる。

2　「秩序の兵器」としての核

　ギャディス（John Lewis Gaddis）は，『ロング・ピース』の中で，核抑止を「ポスト第二次世界大戦の国際システムが維持してきた，最も重要な行動メカニズム」と位置づけ，冷戦期の米ソ対立が武力紛争へと発展しなかった理由として，核抑止の役割が重要であったと論じた[12]。

---

[11] 実際にレジームを離脱して核保有を宣言したのは北朝鮮のみであり，イランはあくまでレジームの規範と規則を遵守していると主張してきたことに留意する必要がある。

[12] John Lewis Gaddis, *The Long Peace: Inquiries into the History of the Cold War* (Oxford Uni-

第7章 「秩序の兵器」としての核と分裂する世界

　「抑止」という考え方自体は古くから存在した。「抑止」の英語である deter という動詞は，恐怖＝terror という単語のラテン語の原型である terrere に，de という接頭語を付けた deterrere という言葉から派生したものである。その意味は，「相手に恐怖心を起こさせ，それによって相手が行動を起こすことを妨げる」というものである[13]。つまり，心理的な威圧を相手に与えることにより，自らが望むような行動を相手に選択させること（あるいは望まない行動をとらないようにすること）が，抑止の目的である。そのような観点からみれば，19世紀欧州の大国間の勢力均衡のメカニズムは，相互の行動を抑制する，すなわち潜在的敵国が覇権国として台頭することを防ぐ，相互牽制のための「協調」体制であったと評価することもできる。「協調」体制を崩壊させる攻撃的行動は，その後の集団制裁によりこうむる損害との損益を考慮すれば，一定程度抑制される（当然ながら，同盟関係ほど集団による制裁行動に対する強い相互関与は存在しないが）。その意味では，このような勢力均衡の取り決めは，各国の行動に対する抑止のメカニズムとなっていたといえる。とはいえ，核兵器登場以前の軍事力の役割の中で，「抑止」は，直接的な軍事力の行使としての攻撃や防衛に対し，一種付随的な機能として認識されていた。

　冷戦期，たしかに地域紛争や内戦などの事例には事欠かなかったが，そのような比較的小規模な紛争は，国際秩序を脅かし，世界全体を不安定化させるには至らなかった。2極構造が保たれ，米ソ両国の対立が戦争へと発展しなかったのは核抑止の存在によるものである。相互抑止による大国間関係の安定化機能は，少なくともそのような大国間関係が国際秩序を規定してきたと考えられてきた時代においては有効に機能してきたといえよう。また，現在においても，核を保有する国家間の関係を規定する要因としての核抑止が当事国にとってそれなりに有益であると認識されていることは否定しがたい。

　しかし，一般的に言って，お互いの社会的価値体系の相違，また地政学的要件の相違，さらに現代の複雑な兵器体系・戦力構成を考慮すれば，どこに安定の均衡点を求めるのか，そしてその均衡点が安定解なのかは，つねに不明確な

---

versity Press, 1989), p. 232.（五味俊樹ほか訳『ロング・ピース——冷戦史の証言「核・緊張・平和」』芦書房，2002年，398頁）
13　蝋山道雄「軍事力とその機能」蝋山道雄編『核時代と国際政治』（朝日新聞社，1970年），57頁。

状況にあるともいえる。実際，複数の国が「戦略的安定」の状態にあることを，客観的な指標（もしくは数値化）をもって相互に確認することは，現実的にはほぼ不可能で，何らかの人為的な取り決めによってその状態を維持することを当事者同士が了解する必要がある。このような不確定性を，ある意味では便宜的に抑制することを可能にするのが軍備管理の取り決めである。つまり軍備管理の取り決めおよびその遵守には，戦略的関係が安定的な状態にあるという相互了解を制度化する効果がある。その意味では，「戦略的安定」の状態は，両者が相互にその状態を求めるときに初めて存在しえるともいえる。

　冷戦期から現在に至るまで，安全保障面における国際秩序の構造の基盤は，米ロ間の「戦略的安定性」が提供してきた。この戦略的安定性は，米ロ間の核軍備管理レジーム[14]に裏打ちされた，いわゆる「制度化された相互確証破壊（MAD）」を通じた相互核抑止によって担保されている[15]。この米ソの軍備管理を通じた「制度化されたMAD」は，冷戦期において米ソ間の緊張を緩和し戦略的競争の中でも直接的な武力紛争へとエスカレートしないことへのコミットメントを，軍備管理条約の遵守という行為を通じて担保するものであった。冷戦が終焉し，実態として米ロの軍事バランスが明確に米国側に優位に傾いた後も，この戦略的安定性はいわば「外形標準」的な，一種の「様式」として米ロ関係の基調を規定し続けてきた。もしくは，両国間の関係が戦略的安定性の概念によって担保されているという相互了解が成立してきたと言ってもよい。

　なお，その「了解」は，相手の意図について必ずしも正確に認識していることと同義ではなく，またおそらく必要でもない。冷戦期の米ソは，MADの状態のもとで戦略的安定性が存在したと両者が認識していたとされるが，それはある意味では，戦略レベルにおいて一定程度以上の戦力を持てば，そこから上積みされた戦力は両国の戦略関係を規定する上では有意な差異を提供するものではなく，「オーバーキル」の状態にあったことから，そのような解釈が可能であると推論されたものであった。しかし，もしそうであれば，両国の戦力構

14　各種軍備管理条約や，協調的脅威削減プログラムなど軍備管理条約を維持する上で有効な各種取り決めを含む。

15　戸崎洋史「米露間軍備管理問題――「新しい戦略関係」への移行と課題」松井弘明編『9.11事件以後のロシア外交の新展開』日本国際問題研究所，2003年。

成は合理的な論理の積み重ねから導き出された結果かどうかは疑問なしとしない。たとえば、エスカレーション防止の論理は非対称的であったことが、冷戦後に公開された両国の公文書からわかっているが、このことから冷戦期に両者が相手の意図や論理について正確に把握、理解していたわけではないことがわかる。

また、この「制度化されたMAD」は、米ロ（米ソ）間の核不拡散分野における共通の利益に基づく協調関係という副次的な効果ももたらした。この副次的な含意である核不拡散上の共通の利益は、国際秩序におけるパワーの分布を変え秩序の不安定化につながる、新たな核兵器国の増加を阻止することにより国際秩序の「多極化」を阻止する点にあった。多極化の抑制は、国際秩序の安定とともに、米ロにとって自国の優位を維持することが容易な国際システムの維持に貢献する。

このような相互抑止を基盤にした「戦略的安定性」の概念のもとに存在してきた米ロ（米ソ）の戦略的関係と2極構造を中心とした国際秩序ではあるが、秩序の安定性の一方で、紛争状態に入った場合に破滅を回避するためのエスカレーション・コントロールに関する問題や「安定・不安定性のパラドクス」など、戦略レベルにおける安定性を強調するがために生起する小規模な紛争の回避やサブシステム・レベルでの安定性に関する懸念については、国際秩序に影響を及ぼすものではない受忍可能なリスクと認識され、ある意味では米ロの「戦略的安定性」に回収されうるものであった。

3　核兵器をめぐる新たな国際環境

(1) 国際秩序と核兵器の関係性の変化をもたらす要因

核の「社会性」に着目した場合、核兵器の持つ意味には、軍事的評価とは別の評価軸が存在する。そして、近年の国際環境の変化は、評価軸の設定を困難にしている。

第1に、「安全保障」の複雑化がある。抑止すべき対象（もしくは抑止すべき対象との関係性）が多様化しているということは、とりもなおさず適用され

る抑止の論理が多様化することも示唆する。近年，安全保障の分野において，強靱性（resilience），もしくは国土安全保障（homeland security）といった概念がより重視されるようになった。これらの概念は，テロリズムなど非合理的なアクターの脅威に対する抑止が困難であることを反映している。そのような場合，とりわけ核抑止の役割は限定的というよりは，むしろ実効性が乏しいという状況も想定されよう。

こうした認識が色濃く反映されたのが2010年の核態勢見直し（NPR）であった。2010年NPRでは，米国の核政策の目的として，核拡散と核テロを防止すること，および米国の国家安全保障戦略における米国の核兵器の役割を減少させることが，従来の核戦略の主たる目的である戦略的抑止・安定を維持することと並んで挙げられている。国家間の核戦争の可能性は著しく低下したとの前提に立ち，核兵器政策（核戦略や核戦力構成に係る政策）が核不拡散と核テロの防止という優先されるべき課題に資するとも読み取れる内容になっている。

2010年NPRはまた，核兵器が使用される対象について，従来よりも狭い解釈を採用した。米国もしくは同盟国やパートナー国に対する核攻撃を抑止することを核兵器の「唯一の目的」とする政策を採用するには至らなかったものの，核兵器の役割を最小化することを目指すとした。もちろん，これは抑止が不要になったということを意味するわけではないが，抑止のような威嚇に基づく戦略は，非対称な脅威への対処のための方策の一部を構成するに過ぎない。また，このような情勢認識は，大国間の戦略レベルにおける関係とそれ以外の脅威を比較してみた相対的な評価という側面もあり，双方がトレードオフの関係にあるわけではない（それは，近年再び大国間の戦略的競争が重視され，核の役割が見直されていることからも明らかである）。ただし，核兵器の使用される状況及び対象の選択は，純粋な戦術的，戦略的必要性について，均衡性（proportionality）の原則がより考慮されるようになってきていることを示唆する。そしてそうした原則の採用には，戦略的，戦術的考慮のみならず，道義的，道徳的配慮の要素が戦略，戦術の選択を通じて浸透してきているとみることもできよう。

最近の国際安全保障環境において，核兵器の役割についてより精緻な整理が必要になるであろう展開としては，秩序破壊的技術の軍事戦略への応用や，前

第7章 「秩序の兵器」としての核と分裂する世界

述の,「グレーゾーン」あるいは「ハイブリッド型」と呼ばれる,新たな脅威の形態への対処などがある。この問題は,事態対処における手段の選択,エスカレーション・コントロールの困難さ,さらには核抑止の実効性の低減という視点からきわめて重要な問題を提起する。

いうまでもなく,安全保障,とりわけ抑止をめぐる関係は双方向性が特徴であり,双方がその能力や意思,そしてお互いの認識についてコミュニケーションをとる中で関係が構築される(それがどのような関係であろうと)。単に戦力の数量的な充足のみが抑止の十分条件を満たす要因ではなく,戦力の質的な要素や,お互いのコミュニケーションや文脈が抑止において重要な役割を果たしてきたことは従来も同様であるが,抑止の対象がアクター,手段,事象のあらゆる面において多様化したことにより,相手の特性によって抑止の論理を使い分ける必要が出てくることが想定される。

(2) グローバル・レベルと地域レベルの断絶?

米ロ(米ソ)関係における核の役割は,欧州やアジアの安全保障環境を規定してきたという意味で非常にグローバルな性質を持ったものであった。そして,両国ともその意味を認識していたからこそ,「戦略的安定性」という概念が,(両者の間に認識の差があったにせよ)両国間の関係のみならず,国際社会全体の安全保障秩序の基調として有意であった。そして,地域の安全保障秩序は,最終的には米ソの戦略的関係の文脈に還元されうるものとして,グローバルな秩序のサブ・システムとして存在してきたといえよう[16]。

しかしながら,冷戦後の世界においては,グローバルなレベルでの米ロの戦略的関係と地域レベルでの安全保障秩序の接続が複雑な様相を呈するようになってきている。

欧州においては,西欧の中堅国などを中心に紛争における核兵器使用の蓋然性が低下し,その役割は縮小したとの見方がある。しかしその一方で,東欧やロシアの周辺国を中心にロシアの核の脅威に対する認識が強く残っている。ロ

---

[16] とりわけ,欧州と東アジアにおいてそれは顕著であった。他方,米ソの戦略的関係の文脈に還元されえない地域は,「第三世界」として,ある意味ではこのような核の存在を中心としたグローバルな戦略秩序の理解からは除外された。

シアに対する認識は，NATO内部においても一様ではない。それに対しロシア側には，NATOの東方拡大が自国の勢力圏を侵食することからくる圧迫感，東欧へのミサイル防衛や通常兵器における劣勢から醸成される勢力均衡上の懸念が存在する。

中東においては，米国が地域紛争等への関与に（政治的にも軍事的にも）抑制的になっている中で，ロシアが独自の外交安保戦略を展開することにより影響力を増しており，米ロの競争が冷戦期と異なる様相で展開されている。中東における米ロ関係（あるいは外交的競争？）には，核兵器の影はほとんどないが，米国の地域戦略と核不拡散政策の間には有機的な連関性が希薄であるように見える。その意味では，中東の核秩序は不安定な状況にあると言えよう。

イランの核問題に対し，一応の解決策を示しイランによる核保有の動きにそれなりの歯止めをかけたとされる「包括的共同行動計画（JCPOA）」(2016年)だが，米国による一方的な脱退宣言と制裁の再開により先行きの不透明感を増している。核不拡散と地域の地政学的・戦略的ダイナミクスは密接に関連している。域内有力国であるサウジ・アラビアやイスラエルは，JCPOAがイランの核保有を当面抑制する面においては（時限付きである点に不満を持ちつつ）評価するものの，イランによる域内の紛争への関与やミサイル能力の増強に対して強い懸念を持ち，米国のJCPOAからの脱退を支持するのは，JCPOAによってイランが経済的に国際社会とより強くつながり，経済力を背景に域内において影響力を拡大することを懸念するからである。しかしながら，核兵器拡散のリスクという点から見れば，JCPOAという枠組みの弱体化は，イランにおいてのみならず地域における拡散リスクを高めると言える。実際に，原子力発電の導入を計画し，米国との原子力協力協定を交渉するサウジ・アラビアは，イランを自らの戦略上の脅威・競争相手と認識し，原子力分野においては，イランと同等（もしくは，再処理まで保有しようとするのであればそれ以上）の能力を保有することを望んでいる。

アジアに目を移すと，北朝鮮という予測不可能なアクターが米朝交渉への意欲を示す一方，核兵器の開発を進めている。ここでは，行動の予測が不可能なアクターに対する核抑止の信憑性と，グローバルな核不拡散体制の信頼性，さらに地域における核拡散への懸念の問題が生じている。

第7章 「秩序の兵器」としての核と分裂する世界

　北朝鮮の非核化をめぐっては，現在米朝間でやり取りが続いているが，国際的な不拡散レジームから離脱して核開発を進めてきた北朝鮮は，6度の核実験や累次にわたるミサイル実験などが示すとおり，一定程度の核能力を獲得したと見られる。この核能力は地域各国，とりわけ日本にとって重大な軍事的脅威であると同時に，米国に対し抑止の効果を持つとの評価もある。一方で，2018年6月12日に北朝鮮の金正恩委員長と米国のトランプ大統領がシンガポールで史上初の米朝会談を行い，以降予定よりも大幅に遅れているとはいえ「非核化」をめぐる交渉が行われている。しかし，非核化のプロセスが急速に進展しないか（それは技術的にも困難である），もしくは非核化のプロセスが進展したとしても，最後まで核兵器能力を温存する形で合意されたとすれば，日本を含む周辺国は，北朝鮮の核のリスクとは当面共存を強いられることになる。同時に，北朝鮮からすれば，核兵器は，自国の安全保障上必要な兵器であるが，その存在により国際政治上の存在感を高め，また米国から体制の保証等を引き出す政治的な取引のツールとしてもきわめて有用性が高いと見ることもできる。当然ながら，このような核兵器の有用性の高さを示すことは，他国（とりわけ中東諸国）に対し核拡散のインセンティブを与えかねない。

　しかし，構造的に見ると，米中間の核をめぐる関係をより注視すべきだろう。両国は，戦力構成からドクトリンに至るまで，核政策のあらゆる面における非対称性ゆえに，戦略的関係における安定性の解を見出すことが困難な状況にあり，また両国はそのような安定性の解を積極的に追求しようという意欲に乏しいように見える。くわえて，中国が国際秩序をめぐるグローバルなレベルでより対立的／競争的性格を強め，アジア域内でも戦略的優位をめぐる競争を激化させていることで，東アジア地域特有の政治的ダイナミズムにおいて，中国が地域に差し掛ける「核の影」をより強く意識させるものとなっている。

　グローバルな核不拡散体制は，体制からの離脱や不参加を一定程度低いレベルに抑え込んできたという点ではおおむね成功を収めてきたと言えるが，イランや北朝鮮の事例は，グローバルな体制が効果的な解決策を提示できないことを示唆しており，また核不拡散の問題には域内の関係国を含んだ，安全保障・戦略面での対処がパッケージとして組み込まれていなければ，有効性および持続性が担保できない[17]。

ブザン（Barry Buzan）が指摘するように，安全保障のドメインは，脅威がどこまで影響を及ぼすのか（地理的広がりおよび機能面の両方で）によって定義されるものであるとするならば，現在のトレンドに鑑みればおのずと安全保障の論理（ロジック）は地域規模で再定義されることになろう[18]。ユニバーサルに適用可能な抑止の論理ではなく，各地域の環境に応じたいわゆるテイラードな抑止が必要とされるということになる。

　このような地域レベルのダイナミクスがグローバルなレベルでの国際秩序とどのように関連付けられるかを論じる上では，国家の「パワー」への志向について留意する必要がある。とりわけ，短・中期的には中国，そして長期的にはインドの動向が，国際秩序のあり方に少なからぬ影響をもたらす。たとえば，中国は，近年一帯一路構想などを通じ，アジアを超えて影響力の拡大に腐心しているが，このような取り組みが果たして国際秩序を能動的に変更しようとするレベルでのグローバル・パワーを志向するのか，それとも安全保障面においては地域における優勢を確立する以上を志向しないリージョナル・パワーを意図するのかは，必ずしも明確ではない。グローバルなレベルにおいて国際秩序を構築，維持することを戦略目標として志向せず，既存の国際秩序に依存することでコスト負担を軽減しつつ，地域レベルにおいては自国の影響力を最大限に引き出し，自国の利益を最大化するという行動様式をとろうとするならば，地域レベルで達成しようとする（戦略）目標における核兵器の有効性・必要性について，以下の観点からの検討が必要になろう。

　第1に，戦略兵器としての核兵器の役割をどう見るのか。単にグローバル・パワーである米国の介入を抑止するためのものであるとするならば，それに合わせた戦力構成を選択することになろう。それは，米国との抑止関係において対称性を追求する必要がないことを意味する（非対称性を維持する理由はそれに限定されない）。

　また，地域レベルにおいては，核兵器による抑止がどの程度有効かという問

17　秋山信将「核不拡散レジームの危機とアド・ホックな協議体──イランの核問題におけるEU3+3の役割」『一橋法学』2009年7月号，97-120頁。
18　Barry Buzan and Ole Waever, *Regions and Powers: The Structure of International Security* (Cambridge University Press, 2003).

第7章 「秩序の兵器」としての核と分裂する世界

題が提示される。従来,インドとパキスタンの関係において核の役割は,核抑止の存在によって戦略レベルでは安定性が確保される一方,その下のレベルにおいては核抑止がエスカレーションを抑制するために小規模紛争を誘発しかねないという,「安定・不安定のパラドクス」の文脈で理解されてきていた。しかし,カシミールなどの紛争が全面戦争にエスカレートしない状況は,別の論理でも説明可能である。すなわち,パキスタンは,インド側がパキスタンによる核使用の可能性を低く見積もっているがゆえに,通常戦力による大規模な報復を行う可能性があると評価しており,それが,パキスタンが代理戦争に踏み切れない要因であるとの見方も可能である[19]。そのような状況は,核兵器使用(あるいは核抑止)の信憑性を低下させることを意味するが,その場合核の役割は他国による侵略を抑止することよりも,むしろ政治力学上優位を確保することに有用性が見出されることになろう。しかし,そのような状況は逆に核兵器使用の信憑性を低下させ,核兵器の軍事的効用を低下させ,結果として政治的な価値を低下させる。

このような地域特有の安全保障のダイナミクスは,近年再び注目が高まる大国間関係に比しても,相対的に重要性を増しているといえよう。結果として,地域の安定化にどの程度役割を果たすかがグローバルなパワーを規定する側面が大きくなっており,核兵器の役割もその文脈の中で理解されるべきであろう。現状においては,核兵器の介在する地域安全保障秩序における核兵器の役割は,明確な減少のトレンドを描くには至っていない。

第2に,経済,社会面での交流のグローバル化は,主権国家間の相互依存を深化させた。冷戦期の米ソ関係と現在の米中関係では経済的相互依存の深化の度合いは比較にならないほど米中関係のほうが深い。近年の経済・技術における米中対立の激化は,このような見方と反するが,両国の経済関係は,軍事面のみの単純なゼロ・サム的計算を不可能にする。国際社会は依然として主権国家を中心に成立してはいるが,グローバル化したサプライチェーンや投資をはじめとする金融のボーダレス化は,国家が追求すべき国益と国家の領土の保全の同一性を否定する。このような状況は,国家間の安全保障上の対立と経済面

---

19 本書第5章を参照。

における相互依存の共存の中で，核攻撃による報復という核抑止の中核的な機能が発動可能なのかという疑問を喚起する。これは，「『その他』の興隆（the rise of the rest）」（ファリード・ザカリア）による多極化，すなわち米国のパワーの相対化という，グローバル化のもう一つの側面と合わせ，核の秩序形成機能の弱まりを示唆する[20]。しかしながら，この論点については現時点においては検証が不十分である。

4　核と道徳性――核をめぐる世界の分断

（1）核のタブーは定着したか

1945年8月以来の70年以上にわたり，何度か核兵器の使用の可能性があったにもかかわらず核戦争が起きなかった理由に関して，核抑止が機能してきたからだという議論に対するアンチテーゼとして，核使用に係る禁忌感（タブー）を強調する議論がある。タネンワルド（Nina Tannenwald）は，70年にわたる核の不使用は，倫理的，社会的，あるいは人道的側面からタブーが醸成されてきた結果だと主張する[21]。また，タネンワルドの言う「タブー」というほど規範の力を強調するわけではないが，一定程度規範の力を認める議論としては，国家の利益に照らし，核兵器の使用が国家により大きな不利益をもたらすがゆえに不使用を選択してきたという議論もある[22]。

これらの議論は，その濃淡は別にして，核兵器使用（不使用）の決定が，核戦略の軍事的合理性，政治における合理主義を超えた論理によってなされる可能性を示唆している[23]。同様に，ある国の安全保障政策の指向性（たとえば核

20　Fareed Zakaria, *The Post-American World: And The Rise Of The Rest* (Penguin, 2011).
21　Nina Tannenwald, "The Nuclear Taboo: The United States and the Normative Basis of Nuclear Non-Use," *International Organization*, Vol. 53, No. 3 (Summer 1999), pp. 433-468; Nina Tannenwald, *The Nuclear Taboo: The United States and the Non-Use of Nuclear Weapons since 1945* (Cambridge University Press, 2007).
22　Daryl G. Press, Scott D. Sagan, and Benjamin A. Valentino, "Atomic Aversion: Experimental Evidence on Taboo, Traditions, and the Non-Use of Nuclear Weapons," *American Political Science Review*, February 2013, pp. 1-19; T. V. Paul, *The Tradition of Non-Use of Nuclear Weapons* (Stanford University Press, 2009) など。

兵器不保持の選択）は，その国の戦略文化やアイデンティティによって決定づけられるとの議論もあるが，このような視点から見れば，戦略的合理性を規定するものとして，倫理や規範が影響を及ぼしていると解すべきということになる[24]。

冷戦終結以降は，米ソの対立に代わり，地域紛争や内戦が国際安全保障上の重要課題として注目を集めるようになり（実際に国家間戦争よりも内戦，または一方の当事者が非国家主体である戦争が圧倒的に多い），その中で人権侵害や大規模な人道的被害への関心が高まった。こうした「人道問題」への関心の高まりは，戦闘時の二次被害，とりわけ民間人の巻き添えに対する世論の批判や，対人地雷やクラスター弾の禁止条約に象徴される，特定兵器の法的禁止を求める主張という形になって戦争のあり方に影響を与えるようになった。核兵器の非人道性が注目されるようになり，国際社会において支持が高まってきたのも，フィン（Beatrice Fihn）が述べるように，このような安全保障政策における人道主義の要請の高まりという文脈の中に位置づけることもできよう[25]。

「国益」の実現が国家の政策の究極の目的であることは，現代の国際社会の前提として認識されている。しかしそれだけではなく，戦争の惨禍を軽減させることが政治的な要請として出てきたことも指摘されよう。戦争が正当なものであるか否かは，その目的が正当であるかどうかだけでなく，その遂行の過程でとられた手段や措置が正当であるかという点でも評価される。「文明的」な戦争とすべく，悲惨さを軽減するとの考えを共有し，「人道主義が，交戦国の利益と幸運にも偶然一致した」ことで，戦争に関する人道主義的なルールの策定が実現した[26]。

---

23 なお，このことは，個々の政策決定者が時に非合理的とも見えるような核兵器使用の判断を下す可能性をも示唆する。このような政策決定過程に伴う核のリスクについては，すでにセーガン（Scott Sagan）が各所で指摘するとおりである。

24 Peter J. Katzenstein, ed., *The Culture of National Security: Norms and Identity in World Politics* (Columbia University Press, 1996) を参照。

25 Beatrice Fihn, "A New Humanitarian Era: Prohibiting the Unacceptable," *Arms Control Today*, Vol. 45, No. 6 (July/August 2015) (http://www.armscontrol.org/ACT/2015_0708/Features/A-New-Humanitarian-Era-Prohibiting-the-Unacceptable).

26 足立研幾『国際政治と規範——国際社会の発展と兵器使用をめぐる規範の変容』（有信堂，2015年），とくに第2章。

核に係る人道主義的規範の議論に，いわゆる「ギャング・オブ・フォー」と呼ばれる，冷戦期の米国の外交安全保障戦略をリードしてきた4人（キッシンジャー，シュルツ，ペリー，ナン）の共著による2007年のウォール・ストリート・ジャーナルの「核なき世界」に関する論説が合流し，それ以降，核保有国，非核保有国を巻き込み活発に展開されるようになった[27]。核テロや，誤算などによる核使用などの突発的ともいえるようなリスクへの認識が高まり，合理性に裏打ちされ精巧に構築されてきた核戦略は，もはや国際政治の安定を担保しきれるものではなく，むしろ予見することが難しくまた抑止が困難な破局的出来事が人類の歴史を規定しかねない[28]との危機感に裏打ちされたこの論説は，国際政治における核のあり方をめぐる議論に一石を投じるものであった。

　2009年には，オバマ（Barack Obama）米大統領（当時）が，プラハにおいて「核なき世界」を目指すという演説を行った[29]。演説は，核の脅威について包括的に論じており，核テロと核拡散のリスクを強調し，核セキュリティ・サミットの立ち上げやイランの核問題への取り組みなどに言及する一方，核兵器を使用した唯一の国として，米国には「核なき世界」を目指す道義的責任があると言及している。ただし，「核なき世界」の理念への強い共感を寄せる一方，オバマ前大統領は同時に，「核なき世界」は自分の生きている間には実現しないであろうと，実現可能性の見通しについては慎重な姿勢を示している。また，彼のノーベル平和賞の受賞演説は，正義のための武力行使を肯定しており，道義性の要素を強調しつつも現実主義的な安全保障観を維持するものであった。

　ただ，「核なき世界」の演説に対する国際世論の反響は大きく，国際社会では核軍縮への機運が高まることになった。核保有国の側から核兵器の道義性の問題が提起されたことで，非核保有国や市民社会では，核兵器を非正当化しようとする動きが強まった。また，2010年NPT運用検討会議では，初めて核兵器の使用に関し国際人道法への参照が最終文書に盛り込まれた。核兵器の使用に関連して国際人道法への言及は以前から議論されてはいたが，核兵器に対す

27　George P. Schultz, William Perry, Henry Kissinger, and Sam Nunn, "A World Free from Nuclear Weapons," *Wall Street Journal*, January 4, 2007.
28　ジョセフ・S・ナイ，ジュニア（土山實男訳）『核戦略と倫理』（同文舘出版，1988年），173頁。
29　"Remarks by President Barack Obama In Prague As Delivered," April 5, 2009 (https://obamawhitehouse.archives.gov/the-press-office/remarks-president-barack-obama-prague-delivered).

る人道面からの言及に対して核兵器保有国はつねに後ろ向きであった。しかし，2010年の運用検討会議においては，途上国などから出された強い主張に，日本を含む西欧諸国なども理解を示すようになり，最終的には核兵器保有国もそれを受け入れた。

「核の非人道性」の側面を強調する動きは，2012年から2014年まで3回にわたって開催された「核の非人道的結末（humanitarian consequences of nuclear weapons）」に関する国際会議において関連する論点が議論され，広く問題が認識されるようになった。さらに，2015年のNPT運用検討会議の最終文書案に盛り込まれていた（しかし最終文書自体が採択されなかったためにのちに国連総会において開催が決議された）「多国間核軍縮交渉の前進に関するオープンエンド作業部会」が開催され，実質的に核兵器の法的禁止の可能性に焦点を当てた議論がなされた。これらを経て，2016年12月には，国連総会において核兵器禁止条約（TPNW）の交渉開始の決議が採択され，2017年7月に122ヵ国の賛成を得て採択された。TPNWの交渉は，有志国のみでの交渉となったために短期間での採択につながった反面，核保有国やその同盟国の参加を得ないまま進められたことは，条約の提供する価値規範の普遍化には大きな足かせとなった。

この一連の動きは，国際社会における核兵器の価値を論じる上で，道義性や道徳の側面が無視できないものとなっていることを示している。ただし，条約が採択されたといっても，条約によって行動が規制されるのは，当該条約の締約国だけである。現状においては，核保有国はいずれもTPNWに批准することはない。これは，NPT上の5核兵器国がTPNWの採択に際して発した共同声明で述べられている。このことは，TPNWが国際慣習法としての要件を満たさず，よって核兵器の禁止が国際法規範を構成しないことを意味する。

条約推進側も当然そのような事態を見越した上での条約制定の動きである。いかに多数によって条約が成立したとしても，それが，非締約国の行動を法的に拘束することにならないのみならず，規範に（国際法的な意味での）法的基盤を与えると見なされるようになるかどうかについては判断が分かれるような状況となる。とすれば，推進側の目指すところは，このような条約制定を（すでにある）規範に法的基盤を与えるというのではなく，規範そのものの成立を

促進する運動として，条約制定のプロセスを活用するところにあると言えよう。

モーゲンソーが言うように，「国際政治に及ぼす倫理の影響力」は「過大評価したり」，あるいは「過小評価したりすることがないように警戒しなくてはならない」[30]。実際の政治において「正しい」選択を追求する際には，「正しさ」の基準の選択には物理的な便益のみならず，政治的，社会的な便益（「適切さ（appropriateness）」）も考慮されよう。すなわち，政策の正統性（legitimacy）を追求するにあたっては，規範的な要因の影響を考慮することは免れないということになる[31]。問題は，どの程度まで道徳や規範の介在する余地があるのか，そしてそれら道徳や規範はどの程度普遍的なのか（つまり，国内の価値規範体系に基づくものなのか，それともより国際的な広がりを持つものなのか）という点である。

国際政治には，非国家主体や企業など多様なアクターが関与していることが広く認識されるようになったとはいえ，主権国家が依然として国際社会を構成する主たる基礎単位である以上，各国の政策選択は主権国家の思考枠組みに拘束される（この場合，道義性の判断基準を求めるとしたら国民の利益という視点が妥当であろう）と考えられている。その一方で，その国家の存続さえもグローバルな環境に依存するという視点から人類全体の公益を考える思考や，人間一人一人の福祉や安全に注目する「人間の安全保障」のような考え方もある。そしてそれらのアプローチの追求する「正義」や「正しさ」は，たとえ同じ問題を見ていたとしても，それぞれの定義は異なってくる。

国際社会には，国内社会と異なり，秩序を「強制」的に形成するだけの自律した権力の裏付けが物理的にも制度的にも存在しない。また，国際社会は，国内社会以上に多様であり各国の文化や価値観が異なるため，普遍的な倫理の確立を観念的・理念的に議論することは可能であったとしても，現実の政策の形成や運用が国益を追求するものである以上，個別の事情が色濃く反映される各国の安全保障政策における判断の基準として普遍的な規範を主たる要素に援用

---

30 H・J・モーゲンソー（現代平和研究会訳）『国際政治――権力と平和』（福村出版，1986年），247頁。

31 Alexander L. George, "Domestic Constraints on Regime Change in U.S. Foreign Policy," in Holsti et al., eds., *Change in the International System* (Westview Press, 1980).

することは容易ではない。国際制度と規範は多様な文化や価値観の間で最小限の共通理解を規定した，いわば最小公分母的な存在であり，平時における政策枠組みの構成要素の一つに過ぎない。中長期的に大まかな政策の方向性を提示しえたとしても，短期的（もしくは差し迫った事態）には，規範を提供する国際制度によって確立された秩序（国際社会としての「正当性」）と個別の国家にとっての「正義」の間の乖離をどう収斂させるのかはきわめて困難な課題である。

（2）国際法的規範と核兵器の使用

また，このような国際規範の発展の文脈において核兵器の意義を論じようとすれば，核兵器使用の法的正当性についても論じる必要があるだろう。武力行使の法的正当性を論じるにあたっては，主として二つの法理からのアプローチがある。すなわち，戦時国際法あるいは交戦法規（jus in bello），つまり武力行使時の手段における正当性であり，開戦法規（jus ad bellum）すなわち武力行使の目的の正当性である。これらに加え，戦争後の正義（jus post bellum）つまり結果の正当性の原理についても言及がなされることがある。これは，近年，国連による授権を待たずに実施された人道的介入を正当化する議論や，その反対に国連安保理で授権され実施された武力行使の結果として人道危機がもたらされる事態が発生していることなどを受け，武力行使の結果からもその正当性を判断すべきとの議論である。

「核の非人道性」を論じる上では，戦時国際法に基づく人道性配慮が核兵器の使用を正当化しうるのか否かが主たる論点を構成すると考えられる。

近代から現代にかけて，欧州においては幾多の紛争を経験し，また科学技術の発展によって兵器の殺傷能力が高まるなか，人道国際法，戦時国際法など，戦争のルールが形成されてきた。毒ガスなど長期的に健康に影響を残すような兵器や残虐な殺傷方法であるダムダム弾など，戦闘行為によってもたらされる不必要な残虐性を持つ兵器や手法は，戦争を遂行する手段の選択として許容されるべきではないという議論が高まった。また，戦闘員と一般市民を区別し，一般市民の殺戮を禁じる差別性の原則の確立につながった。近代の戦争と戦後処理の歴史は，戦争遂行時の人道主義が社会の規範として定着してきた過程と

捉えることも可能である。また，戦争の規模が拡大し，国民の多くが戦争に参画を求められ，また国民の国家の意思決定への関与が拡大するにつれ，政府が国内外の世論から戦争への支持を得るために，戦争の「正しさ」を説明する必要性が出てきた。

この議論に基づけば，核兵器の使用は多くの場合市民への二次被害が想定されることから，本来であれば限定されるべきであろう。しかしながら，核兵器使用がいかなる場合であれば正当化できるのか，逆に正当化が可能な使用の余地が残されているのかという論点は，国家生存のためという究極的な目的による核兵器使用の正当化の論理と，いかなる状況であっても核兵器の使用は「非人道的結末」を招くという核兵器全否定の論理の間に埋没し，深く検討されてこなかったように思える。

戦時国際法の論理はまた，武力行使の目的と手段の間の均衡性（proportionality）のもとで核戦略の策定を方向付ける可能性を持つ。ただし，実際の米国の核戦略において，核の使用が即全面戦争による破滅的結末を招くとの想定を否定し，損害を限定し際限なきエスカレーションを防ぐ観点から，限定核戦争の段階を経ていずれかの段階で戦争に勝利するための戦略を追求してきたのは，戦時国際法や国際人道法的な価値への配慮だけでなく，むしろ核抑止の信頼性（核使用の信憑性）を担保するための論理としてみなされるべきであろう。ただし，2010年のNPRでの，核兵器が使用される状況をより限定する議論（たとえば，核使用の「唯一の目的」化などを通じた，報復の均衡性の厳格化）は，このような目的と手段の均衡性を強く意識したものであることは確かである。また標的の選定においても，対兵力（counter-force）攻撃を中心とする戦略的目標に重点を置き，都市などの対価値（counter-value）攻撃に対しては抑制的な姿勢をとるが，これも武力行使の正当性を意識した原則であろう[32]。

他方，エスカレーション・ラダーの想定は，想定される敵国の脅威の態様に対し，どれだけ信頼に足る対応能力を準備できるかに依存する。2018年の

---

[32] 付随的な論点としては，民間施設に隣接する地点に立地した戦略拠点に対する攻撃により，民間の二次被害が不可避となる場合，立地した側の責任についても考慮が必要となろう。また，核攻撃の対象となる目標が軍事目標として正当であるかどうか，また手段として核兵器が必要かつ許容の範囲内であったかどうかも問われるべきであろう。これらの点については，1963年の下田裁判の判決が参考になるが，十分議論されているとは言いがたい。

第7章 「秩序の兵器」としての核と分裂する世界

NPRにおいて，小型核弾頭開発などへの投資を打ち出したことは，ロシアなどの核戦力構成とドクトリンに対し整合的なエスカレーション・ラダーを構築するためだと言えるが，そのことは，核兵器使用の敷居を下げかねないとの批判を受けることになる[33]。

開戦法規は，国連憲章における武力不行使の原則と武力行使の正当性を自衛権の行使のみに限定する原則が明文化された法規範である。核兵器に関しては，一般的にはその結果の残虐性ゆえに使用の法的正当性は疑問視されるが，「国家の生存」という究極的な目的のもとでは一概に違法とは言い切れないことが1996年の国際司法裁判所（ICJ）の勧告的意見によって示されている。同意見では，核兵器の使用・威嚇は「一般的に国際人道法に違反する」ことを明確に示した。ただし，「国家の存亡に関わる自衛の極限的な状況」においては合法か違法か「判断できない」としている[34]。

本来この法理のもとでも戦争遂行の目的を達成するための核兵器の使用は，著しく限定されるべきと解されるが，現在の核保有国のドクトリンの中では，「国家存亡に関わる自衛の極限的な状況」は比較的広く解釈されているとも考えられる。たとえば，ロシアが周縁部の地域紛争において戦術核を使用する想定としては，他国の勢力による紛争への介入をエスカレーションと捉え，そのようなエスカレーションを防止するために，予防的に核兵器を使用することが想定されている。このような状況がロシアの「存亡」に関わる自衛の極限的状況と判断されうるかは疑問である。

他方，自衛権との関係でいえば，核による攻撃や，その威嚇を通じた抑止は，自国の国民を守るという国家としての究極の目的を果たすため，結果として自国民に対する核兵器（あるいは通常兵器）による攻撃の被害を防ぐ，もしくは被害を抑制したのであるから，その結果は正しいとの議論も可能だ[35]。武力行

---

[33] なお，トランプ政権はそのような考えを否定する。たとえば，David Welna, "Pentagon Wants To Deploy 'Low-Yield' Nuclear Weapons To Deter Russia From Similar Ones," May 7, 2018, National Public Radio (https://www.npr.org/2018/05/07/609180810/pentagon-wants-to-deploy-low-yield-nuclear-weapons-to-deter-russia-from-similar-)

[34] 核兵器の威嚇または使用の合法性に関する国際司法裁判所の勧告的意見，第105節EおよびF，1996年7月8日。

[35] スタンリー・ホフマン（寺澤一監修，最上俊樹訳）『国境を超える義務──節度ある国際政治を求めて』，（三省堂，1985年），103頁。

使によってもたらされた結果によってその正当性を判断するという戦争後の正義という，近年人道的介入を論じる上で言及されることのある法規範の考え方である。ただし，武力行使の結果を論じるとなれば，国際社会全体からの視点で見た場合，核兵器の使用によってもたらされた二次被害，後遺症などが，核兵器の使用による正義の回復という結果（もしそれがなされたとして）に対して受忍の範囲を超えていないのかどうか，とりわけ，核兵器使用の環境への影響は戦争当事国以外にも及ぶことが想定されるが，そのような被害は，核兵器使用の結果としてもたらされる便益と比して国際社会全体が甘受すべきものであるのか，といった論点が示されよう。これらは，「核の非人道性」を支える，あるいは核兵器の使用を否定，またはその限定を支持する論拠となりうる。とくに戦争当事国ではない第三国で発生した二次被害については，核兵器使用の結果として正当性が明確に否定されうる状況ともいえ，「国家の存亡に関わる自衛の極限的状況」から核兵器の使用を正当化したとしても，それによって善意の第三者たる紛争当事国以外の国がこうむった被害に対する法的責任から免責されうるのか，といった問題も今後提起されることになろう。他方，このような二次被害や第三国への影響をめぐる議論が精緻化されることになれば，それは核兵器の特徴ともいえる大量破壊の能力をアドバンテージとして活用することへの抑制要因となりうるであろう。

ただし，このような極限の状況に関する想定について，法的な問題を議論し，国際法の論理を通じて制裁を想定したとして，国家の道義的責任が，国際社会全体の公益よりも主権国家（国民）を対象とすることを想定している（逆に言えば，前者が後者を超越するという社会規範が確立したとは言いがたい）状況のなか，果たしてそれがどれだけ各国の核兵器使用の選択に影響を及ぼすことができるのかという疑問は残るであろう。

おわりに

本章の目的は，核兵器の国際政治における役割を評価するという作業において考慮すべき論点の整理であった。

第7章 「秩序の兵器」としての核と分裂する世界

　核兵器の登場は,「力の均衡」から「恐怖の均衡」へと国家間の勢力均衡を変質させたといわれる。核兵器の存在は, 他国の行動を規定するパワーとして機能する。核兵器を使用するという明示的な示威がなくとも, 暗黙の裡に核兵器使用の可能性が戦略的損益計算の与件として組み込まれ, 結果として国家の政策目標を規定することにもなる。

　しかし, 核抑止が国家間の関係をどの程度規定しうるかどうかについては,（強大な破壊力ゆえに）「使えない兵器」である一方, 使われてしまえばそれによって戦争の勝敗の帰趨は明確になる相矛盾する認識と, そのような矛盾する認識に由来する「兵器使用の蓋然性の高さ」に関する葛藤のバランスの上に成り立つものであろう。無差別に大量破壊をもたらしうるという核兵器の特徴を考慮すれば, 核兵器の存在意義（核兵器の有用性）の議論は, 核兵器の使用にあたって, 設定された政策目標と手段との合目的性をどの程度厳密に追求することが可能かどうかという点, そしてそれを踏まえた目的と手段の「均衡性」「抑止のあり方」に収斂されうる。核戦略論的には, エスカレーション・ラダーの精緻化の作業でもあり, また, 同時に核兵器使用に係る道義性や規範を重視する観点からは, この論点をめぐる議論を厳格化していくことは, 核戦略における柔軟性や政策選択の幅を狭めることにつながる。

　安全保障において,「安全」もしくは「安心」には何らかの絶対的な基準はなく, それらの価値はアクター間の関係性をめぐって醸成される, 相対的なものである。国家間の関係の態様, 脅威の態様, 新しい技術の台頭, 地域特有の政治環境など, さまざまな要因が, 安全保障, とりわけ核抑止のあり方をめぐる議論を難しくかつ複雑にしている。さらに, 核兵器が抑止という機能を通じて秩序や国家間関係の安定性を担保するという論理は, 核兵器が1945年以来一度も使用されていないという「実績」ゆえに, 国際安全保障関係を環境依存的, かつ経路依存的なものにしている。

　また, 核兵器の国際政治上の意義を検討するにあたって, それが軍事的な戦略・戦術面での妥当性の検討にとどまらないのは, 倫理性の問題を含め, その存在そのものが政治性の高いものであるからだ。核兵器と倫理の問題については, 戦後を通じて問題意識としては存在してきたものの, 上述のように安全保障における核兵器の役割が相対化されることによって, その使用の政治的, 法

的妥当性の問題としてより注目されるようになってきている。ナイ（Joseph Nye）は，冷戦末期（1988年）に著した『核戦略と倫理』の中で，核の倫理をめぐる五つの公理として，①核使用の動機として「自衛は正当だが限界」があること，②核の特殊性（「けっして通常兵器とおなじように扱ってはならない」こと），③「無辜の市民への被害を最小限」に抑えること，④短期的には核戦争のリスクを下げること，⑤長期的には核兵器への依存度を下げること，を挙げている[36]。これらの公理をあらためて見直してみると，ポスト・ポスト冷戦期の現在，その多くが妥当するものである。短期的に見れば，現在の国際政治における核兵器の役割を完全に否定することは困難であるが，長期的に核政策を構想する上で倫理や道義性が一つの指針となりうることを示唆する。

　本章で見てきたように，地域安全保障のダイナミクスや核兵器の使用をめぐる規範への配慮は，現代の，そして今後の国際政治における核兵器の役割を検討していく上でより重要性が高まっている。これらの要素は，米ロの戦略的安定性の論理に多くの問題が回収されてきた冷戦期の2極構造のもとでは顕在化してこなかった。しかし，米ロのパワーが相対化し，地域政治・安全保障の論理が各国の行動を規定する要因として重要性を増してきていること，テロなど非対称な脅威の深刻化と，それにともなう安全保障観の変化などを勘案すると，国際政治のシステム・レベルの論理と地域安全保障の論理，安全保障の論理と規範の論理という二つの対立軸において世界の分裂が顕著になりつつある。核兵器の法的禁止を求める動きが，核兵器国などの強力な反対にもかかわらず条約（TPNW）の成立にまで至ったことは，核兵器をめぐる世界の分裂が深まり，議論の収斂が困難になりつつあることを示唆する。これら二つの分断は，今後の国際秩序のあり方を構想していく上で解決していかなければいけないパズルである。

36　ナイ，前掲書『核戦略と倫理』，193頁。

終 章

日　本
── 世界で最も厳しい安全保障環境下での核抑止

高橋　杉雄

はじめに

　これまで，現在の世界における核兵器の役割を考察してきた。要約して言えば，安全保障環境全般の悪化を反映して，核兵器の役割は再評価されつつあり，とくに，核抑止の基本的な原理として，「核兵器は存在すれば抑止できる」という考え方だけでなく，「核兵器は実際に使用することを考えなければ抑止力として有効ではない」という考え方が改めて浮上しつつあり，世界の安全保障の中で核兵器が「復権」してきているのが現実であるといわざるをえない。こうした国際安全保障環境においては，核兵器使用の可能性と真剣に向き合うことによって，逆に核兵器の使用自体の可能性を局限するという逆説的な問いに取り組むことがきわめて重要になってきている。

　そして，アジアは，核抑止力の観点から見て，世界で最も複雑かつ厳しい環境に置かれている。序章でも述べたように，そこには，核兵器を含む急速な軍事力の近代化を進めている中国と，核・ミサイル開発によって核のエスカレーション・ラダーを手にしようとしている北朝鮮，中距離核戦力全廃条約（INF条約）に違反して中距離巡航ミサイルを配備しつつあるロシアが域内に存在しており，さらに米国が域内の同盟国に拡大抑止を提供している。言い方を変えれば，米ロの核軍備管理の問題，米ロの核戦力に量的に接近していく可能性がある「セカンド・ティア（中堅核保有国）」の核兵器国の問題，新たな核兵器

保有国の問題，そして拡大抑止の問題といった，核兵器をめぐる安全保障上の重要な問題がすべて存在しているのである。そのアジアに位置している日本の安全保障の観点から，核兵器の役割をどう考えていくべきかを，ここでは考えていきたい。

ただし，いうまでもなく，日本は核兵器を保有していない。そのため，日本の安全保障における核兵器の役割とは，同盟国である米国の核兵器に期待する役割ということになる。よって，具体的には，日本が核兵器の脅威に対する拡大抑止に何を期待し，日米同盟のマネジメントの中でそれをどのように機能させなければならないのか，という問題を検討しなければならない。それによって，日本の安全保障における核兵器の役割が浮かび上がってくることになる。

そこで，本章では，まず日本が防衛計画の大綱などの公式文書で拡大抑止をどのように位置づけているかを整理・確認してから，現在の日本において核抑止を考える上での重要な課題である，北朝鮮と中国に対する拡大抑止のあり方について分析を深めていくこととする。

1 拡大抑止に関する日本の宣言政策

（1）2010年の防衛大綱以前の考え方──「米国の核抑止力に依存」[1]

日本の防衛政策の基本文書は「防衛計画の大綱」であるが，2010年に策定された防衛大綱を境に，拡大抑止に関する記述は大きく変わっている。それ以前の，1976年，1995年，2004年に策定された防衛大綱においては，「核の脅威に対しては，米国の核抑止力に依存するものとする」という考え方が示されていた。ただこれは，1976年の防衛大綱で初めて現れた記述ではない。1968年に佐藤内閣で核政策の4本柱の一つとして，「米国の核抑止力への依存」が表明されており，また，第4次防衛力整備計画の策定に際して1972年に国防会議および閣議で決定された「第4次防衛力整備5か年計画の策定に際しての情勢判断及び防衛の構想」において「わが国の防衛は，米国との安全保障体制

---

[1] 以下の防衛大綱の記述については，防衛研究所編『東アジア戦略概観2011』（2011年，防衛省防衛研究所），235-242頁（筆者執筆）による。

終章　日　本

を堅持しつつ，わが国みずからも有効な防衛力を保持して侵略を未然に防止することを基本とし，また，核の脅威に対しては，米国の核抑止力に依存するものとする」との記述がある。

その後の防衛大綱においても基本的にこの1976年の防衛大綱の記述が引き継がれている。1995年の防衛大綱においては，「核兵器の脅威に対しては，核兵器のない世界を目指した現実的かつ着実な核軍縮の国際的努力の中で積極的な役割を果たしつつ，米国の核抑止力に依存するものとする」とされ，1976年防衛大綱で示された「米国の核抑止力に依存する」との考え方を継承しつつ核軍縮の努力について言及した。1995年の防衛大綱策定に先立って設置された有識者による懇談会である「防衛問題懇談会」が発表した「日本の安全保障と防衛力のあり方──21世紀に向けての展望」（座長を務めた樋口廣太郎氏の名から「樋口レポート」と通称される）でも，「米国の核抑止能力は，核兵器を所有する諸国家が地球上に存在するかぎり，日本の安全にとって不可欠である」，「日本は，今後も非核政策を堅持していく決心であるので，核軍縮と核兵器拡散防止は，日本の利益とも完全に合致している。同時に，このふたつの目標が現実に達成されるまでの間，米国の核抑止の信頼性に揺らぎがないことが，決定的に重要である。核兵器から自由な世界を創るという長期的な平和の戦略と，日米安全保障協力の維持・強化とは，この点でも，密接不可分の関係にある」として，拡大抑止の信頼性を維持しつつ，核軍縮および不拡散の努力を進めていくべきことが丁寧に記述されている[2]。ここから，拡大抑止の信頼性を確保していくことと，核軍縮の努力の双方を並列的に進めていくことが，当時も広く共有された認識であることが読み取れる。

2004年の防衛大綱においては，「核兵器の脅威に対しては，米国の核抑止力に依存する。同時に，核兵器のない世界を目指した現実的・漸進的な核軍縮・不拡散の取組において積極的な役割を果たすものとする。また，その他の大量破壊兵器やミサイル等の運搬手段に関する軍縮及び拡散防止のための国際的な取組にも積極的な役割を果たしていく」とされ，さらに「防衛力の役割」の項に含まれる「弾道ミサイル攻撃への対応」において，「弾道ミサイル攻撃に対

---

[2] 防衛問題懇談会「日本の安全保障と防衛力のあり方──21世紀に向けての展望」（1994年8月12日）（http://worldjpn.grips.ac.jp/documents/texts/JPSC/19940812.O1J.html.）。

しては，弾道ミサイル防衛システムの整備を含む必要な体制を確立することにより，実効的に対応する。我が国に対する核兵器の脅威については，米国の核抑止力と相まって，このような取組により適切に対応する」とも記述された。このように，2004年の防衛大綱では米国の核抑止力への「依存」に加え，2003年に導入が決定されたミサイル防衛システム（BMD）を核抑止の補完的要素として位置付けるようになった。こうした考え方については，やはり防衛大綱策定に先立って設置された有識者懇談会である「安全保障と防衛力に関する懇談会」が発表した報告書の中にも見てとることができる。そこでは，「日本周辺の国際環境は，すでに述べたとおり，依然として不安定性に満ちており，核兵器などの大量破壊兵器による紛争の可能性も完全には否定できない。弾道ミサイルによる脅威も存在する。その意味で，今後とも日米同盟の信頼性を相互に高めつつ，抑止力の維持を図る必要がある。とりわけ核兵器などの大量破壊兵器による脅威については，引き続き，米国による拡大抑止が必要不可欠である。さらに，大量破壊兵器とその運搬手段としての弾道ミサイルの拡散が深刻な事態をもたらす可能性があるなど，従来の抑止が効きにくい状況があることから，米国の核抑止を補完する必要がある」と述べられているのである[3]。

（2）新たな宣言政策――2010年防衛大綱

こうした「米国の核抑止力への依存」をベースにした宣言政策は，2010年の防衛大綱で大幅に改定された。2010年の防衛大綱では，拡大抑止について，「核兵器の脅威に対しては，長期的課題である核兵器のない世界の実現へ向けて，核軍縮・不拡散のための取組に積極的・能動的な役割を果たしていく。同時に，現実に核兵器が存在する間は，核抑止力を中心とする米国の拡大抑止は不可欠であり，その信頼性の維持・強化のために米国と緊密に協力していくとともに，あわせて弾道ミサイル防衛や国民保護を含む我が国自身の取組により適切に対応する」と記述されたのである。

この記述は，「長期的課題である核兵器のない世界の実現に向けて」「積極

---

[3] 安全保障と防衛力に関する懇談会「『安全保障と防衛力に関する懇談会』報告書——未来への安全保障・防衛力ビジョン」（2004年10月）（https://www.kantei.go.jp/jp/singi/ampobouei/dai13/13siryou.pdf）。

的・能動的な役割を果たしていく」ことを最初に述べ，その上で「現実に核兵器が存在する間」の政策について述べている。こうすることで，日本として，長期的な政策課題として「核兵器のない世界」を追求しつつ，現存する核兵器の脅威に対しては米国と協力して対応していくとの基本的な態度が示されている。

　米国の抑止力との関係については，これまでの防衛大綱では単に「米国の核抑止力」と記述されていたのに対し，「抑止力を中心とする米国の拡大抑止」とされている。これは，米国自身の核抑止についての考え方の変化を反映しているとみられる。米国は，2002年版の「核態勢の見直し（NPR）」において，核及び非核の打撃力，ミサイル防衛能力，核兵器産業インフラからなる「新たな3本柱」概念を提示し，核兵器以外の能力も，戦略抑止の役割を担っているとの考え方を明らかにした。日米同盟において米国の核コミットメントを初めて明記した，2007年5月に発表された日米安全保障協議委員会（いわゆる2＋2）共同声明も，こうした米国の戦略抑止概念に基づいており，「米国は，あらゆる種類の米国の軍事力（核及び非核の双方の打撃力及び防衛能力を含む）が，拡大抑止の中核を形成し，日本の防衛に対する米国のコミットメントを裏付けることを確認した」と記述されている。2010年の防衛大綱に先立って公表されている米国の2010年版NPRでも，「米国の核態勢は地域的安全保障アーキテクチャにおいて死活的な役割を有している」とした上で，地域の安全保障環境に適合した形で，強固な政治的コミットメントに裏打ちされた核抑止力，ミサイル防衛，対大量破壊兵器（WMD）能力，通常戦力，統合された指揮統制能力から構成される抑止概念が提示されており，もはや「核抑止力」単独で抑止力が成立するという考え方をとっていない。これらを踏まえると，2010年の防衛大綱における，「核抑止力を中心とする米国の拡大抑止」という記述は，米国の拡大抑止は核抑止力だけではなく，ミサイル防衛などによっても構成されていると捉えた上で，それらの要素の中で核兵器が中心的な意味合いを持つとの考え方を示したものであるといえよう。

　また，米国の核抑止力に「依存する」との表現に代わって，「不可欠」との表現が用いられている。これは，現在の東アジアの安全保障環境においては，核抑止力を中心的な要素とする拡大抑止が，日本の安全にとって代替不可能な

重要な役割を果たしているとの日本の評価を示したものであろう。

さらに，上記に関連して，「（拡大抑止の）信頼性の維持・強化のために米国と緊密に協力していくとともに，あわせて弾道ミサイル防衛や国民保護を含む我が国自身の取組により適切に対応する」として，日本自身の努力の方向性を示していることも過去の防衛大綱と異なる。これは，核兵器の脅威に対する抑止についての米国の考え方が，核戦力に加えてミサイル防衛や通常戦力を含むものに変化してきている中で，ミサイル防衛システムの配備によって日本も核兵器の脅威に対して一定の役割を果たしうる状況が生まれてきていることから，核兵器の脅威に対応するための政策的な努力を，日本自身も進めていくとの考え方を明らかにしたものであるといえよう。また，このことからも，日米同盟における抑止力の考え方を，米国の「核抑止力」に一方的に「依存」するのとは異なる形で示す必要があったということができよう。

ここで示された記述は，2013年の防衛大綱でも引き継がれており，現在の日本の拡大抑止に関する「宣言政策」であると評価されている[4]。なお，ここで示された拡大抑止の考え方は，日本のミサイル防衛能力など，日本が一方的に米国に依存するものではないこと，つまり，米国が一方的に「核の傘」を「拡大」しているものではもはやないことから，「拡大抑止」に代わって，「同盟抑止」という概念を用いるべきとの指摘もなされるようになってきている[5]。次節以降では，現在の宣言政策に関する上記の理解を踏まえた上で，北朝鮮と中国に対する戦略抑止の観点から取り組むべき課題について検討する。

2　北朝鮮に対する抑止

（1）地政戦略的環境の変化

1990年代から核・ミサイル開発を進めてきた北朝鮮は，「核兵器の小型化・

---

[4] 佐藤行雄『差し掛けられた傘――米国の核抑止力と日本の安全保障』（2017年，時事通信社），178頁。

[5] James L. Schoff and Sugio Takahashi, "Strengthening U.S.-Japan Alliance Deterrence," Asia Strategy Initiative Policy Memorandum, No. 1, (February 8, 2018) (https://www.spf.org/jpus-j/investigation/spf-asia-initiative001.html).

終章　日本

弾頭化の実現に至っている可能性が考えられる」（2018年版『防衛白書』）と評価されるようになってきている。この北朝鮮の核・ミサイル開発・配備は、これまでの地政戦略的な前提を大きく変える「ゲーム・チェンジャー」としての効果を持つ。これまで、朝鮮半島有事が発生することを想定した場合、朝鮮戦争の時と同様、米国は日本を安全な「ステージングエリア（展開支援拠点）」として韓国を防衛することとなっていた。しかしながら、北朝鮮は核・ミサイルによって日本を脅迫して米国への協力を行わないよう、日本を脅迫あるいは実際に攻撃することができるようになった。その意味で、朝鮮戦争以来の地政戦略的な図式は根本的に変化しており、日本はもはや安全なステージングエリアではなくなっているのである。

具体的には、朝鮮半島有事が万一発生した際、日本列島に所在する国連軍（実質的には米軍）後方基地や在日米軍、日米同盟が、米韓同盟に対して行う支援がきわめて大きい意味を持つものであることを考えると、北朝鮮が日本に対して、核兵器の使用の可能性を示唆しながら脅迫を行い、米国に対する支援を行わないよう求めることは十分に考慮しておくべき状況となる。なぜなら、在日米軍基地の使用を含めて、米国に対する支援を日本が仮に拒否することになれば、北朝鮮からみて戦略的状況が大きく改善されるからである。場合によっては、北朝鮮によって警告的な攻撃や実際の活動を妨害するための軍事目標に対する攻撃、あるいは自らの脅迫に信憑性を持たせるための威嚇のための都市攻撃などが日本に行われることも想定する必要があろう。

(2) 北朝鮮の「主観性」をめぐる問題

もちろん、米国は日本に対して拡大核抑止をコミットしており、日本が上記のような形で脅迫を受けたり、あるいは実際に攻撃を受けたりした場合には、米国が拡大抑止の信頼性を強化するための措置をとったり、あるいは実際に攻撃を受けた場合には報復攻撃を行うことが期待される。ただし、ここで問題になるのは、米国の対応についての米国自身や日本の評価ではなく、北朝鮮の主観的な認識である。日本がいかに米国を信頼していようとも、北朝鮮が、米国の軍事的対応を抑止することが可能であると認識してしまえば、米国の北朝鮮に対する抑止は機能しない可能性が生まれることになる。よって、ここで重要

なのは，北朝鮮が自らの対米抑止力をどのように主観的に評価しているか，ということになる。

　この点について，現在の状況をあらためて整理してみる。現状では，北朝鮮は米国に到達可能な核搭載長距離弾道ミサイルを配備できておらず，北朝鮮が米国を直接攻撃する能力を有していないとみられる。この状況であれば，万一朝鮮半島有事が生起した際に，日本が北朝鮮からの核恫喝に屈せずに米国への支援を続け，それに対し北朝鮮が恫喝を実行して日本を攻撃することを想定した場合でも，米国は確実に反撃すると北朝鮮は考えるであろう。なぜならば，米国が北朝鮮に反撃したとしても，北朝鮮側からは米国への攻撃を行うことができず，米本土が打撃を受けることはないからである。

　そこで意味を持ってくるのが，北朝鮮の核搭載長距離弾道ミサイルである。北朝鮮が，路上移動式で一定の非脆弱性を持つ核搭載長距離弾道ミサイルを配備すれば，米国が北朝鮮に対する攻撃を行った場合に，米国本土に対して核攻撃を行いうる能力を取得することとなる。そうなると，北朝鮮が日本を攻撃した場合，米国が日本のために行う報復攻撃に対し，北朝鮮が再報復攻撃を米本土に対して行うことが可能になる。

　ここでの問題は，その再報復攻撃の威嚇によって，米国が日本のために行う報復攻撃を抑止できると北朝鮮が判断するか否か，ということになる。比喩的に言えば，「米国は東京のためにマンハッタンを犠牲にするか？」という問いに対する答えを，日本ではなく北朝鮮がどのように導き出すか，ということになる。もちろん米国は，損害限定のための手段として，米本土防衛用の地上配備ミッドコース防衛（GMD）システムをアラスカとカリフォルニアに配備しているから，北朝鮮からの核攻撃を阻止できる可能性はある。ただし，これについても，実際の論点は，北朝鮮の長距離弾道ミサイルが米本土ミサイル防衛システムを突破できる可能性についての米国の評価とその評価に基づく行動を，北朝鮮がどう見積もるかという点になることには注意が必要である。たとえば，北朝鮮が米本土ミサイル防衛システムを突破できる可能性が10パーセントだったとする。これは，90パーセントの確率で北朝鮮の対米核攻撃は阻止されるが，10パーセントの確率で米本土が核攻撃を受ける，という状況である。この10パーセントの「打ち漏らし」の確率を恐れて米国が日本のための報復

攻撃を自制すると北朝鮮が考えてしまえば，北朝鮮に対する抑止力は機能しないこととなる。

(3) 北朝鮮の「核のエスカレーション・ラダー」と損害限定に基づく抑止への移行の重要性

このように，北朝鮮が開発してきた核・ミサイルは，朝鮮半島と日本の一部を射程に収めうる短距離弾道ミサイルおよび，日本を射程に収めうる中距離弾道ミサイル，米国を射程に収めうる長距離弾道ミサイルからなり，ソウルを攻撃しうる大量の火砲と相まって，「核のエスカレーション・ラダー」を形成している。これは多層的に，米韓同盟及び日米韓協力への抑止力となっているだけでなく，米韓同盟及び日米韓協力の「デカップリング（分断）」をもたらしうる。北朝鮮自身がどのような核戦略を構築しようとしているのかは定かではないから，実際に北朝鮮がこうした，「核のエスカレーション・ラダー」による多層的な抑止力を意識的に構築しようとしてきたかどうかは不明である。しかしながら，核抑止論の観点から言えば，現在北朝鮮が整備してきている能力は，ここまで述べてきたような「核のエスカレーション・ラダー」としての効果を持つということは明らかなのである。

この場合，報復に基づく抑止だけでは十分に日本の安全を保つことはできない。繰り返しになるが，報復とは，定義上，相手の第1撃が行われてから発動されるものであるため，第1撃そのものを阻止することはできないからである。それを阻止するためには，ミサイル防衛による対処か，あるいは発射前に攻撃を行って撃破するかしなければならない。すなわち，抑止の基本原理を，報復から損害限定へと移行させていく必要があるのである（損害限定については序章参照）。そして，それが核兵器の脅威を対象としたものであることを考えると，米国が抑止力の信頼性を確保するためには，「最も確実かつ迅速に発射前の核兵器を撃破しうるオプション」である核兵器の限定的使用さえも万一に備えた選択肢の一部に含めていく必要があろう。

3 中国

（1）非脆弱な第2撃能力がもたらす問題

　中国は，爆発的な経済成長を背景に，急速に軍事力の近代化を進めつつある。このうち，核抑止の観点からは，とくに路上移動式大陸間弾道ミサイル（ICBM）や潜水艦発射弾道ミサイル（SLBM）を整備して，非脆弱な第2撃能力を獲得しつつあることが注目されてきた[6]。中国の立場から見れば，固定式のICBMは，米国が有する精度の高い対兵力（counter-force）攻撃能力によって第1撃で撃破される可能性がきわめて高い。そのため，対米抑止力を獲得するためには，移動式のシステムを整備していくことが不可欠だったのである。

　ただし，日本の安全保障の観点からは，中国が非脆弱な第2撃能力を整備し，「確証報復能力」（第3章参照）を獲得し，米国との間で相互核抑止を成立させた場合には，「安定・不安定の逆説」が顕在化しうることが問題であった。すなわち，中国が，米国との間で相互抑止が成立したと認識した場合，グレーゾーンをはじめとする地域の安全保障問題に対する米国の介入を抑止することが可能であると認識し，地域においてより高圧的な行動をとる可能性が懸念されたのである[7]。とくに，相互の脆弱性に基づく戦略的安定性が米中の間で形成されたとしても，能力バランスや地理的条件を考慮すれば，地域レベルにおいては日本のみが中国に対して一方的に脆弱な環境にあるため，地域レベルでは戦略的安定性は成立しえない[8]。この，地域レベルでの非対称な脆弱性は，米国の戦略レベルの打撃力によってはじめて相殺することが可能である。そのため，米中の相互の脆弱性の成立により，その米国の戦略レベルの打撃力行使が

---

[6] M. Tailor Fravel and Evan S. Medeiros, "China's Search for Assured Retaliation: The Evolution of Chinese Nuclear Strategy and Force Structure," *International Security*, Vol. 35, No. 2 (Fall 2000), pp. 48-87; Fiona Cunningham and M. Taylor Flavel, "Assuring Assured Retaliation: China's Nuclear Posture and U.S.-China Strategic Stability," *International Security*, Vol. 40, No. 2 (Fall 2015), pp. 7-50.

[7] 高橋杉雄「日米同盟における抑止態勢」『海外事情』第61巻第5号（2013年5月），74-88頁。

[8] 石川卓「北東アジアにおける『戦略的安定性』と日米の抑止態勢」『海外事情』第61巻第5号（2013年5月），36-48頁。

抑止されてしまうような状況が生まれてしまうと，地域の安全保障環境が著しく不安定化するリスクが存在しているのである。2010 年版および 2018 年版の NPR においては，相互の脆弱性について全く言及していないが，米国がこうした態度をとっていることは，日本の安全保障上好ましいことであると考えられる。

（2）今後の課題——中国の対兵力攻撃能力の出現

このように，これまでは中国の非脆弱な第2撃能力に焦点が当てられる形で，中国の核戦力をめぐる議論は行われてきた。しかしながら，これまで見過ごされてきたが，核戦力を含む中国の軍事力の継続的な近代化によって，ある種の「戦略的ゲームチェンジ」が発生する可能性が生じていることを指摘しておく必要がある。

米国国防省が毎年発行している「中国軍事力報告書」の最新版では，中国はすでに固体燃料・路上移動式の DF-31 および DF-31A を配備していると評価されている[9]。これらは単弾頭だが，射程延伸型の DF-31A は米本土のほとんどを射程に収めていると評価されている。さらに，次世代 ICBM として，複数個別目標再突入弾頭（MIRV）化された固体燃料・路上移動式の DF-41 が開発中であると見積もられている。DF-41 は 10 基の弾頭を搭載可能と考えられているから，これが配備されるようになれば，中国の投射可能な弾頭数は大幅に増加することになる。また，中国が最近配備した通常弾頭短距離・中距離ミサイルがきわめて高い命中精度を有していると考えられていることを踏まえると，DF-41 は（おそらく DF-31 系の ICBM も），同様に非常に高い命中精度を有している可能性が高い。これはすなわち，DF-41 の配備によって，これまで中国が行うことができなかった対米対兵力攻撃が可能となる可能性が生まれることを意味している。

中国の核戦力に関するこれまでの前提は，投射可能弾頭数および命中精度が限られていたことから，対都市攻撃戦略を基本としているということであった。

---

[9] Department of Defense, "Annual Report to Congress: Military and Security Developments Involving the People's Republic of China 2018," May 16, 2018, pp. 36-37（https://media.defense.gov/2018/Aug/16/2001955282/-1/-1/1/2018-CHINA-MILITARY-POWER-REPORT.PDF）.

近年の確証報復戦略に関する議論も，それを前提としたものであった。しかしながら，対都市攻撃は核攻撃の中でもとくに敷居が高い選択であり，自らが核攻撃を受けた場合の報復攻撃としてのみ，オプションとして考慮されうるものであるといえる。

　他方，米国の核戦力は，規模も大きく，弾頭の命中精度も高いことから，相手の核戦力を目標とする対兵力攻撃を含め，あらゆるオプションを実行することができる。そのため，米中の核戦力は，量的な意味のみならず質的な意味においても，きわめて非対称なものであった。

　しかしながら，DF-41が配備されるようになれば，この状況が大きく変わる可能性がある。現在，米国の戦略核戦力は，ロシアとの新戦略兵器削減条約（START条約）に伴い，配備弾頭数の上限を1550発に制限されている。その中で米国は，ICBMとして，サイロ式のミニットマンⅢを単弾頭化し，400基配備している。すなわち，仮に中国が米国のICBMを撃破するための攻撃を行うというシナリオを想定する場合，目標は400基のサイロということになる。DF-41が10基の弾頭を搭載可能だとすれば，40基のDF-41で各サイロに一つの核弾頭を割り振って攻撃を行うことができる。各サイロに二つの核弾頭を割り振ったとしても，必要なDF-41は80基に過ぎない。すなわち，DF-41の配備が開始されたとすれば，100基以下の配備で中国は第1撃によって米国のICBMを撃破することが可能な態勢を構築することができるようになるのである。

　もちろん，ICBM戦力が撃破されたとしても，米国はSLBMによる反撃が可能であり，現在米国が配備しているトライデントD5は，ICBM同様の高精度の攻撃が可能であるから，このこと自体が米国の核抑止力を本質的に毀損するわけではない。しかしながら，これまで米国にのみ可能であった対兵力攻撃を中国が行えるようになることの戦略的な影響は，日米同盟における核抑止を考える上で今後真剣に議論を深めていくべき論点であろう。

　また，中国は戦域レベルでも核戦力を有している。DF-21をはじめとする中距離弾道ミサイルは核装備可能であると評価されているし，短距離弾道ミサイルにも核装備可能と評価されているものがある。また，近年存在が明らかになった新型中距離ミサイルのDF-26も，中国自身が核装備可能としている。

終章　日　本

　以前，中国の弾道ミサイルの精度が低かった時代であれば，精度の低さを核爆発で補うために核装備可能なミサイルを配備することは自然な選択であった。しかしながら，命中精度が高くなっても，核装備を継続しているということは，地域レベルにおいても核弾頭を用いた対兵力攻撃を行うことをオプションに含めていると考えざるをえない。これもまた，日米同盟の今後の核抑止を考える上での重要な論点であろう。

　こうした，ICBMによる限定的な対兵力攻撃や，戦域レベルでの精密核攻撃能力によって，中国側に新たなエスカレーション・ラダーが創出されることになる。問題は，これが通常戦力による接近阻止・領域拒否（A2/AD）能力の整備と並行していることである。中国の急速なA2/AD能力の整備は，冷戦終結後米国が享受し続けてきた通常戦力の優位を動揺させつつある。そのため，中国のA2/AD能力に対して核兵器で対抗することを考慮すべきとの議論も生まれてきている[10]。これは通常戦力において劣勢に立たされたとしても，米国が戦域レベルでの核使用に状況をエスカレートさせれば，中国の通常戦力における優位を相殺することができるとする考え方である。核兵器という要素を導入することで，結局のところ中国は米国に対して優位に立つことはできないと中国側に認識させることができれば，米国に対する挑戦を抑止できることになる。これは，「核兵器は使用を考えなければ抑止できない」という発想に基づいて，核兵器使用の敷居を下げることによって逆に核兵器使用の可能性を局限しようとする考え方である。

　この考え方は，中国の核戦力は限定的な対都市攻撃能力しか持っておらず，米国のみが対兵力攻撃を行えるという前提に立っている。しかしながら，中国もまた戦域レベルおよび戦略レベルでの対兵力能力を有することになれば，米国が戦域レベルで核を使用したとしても中国も同等の対応をすることを想定しなければならなくなるから，核オプションに訴えたとしても，米国が優位に立つことができなくなる。だとすると，通常戦力における劣勢を，核オプションによって相殺することは難しくなる。こうなると，戦略レベルのみならず，戦

10　Elbridge Colby, "Promoting Strategic Stability in the midst of Sino-U.S. Competition," Briefing Series, National Bureau of Asian Research, September 2015 (https://s3.amazonaws.com/files.cnas.org/documents/US-China_brief_Colby_Sept2015.pdf?mtime=20160906082555).

域レベルでも相互核抑止が成立することになるが，その場合，「安定・不安定の逆説」の顕在化が強く懸念されることになろう。それに対しては，日米同盟として，通常戦力の強化を行い，中国のA2/AD能力に対して十分に対抗できる態勢を整備することで，戦略・戦域の両レベルで相互核抑止が成立したとしても，地域の通常戦力レベルで十分な抑止力を構築し，「安定・不安定の逆説」が発生しないようにする努力が必要となろう。またその前提として，中国が確証報復能力を越え，戦略，戦域レベルの双方で対兵力攻撃能力を獲得していく可能性があることを念頭に，米国の核戦力の整備も進めていかなければならない。

ただ，これまでの知的関心が，中国の非脆弱な第2撃能力整備の影響にのみ向けられてきたことから，ここで述べたような中国の対兵力攻撃能力の整備がもたらす影響についてはまだ十分な分析がなされてきていない。中国が実際にそうした能力を展開する前に，日米の知的コミュニティはこうした問題についての分析を深め，どのように対応していくか，一定の方向性を示していく必要がある。

おわりに

冷戦期において，日本は，「核兵器の脅威に対しては，米国の核抑止力に依存する」という政策をとってきた。これが日米同盟における拡大抑止の基本的な考え方である。ただし，米国自身が，核戦力のみならず精密打撃能力やミサイル防衛能力のような損害限定能力を含めて戦略抑止を構築していくという考え方に変化してきたことを受け，2010年の防衛大綱以降，日本も拡大抑止に関する宣言政策を修正した。

現在のアジアは，核兵器をめぐる安全保障問題に関して，世界で最も厳しい環境にある。このままだと，核兵器の使用が現実的に考慮されるようになる「核の第3時代」が出現してしまうリスクがあるということは，十分認識しておく必要があるであろう。その中で，日本に対する核攻撃を確実に抑止していくためには，北朝鮮に対しても，中国に対しても，「核兵器は実際に使用する

ことを考えなければ抑止力として有効ではない」という発想を取り入れ，損害限定に基づく抑止態勢を日米同盟で構築していかなければならない。その中では，核兵器の役割は必然的に大きくなる。これは，「核戦争は不可避である」という立場をとることではない。核兵器の役割を高めていくことによって，逆に核兵器の使用可能性を極限まで低下させていこうという逆説的な発想である。現在の安全保障環境を考慮すれば，こうした方向性は不可欠だと言わざるをえない。

　ただし，そこに核軍縮に向けた方向性が見られないことは否定できない。このことについて，唯一の戦争被爆国として，核軍縮に向けた方向性が内包されていない安全保障政策は受け入れがたいという議論は成り立ちうるし，筆者としてもそうした議論を排除するものではない。しかしながら，現実に核兵器が存在しており，しかもそれが日本に対する直接的な脅威となりうる安全保障環境にある以上，核兵器の脅威を局限するための抑止力は不可欠であり，抑止力を無視して核軍縮や核廃絶を叫んだとしてもそれを実現させることは不可能である。核兵器の使用の可能性を極限まで小さくするために核抑止力が現実として必要であり，かつそれが機能しているという現実を受け入れた上で，核抑止力の論理と両立する軍縮の論理を提示していくことが，日本の核軍縮の専門家には求められよう。しかしそのためには，現在の安全保障環境における核兵器の役割と核抑止力の論理を正確に理解しなければならないのである。

著者紹介

秋山 信将（あきやま のぶまさ）〔編者。はじめに，序章，第7章を担当〕
コーネル大学公共政策修士課程修了，一橋大学より博士（法学）を取得。広島市立大学講師，日本国際問題研究所主任研究員，在ウィーン国際機関日本政府代表部公使参事官などを経て，
現在：一橋大学大学院法学研究科教授，専門は国際政治学，安全保障論。
主著：『核不拡散をめぐる国際政治——規範の遵守，秩序の変容』（有信堂高文社，2012年），『NPT——核のグローバル・ガバナンス』（岩波書店，2015年，編著），『日米安保と自衛隊（シリーズ日本の安全保障2）』（岩波書店，2015年，共著）など。

高橋 杉雄（たかはし すぎお）〔編者。序章，第1章，終章を担当〕
早稲田大学大学院政治学研究科修士課程修了，ジョージ・ワシントン大学政治学修士課程修了。防衛省防衛研究所助手などを経て，
現在：防衛省防衛研究所政策シミュレーション室長，専門は安全保障論，日米同盟。
主著：『日米同盟とは何か』（中央公論新社，2011年，共著），『アジア太平洋の安全保障アーキテクチャ——地域安全保障の三層構造』（日本評論社，2011年，共著），『アメリカの外交政策——歴史・アクター・メカニズム』（ミネルヴァ書房，2010年，共著）など。

小泉 悠（こいずみ ゆう）〔第2章を担当〕
早稲田大学大学院政治学研究科修士課程修了。外務省専門分析員，ロシア科学アカデミー世界経済国際関係研究所客員研究員，未来工学研究所特別研究員などを経て，
現在：東京大学先端科学技術研究センター特任助教，専門はロシアの軍事・安全保障。
主著：『プーチンの国家戦略——岐路に立つ「強国」ロシア』（東京堂出版，2016年），『軍事大国ロシア——新たな世界戦略と行動原理』（作品社，2016年）など。

神保 謙（じんぼ けん）〔第3章を担当〕
慶應義塾大学大学院政策・メディア研究科後期博士課程修了，博士（政策・メディア）を取得。慶應義塾大学総合政策学部准教授などを経て，
現在：慶應義塾大学総合政策学部教授。専門は安全保障論，日本の外交・安全保障政策。
主著：『アジア太平洋の安全保障アーキテクチャ——地域安全保障の三層構造』（日本評論社，2011年，編著），『現代日本の地政学——13のリスクと地政学の時代』（中央公論新社，

2017年，共著），『民主党政権――失敗の研究』（中央公論新社，2013，共著）など。

戸﨑　洋史（とさき　ひろふみ）〔第4章を担当〕
大阪大学大学院国際公共政策研究科博士後期課程中途退学，同大学院より博士（国際公共政策）を取得。日本国際問題研究所軍縮・不拡散促進センター研究員などを経て，
現在：日本国際問題研究所軍縮・不拡散促進センター主任研究員，専門は安全保障論，軍備管理。
主著：『NPT――核のグローバル・ガバナンス』（岩波書店，2015年，共著），『安全保障論――平和で公正な国際社会の構築に向けて』（信山社，2015年，共編著），『核軍縮不拡散の法と政治――黒澤満先生退職記念』（信山社，2008年，共編著）など。

栗田　真広（くりた　まさひろ）〔第5章を担当〕
一橋大学大学院法学研究科博士課程修了，博士（法学）を取得。国立国会図書館調査員などを経て，
現在：防衛省防衛研究所地域研究部研究員，専門は核問題，南アジアの安全保障。
主著：『核のリスクと地域紛争――インド・パキスタン紛争の危機と安定』（勁草書房，2018年），『東アジア戦略概観2017』（防衛研究所，2017年，共著），『「新しい戦争」とは何か――方法と戦略』（ミネルヴァ書房，2016年，共著）など。

土屋　大洋（つちや　もとひろ）〔第6章を担当〕
慶應義塾大学大学院政策・メディア研究科後期博士課程修了，博士（政策・メディア）を取得。国際大学グローバル・コミュニケーション・センター主任研究員などを経て，
現在：慶應義塾大学大学院政策・メディア研究科教授，専門は国際関係論，情報社会論。
主著：『暴露の世紀――国家を揺るがすサイバーテロリズム』（KADOKAWA，2016年），『サイバーセキュリティと国際政治』（千倉書房，2015年），『サイバー・テロ――日米 vs. 中国』（文藝春秋，2012年）など。

「核の忘却」の終わり　核兵器復権の時代

2019 年 6 月 20 日　第 1 版第 1 刷発行
2023 年 9 月 20 日　第 1 版第 4 刷発行

編者　秋山信将
　　　高橋杉雄

発行者　井村寿人

発行所　株式会社　勁草書房
112-0005 東京都文京区水道 2-1-1　振替 00150-2-175253
（編集）電話 03-3815-5277／FAX 03-3814-6968
（営業）電話 03-3814-6861／FAX 03-3814-6854
精興社・牧製本

© AKIYAMA Nobumasa, TAKAHASHI Sugio 2019

ISBN978-4-326-30280-2　Printed in Japan

JCOPY　〈出版者著作権管理機構 委託出版物〉
本書の無断複製は著作権法上での例外を除き禁じられています。
複製される場合は、そのつど事前に、出版者著作権管理機構
（電話 03-5244-5088、FAX 03-5244-5089、e-mail: info@jcopy.or.jp）
の許諾を得てください。

＊落丁本・乱丁本はお取替いたします。
　ご感想・お問い合わせは小社ホームページから
　お願いいたします。

https://www.keisoshobo.co.jp

―――― 勁草書房の本 ――――

戦略論
現代世界の軍事と戦争
ジョン・ベイリスほか編　石津朋之 監訳
戦争の原因や地政学，インテリジェンスなどの要点を解説する標準テキスト。キーポイント，問題，文献ガイドも充実。　3080 円

軍備と影響力
核兵器と駆け引きの論理
トーマス・シェリング　斎藤剛 訳
核兵器で国家の駆け引きはどう変わるのか？　そのカラクリをダイナミックかつ緻密に浮かび上がらせる。　4620 円

核兵器の拡散
終わりなき論争
S. セーガン & K. ウォルツ　川上高司 監訳　斎藤剛 訳
核兵器の拡散は良いことなのか？　悪いことなのか？　二大巨頭がついに激突。論争の火蓋が切って落とされる。　3850 円

核のリスクと地域紛争
インド・パキスタン紛争の危機と安定
栗田真広
本当に核戦争は起こるのか？　核兵器は本当に「危険」なのか？　核を保有するインドとパキスタンの紛争から見極める！　4950 円

表示価格は 2023 年 9 月現在。
消費税が含まれております。